# Ende oder Neuanfang ?

**Die Depression, mein Leben und ich**

von
Stefan Dorn

Herstellung und Verlag:
BoD - Books on Demand, Norderstedt
ISBN 978-3-7347-8811-6

## Prolog

Da sitze ich nun, starre aus dem Fenster hinaus auf ein Stück Straße, dahinter beige-braunes Gestrüpp und karge Bäume. Weiter entfernt dahinter ein wenig Industrie, ein paar Wohnblöcke und am grauen Horizont zeichnet sich eine Gebirgslandschaft ab, vernebelt. Es ist Januar und die Stimmung, die mir die Welt da draußen durch ihren Anblick schreiend entgegen wirft, spiegelt sich auf wundersame Art und Weise in mir wider.
Seit knapp zwei Wochen ist das hier mein vorübergehendes neues Zuhause. Ein Raum, gut fünf auf fünf Meter, mit zwei sich gegenüberstehenden Betten, zu denen jeweils ein kleines Regal als Ablage gehört. Ein Tisch mit zwei Stühlen direkt unterm Fenster und innerhalb dieser Fünf auf fünf Meter befindet sich noch eine abschließbare Nasszelle mit Dusche, Waschbecken, auch hier ein kleines Regal und natürlich eine Toilette.
Joa, das ist es, mein aktuelles Zuhause.
Aber ich bin nicht eingesperrt, nein nein, das war ich nur während der ersten vierundzwanzig Stunden. Eigengefährdung hieß es. Na ja, war ja auch so, da muss ich ehrlich sein. Nun herrscht diese Gefährdung wohl nicht mehr und ich kann mich hier frei bewegen. Meine Zimmertür steht auch momentan offen und aus dem Aufenthaltsraum brüllt der Fernseher soeben die Titelmusik von *Die Simpsons*. Ich liebe *Die Simpsons*, aber es ist Samstagnachmittag und somit wird eh nur eine x-te Wiederholung ausgestrahlt.
Aber ich schweife ab. Wie gesagt, ich kann mich hier bewegen, wie ich will, ich kann die Station verlassen, ja ich kann sogar einen Tages- oder

Wochenendurlaub nehmen. Denn man darf ja auch eines nicht vergessen, ich bin freiwillig hier...in der psychiatrischen Abteilung der Dr. Horst Schmidt Kliniken, kurz HSK, in Wiesbaden. Na herzlich willkommen!

Warum bin ich hier gelandet? Wie konnte es soweit kommen? Was ist denn bloß passiert? Alles Fragen, die mich seit zwei Wochen beschäftigen und wohl auch noch für eine längere Zeit beschäftigen werden. Aber ich muss die Antworten nicht alleine finden, dafür habe ich hier Hilfe. Und das ist auch gut so, denn die Antworten auf diese Fragen sind nicht so einfach zu ergründen, geschweige denn auszuformulieren. Die im fiktiven Springfield angesiedelte Zeichentrickserie wird gerade durch einen Werbeblock unterbrochen und ich höre einen altbekannten deutschen Komiker, der seinen Werbeslogan zu einer ebenfalls bekannten Baumarktkette aufsagt. Mike Krüger mag ich auch. Am liebsten seine alten Filme zusammen mit Thomas Gottschalk. Ich weiß, grenzdebiler und stupider Humor, aber ich kann mich dabei wirklich weghauen vor Lachen. Oh, kurzer Schock! Ist das vielleicht der Grund, warum ich hier bin? Eher nicht...wobei manch anderer sagen wurde, das wäre durchaus Grund genug. Aber nein, der Grund ist ein ganz anderer, ich bin an einer Depression erkrankt und plante meinen Selbstmord.

Oha, *Die Simpsons* sind fertig und soeben ertönt die Titelmusik von *Malcolm mittendrin*: „you're not the Boss of me now, you're not the Boss of me now...", mein Fuß wippt unwillkürlich zur Musik mit. *Malcolm mittendrin* mag ich auch.

Ganz schön viel, was ich mag, *Die Simpsons*, die alten Krüger / Gottschalk Filme, *Malcolm mittendrin* und noch jede Menge mehr. Also warum zum Teufel plante ich dann meinen Suizid? Nun, so einfach, wie sie gestellt ist, ist diese Frage nun wirklich nicht zu beantworten, wäre ja auch zu schön.

Aber bevor wir dies gemeinsam ergründen werden, möchte ich mich erstmal vorstellen. Wie unhöflich von mir dies nicht direkt von Beginn an getan zu haben, und dabei ist es völlig unerheblich, dass mein Name auf dem Deckel steht. Ungewöhnlich für mich, denn ich bin sonst ein wirklich höflicher Mensch, bitte entschuldigen Sie mir meine Nachlässigkeit. Ich schiebe es mal auf meine momentane psychische Ausnahmesituation.

Nun denn, mein Name ist…oh, noch eine Folge *Malcolm mittendrin*… Stefan, ich bin 38 Jahre alt, von Beruf Rettungsassistent (wer würde das jetzt denken?) und noch bis vor zwei Wochen war ich rundum zufrieden und wirklich glücklich mit meinem Leben. Doch nun leide ich an einer sogenannten Major Depression und diese Krankheit hat mein Leben komplett umgekrempelt.

Eine kurze Anmerkung meinerseits noch: Alle in meiner Geschichte vorkommenden Personen sind real existierend, allerdings habe ich deren Namen geändert. Lediglich mein Name blieb unverändert. Alles, was Sie gleich lesen werden, ist exakt so passiert und zu einhundert Prozent authentisch.

Also was ist denn nun vor zwei Wochen passiert? Ich bringe es kurz und knapp auf den Punkt, die Liebe meines Lebens hat mir offenbart, dass sie mich verlassen wird. Bäng! Einfach so, aus dem Nichts heraus. Eine Woche zuvor war ich noch ihr Traummann und nun das. In diesem Moment ist eine Welt für mich zusammengebrochen, eine Welt, die ohne sie für mich gar nicht existiert.

In den folgenden Kapiteln erinnere ich mich an bestimmte Ereignisse meines Lebens zurück, die mich wahrscheinlich zu dem Menschen formten, der ich heute bin. Besser gesagt, der ich noch vor ein paar Wochen war, denn nun bin ich wieder ein ganz anderer Mensch und ich weiß genau, dass ich in Zukunft wieder ein anderer Mensch als jetzt sein werde. Also ich kann Ihnen eines versichern, das ist furchtbar anstrengend.

Ich schreibe diese Zeilen zunächst einmal aus Gründen der Selbstfindung und will mal sehen, ob mich das etwas weiterbringt, ob ich ein paar Dinge ergründen kann. Denn parallel habe ich hier ja immer meine Gesprächstherapien und beides in Kombination könnte einiges ans Tageslicht bringen.

Weiterhin kann ich damit vielleicht auch meinen Lesern Mut machen, die Ähnliches erlebt haben und / oder in schweren Zeiten feststecken, denen Perspektiven fehlen, oder gar selber unter Depressionen zu leiden haben.

Glauben Sie mir, mir fehlt zurzeit jegliche Perspektive in meinem Leben und ich hoffe, dass sich das noch während ich an diesem Schriftstück arbeite zumindest ein Stück weit andern wird. Ich habe meine Geschichte in verschiedenen Kapiteln unterteilt, die zu großen Teilen in meiner Vergangenheit spielen. Im Gegensatz dazu stehen die Kapitel, in denen ich von meinem Aufenthalt hier in der Klinik, der Krankheit Depression selber und von den Urlauben Zuhause berichte. Urlaub klingt in diesem Fall idyllischer als es wirklich ist. Wir hier, also die Patienten, nennen es so, die korrekte Bezeichnung ist allerdings

Belastungsprobe. Eine genauere Erklärung folgt, keine Sorge.

Also, was brachte mich in diese Klinik, wie kam es zu meiner Erkrankung und warum plante ich sehr detailliert meinen Selbstmord? Lag das wirklich nur an dieser einen Frau? Sie war lediglich der Auslöser, ein Trigger. Meine Geschichte hat viel mehr zu bieten, sehr viel mehr.

## Kapitel 1:
## Stefan und die Frauen – Teil 1
## Aller Anfang ist schwer

Ich habe schon immer gesagt, Stefan und die Frauen ist so ein Kapitel für sich. Mit den Jahren wurden es immer mehr Kapitel, sodass ich mal sagte, das ist kein Kapitel mehr, das ist ein Buch. Ein Buch, von dem ich dachte, ich würde seit einem Jahr das letzte Kapitel schreiben, ein sehr langes Kapitel, denn es sollte bis an mein Lebensende reichen…und damit meine ich mein natürliches und nicht ein von mir selbst herbeigeführtes Lebensende.

Ich gebe zu, in Sachen Frauen war ich ein Spätzünder. Ich verlor meine Jungfräulichkeit zwar bereits mit fünfzehn Jahren, das geschah aber eher zufällig. Und da meine Erinnerungen daran nur sehr schleierhaft sind, belassen wir es besser dabei. Dann geschah lange Zeit wenig, obwohl mein sexuelles Interesse durchaus geweckt war durch die in meinem Gedächtnis nur noch schleierhaft vorhandene Aktivität. Als es für mich dann so allmählich wieder interessant wurde mit der Damenwelt, damals dürfte ich so neunzehn Jahre jung gewesen sein, startete ich richtig durch.
Keine Sorge, ich werde hier jetzt sicher nicht jedes Verhältnis, jeden One-Night-Stand und jede harmlose sexuelle Affäre nacherzählen. Denn das wäre dann wirklich ein Buch, ein dickes Buch. Das sind auch nicht meine Absichten, hier geht es ja um etwas ganz anderes. Aber die wichtigsten Eckpfeiler und Beziehungen muss ich Ihnen erzählen, das ist wichtig für das Verständnis.
Bereit?

Dann los!
Wie gesagt, mit ungefähr neunzehn Jahren startete ich dann durch. Das bedeutet im Einzelnen hier und da mal einen weggesteckt, mal eine Freundin gehabt, aber nie länger als für vier bis fünf Wochen. Bis ich dann meine erste große Liebe kennenlernte. Halt, Stopp, zuvor hatte ich noch eine Freundin für ca. ein Jahr, aber das war irgendwie alles nichts Halbes und nichts Ganzes und ich möchte da nicht näher drauf eingehen. Aber nicht falsch verstehen, ich schätze sie als Person heute noch. Sie ist, soweit ich richtig informiert bin, nicht verheiratet, hat aber ein Kind.
Ich nicht.

## Sandra

Aber zurück zu meiner ersten großen Liebe. Ich war damals Zivildienstleistender und knackige zweiundzwanzig Jahre jung. An einem netten Samstagabend war ich mit einem meiner Zivildienstkollegen in einer Wiesbadener Kneipe. Eine die dafür bekannt ist, dass dort gerne mal was geht, wenn Sie verstehen. Leider gibt es diesen Laden heute nicht mehr. Jedenfalls saßen wir am Tresen und neben uns zwei schicke Mädels. Eine davon sollte meine erste große Liebe werden, ich nenne sie hier mal Sandra. Mit der Zeit kamen wir also ins Gespräch und hatten dann im weiteren Verlauf einen wirklich netten Abend dort. Warum weiß ich heute nicht mehr so genau, aber wir landeten an diesem Abend in der Bude meines Kollegen und tranken dort noch gemeinsam etwas. Wir tauschten Telefonnummern aus und Sandra und ich trafen uns anschließend einige Male. Irgendwann kam eines zum anderen und wir waren ein Paar. Das war jetzt eine Ultrakurzfassung der Ereignisse, denn das hat natürlich alles schon so seine Zeit gedauert. Sandra war wirklich hübsch, dunkelblonde Haare, schlanke Figur und sie hatte eine sehr erfrischende Art, so unkompliziert und extrovertiert. Wir waren definitiv ineinander verliebt und ein tolles Paar. Doch, das können Sie mir gerne glauben. Insgesamt war das auch eine sehr harmonische Beziehung. Wir wohnten damals beide noch bei unseren Eltern und auch hier war das Verhältnis sehr gut, meine Familie mochte sie und ihre Eltern mich ebenso. Da sie geographisch deutlich näher zu meinem damaligen Arbeitsplatz wohnte als ich, war ich auch sehr oft dort. Fast schon mein zweites Zuhause, und immer, wenn ich dann mal heimkam, meinte meine Mutter nur, *oh, der Herr Sohnemann ist ja auch mal wieder da.* Nicht immer ernst gemeint, aber manchmal schon. Die Beziehung lief eineinhalb Jahre bis Sandra mit mir Schluss machte. Wir hegten damals beide Pläne in naher Zukunft von Zuhause auszuziehen und es erschien uns zunächst naheliegend, dass wir uns eine gemeinsame Wohnung nehmen würden. Soweit kam es dann allerdings gar nicht erst, weil sie die Beziehung zuvor beendete. Rückblickend betrachtet war es sicherlich besser so. Nicht was die Trennung selber anging, aber so habe ich dann erstmal alleine gelebt nach dem späteren Auszug aus meinem Elternhaus. Eine Erfahrung, die meiner Meinung nach nicht ganz unwichtig ist für einen jungen Menschen. So lernt man auf sich alleine gestellt zu sein, mit seinem Geld zu haushalten und sammelt dadurch eben ausreichend Erfahrung für die Zukunft und ein eventuelles Zusammenleben in einer Partnerschaft. Aber zurück zu damals. Sandra beendete also die Beziehung, sie sagte, ich

würde mich zu wenig um sie kümmern, wäre emotionslos und all diese Dinge. Ich sollte diese Vorwürfe mein Leben lang hören.
Das war schon schlimm für mich damals. Zum ersten Mal in meinem Leben wurde ich sitzen gelassen und ich wollte das so ganz und gar nicht. Es folgten ein paar Verzweiflungstaten um sie wieder für mich zu gewinnen, allesamt natürlich erfolglos. Mir ging es damals wirklich mies, aber so richtig mies. Dieses intensive Gefühl von Liebeskummer war ja auch völlig neu für mich und somit hatte ich keine Erfahrungen, um damit anständig umzugehen. Bemerkenswert ist allerdings die Tatsache, dass sich Sandras beste Freundinnen damals wirklich rührend um mich kümmerten. Während unserer gemeinsamen Zeit lernte ich ihren Freundeskreis sehr gut kennen und war fast nur noch mit ihren Leuten unterwegs. Ich mochte sie und sie mochten mich.
Es ist schon traurig, aber an besondere Ereignisse, die wir teilten, kann ich mich nicht wirklich erinnern. Noch trauriger wäre es, wenn es gar keine gegeben hätte. Aber das glaube ich nicht. Moment, da war mal was, wir waren zusammen bei einem *Böhse Onkelz* Konzert. Ist das ein besonderer Moment? Ich denke schon, nicht romantisch, aber dennoch besonders.
Nach der Trennung war dann jahrelang Funkstille zwischen uns, obwohl unsere Mütter, die sich wirklich gut miteinander verstanden, weiterhin regelmäßig telefonierten. Und das tun sie auch heute noch, wenn auch nur noch zu besonderen Anlässen wie Geburtstage etc., aber immerhin. Jedenfalls vergingen ein paar Jahre, bis ich anfing, mich zu fragen, wie es ihr wohl gehen würde. Also setzte ich mich eines Tages an meinen Rechner und durchforstete das Internet. Facebook gab es damals noch nicht,

aber ich wurde trotzdem fündig. Der Kontakt kam tatsächlich zustande, aber völlig ohne jeglichen Hintergedanken. Ich hatte zu diesem Zeitpunkt eine Beziehung, zu der komme ich später, wir fingen lediglich an uns hin und wieder zu treffen. Auch meine damalige Freundin lernte sie kennen. Und aus diesen gelegentlichen Treffen entwickelte sich eine solide Freundschaft.
Sandra und ich sind heute noch befreundet, sie ist verheiratet und hat ein Kind.
Ich nicht.

## Christina

Wenige Monate später lernte ich eine junge Frau kennen, mit der ich wohl eine der für mich bedeutsamsten Beziehungen haben sollte. Diese nenne ich hier mal Christina. Christina war schon ein heißer Feger. Knapp 1,80m groß, dunkelblonde lockige und bis zum Hintern reichende Haare, große braune und strahlende Augen, ein sehr hübsches Gesicht und ansehnliche weibliche Rundungen.
Damals war ich vierundzwanzig, sie drei Jahre jünger. Gut, ich gehe davon aus, dass sie auch heute noch drei Jahre jünger ist. Wie auch immer, Christina studierte Medizin in Mainz und ich arbeitete zu diesem Zeitpunkt schon hauptberuflich im Rettungsdienst, die Branche, in der ich meine Zivildienstzeit verbrachte. Sie war die erste Frau, die ich via Internet kennenlernte und das war schon irgendwie lustig. Damals gab es noch lange nicht so einen Kram wie dieses hochmoderne und supertolle Highspeedbreitbandsuperduperinternet, ach was. Da wählte man sich noch mit einem 56-k-Modem lautstark ins Netz ein, und wenn man Glück hatte, hielt die Verbindung auch mal eine

Weile. Ich leistete mir seinerzeit meinen allerersten PC, der für die damaligen Verhältnisse echt ein Renner war. 500Mhz Prozessor, 64-Mb-RAM, ja, das war schon was. Heute natürlich lachhaft, mein Smartphone hat mehr Leistung. Das Teil hatte ein integriertes Modem, also wollte ich mich dann auch gleich mal in der großen weiten Internetwelt umschauen…natürlich nach Frauen. Eine Flirt Line musste also her, aber ich war unerfahren. Wie findet man so was? Suchmaschinen waren damals noch nicht so bekannt, jedenfalls bei mir nicht. Ich wusste nur, wenn man eine Seite besuchen will, muss man so Sachen wie www.irgendwasauchimmer.de eintippen und dann kommt man schon irgendwo raus. Also tippte ich irgendwas mit dem Stichwort Flirt ein und siehe da, direkt der erste Anlauf war von Erfolg gekrönt. Kurz geschaut, aha, hier gibt es mehrere Räume, okay, ich brauche einen Nickname, okay, zack zack und los ging es.

Ich entdeckte schnell meine Freude an diesen virtuellen Flirtereien und schon recht bald entdeckte ich auch sie oder sie mich, wie man will. Es waren die jeweiligen Nicknames, die den anderen ansprachen. Sie nannte sich Medizinfrau, und da ich als Rettungsdienstler in der Medizin beruflich unterwegs bin, dachte ich mir, das passt. Mein Name war Mulder, Sie wissen schon, der FBI-Agent aus der Serie *Akte X*. Ich liebte diese Serie damals und mag sie auch heute noch. Wie eingangs erwähnt, ich mag eigentlich eine ganze Menge. Jedenfalls mochte sie die Serie ebenfalls und so kamen wir ins Gespräch. Man traf sich regelmäßig online und das machte wirklich Spaß. In diesen Chatrooms gab es auch Privaträume, in denen man sich ganz alleine unterhalten konnte, was wir dann auch irgendwann taten. Es dauerte nicht lange, bis wir herausfanden, dass unsere beiden Wohnorte nur ein paar Kilometer auseinanderlagen. Also war es naheliegend die virtuelle gegen die reale Welt zu tauschen und sich zu treffen. Unser erstes Date war allerdings schon ein wenig kurios. Wobei, das Date selber nicht, aber Christina hatte an diesem Abend zwei Dates...in ein und derselben Lokalität! Zuerst war Date Nummer Eins zugegen, und nachdem das beendet war, blieb sie sitzen und ich trudelte als ihr Date Nummer Zwei ein. Ich wusste davon und hatte damit kein Problem. Das Gesicht von dem Kellner habe ich allerdings bis heute nicht vergessen. Das war ein wirklich netter Abend und es folgten noch mehr davon. Schließlich verliebten wir uns ineinander und wurden ein Paar. Unsere erste gemeinsame Nacht war eine ganz besondere Nacht, nicht nur wegen unserem ersten Sex, es war die Millenniumnacht. Zunächst feierten wir das neue Jahrtausend in Mainz mit Freunden von mir und schliefen dann (miteinander) bei mir Zuhause. Christina selber war ebenfalls eine sehr unkomplizierte Persönlichkeit, noch extrovertierter, noch fröhlicher, noch schöner, noch intelligenter, noch, noch, noch. Dementsprechend stolz war ich auch, dass dieses Weib auf einen Kerl wie mich stand. Leider standen ihre Eltern nicht so sehr auf mich. Ihr Vater resignierte zwar irgendwann und meinte, jo, wenn sie glücklich ist, dann ist es doch in Ordnung. Ihre Mutter allerdings sah das komplett anders. Hier muss ich erwähnen, dass ihre Eltern, besonders ihre Mutter, sich etwas anderes für ihre Tochter vorstellten. Einen Arzt, Anwalt oder sonst was in der Richtung. Aber doch keinen abgefuckten Rettungsdienstler, der

sagt, wonach ihm die Schnauze gewachsen ist. Hier muss ich mir halt an die eigene Nase fassen. Ich wusste, dass mich ihre Mutter nicht so gerne hatte, aber ich tat auch nichts um das zu ändern. In Gegenteil, ich reagierte trotzig und verhielt mich nicht so, wie ich mich hätte verhalten sollen. Ich bot halt völlig unnötig noch genug Zündstoff durch mein Verhalten an und somit stand die Beziehung unter keinem guten Stern. Wobei wir zwei uns selber sehr gut verstanden, also ich meine so richtig gut. Es war, als wären unsere Gedanken miteinander verknüpft. Oft wusste der eine, was der andere dachte und umgekehrt. Auch der Sex war wunderbar, eine rundum tolle Beziehung...wäre da nicht ihre Mutter gewesen, die ihrer Tochter dann auch gerne mal Steine in den Weg legte. Da Christina kein eigenes Auto besaß, musste sie stets auf die Karre ihrer Mutter zurückgreifen. Das war sonst nie ein Thema, nur wenn sie zu mir fahren wollte, bekam sie das Auto dann irgendwann nicht mehr zur Verfügung gestellt. Nun, so bin ich dann halt immer zu ihr nach Hause gefahren. Sie wohnte zwar in ihrem Elternhaus, hatte aber im Obergeschoss ihre eigene Wohnung. Was ihre Mutter allerdings nicht davon abhielt gerne mal unaufgefordert die Wohnung zu betreten, während wir dort waren wohlgemerkt.
Die Lage spitzte sich immer mehr und mehr zu, sodass sich Christina immer öfter mit ihrer Mutter wegen mir streiten musste. Eigentlich eine recht traurige Geschichte. Nun, es wäre ein Leichtes zu behaupten, dass unsere Beziehung alleine wegen ihrer Mutter zerbrach. Nein, ich habe natürlich meinen Teil dazu beigetragen. Welchen? Mehrere. Wie ich bereits beschrieb, ich tat mit meinem trotzigen Kopf recht wenig um das Verhältnis zwischen mir und ihrer Mutter

zu verbessern. Heute würde ich da mit Sicherheit anders reagieren, das Problem als solches annehmen und mich sicherlich darum bemühen das Verhältnis zu verbessern. Genau das hätte ich damals machen müssen, alleine Christina zuliebe. Wer weiß, was hätte nicht alles noch aus uns werden können? Und was war noch ein großes Problem für Christina? Siehe Begründung Sandra.

Mir tat die Trennung leid, noch mehr als die von Sandra. Die ersten Wochen danach waren wirklich schlimm für mich, auch wenn ich es mir nicht eingestehen wollte. Aber ich isolierte mich schon für eine gewisse Zeit und ging wirklich in diesem Leid auf. Das hat schon eine Weile gedauert, bis ich mich wieder gefangen hatte und anfing die Situation zu akzeptieren. Dachte ich nach der Trennung von Sandra, dass das ein nicht schlimmer sein könnender Schmerz sei, wurde ich jetzt eines besseren belehrt. Ich habe sie schon sehr geliebt, aber das hat halt vorne und hinten nicht mehr geklappt. Zu viele Baustellen. Ich mit meiner emotionalen Verschlossenheit und dann noch der Terror wegen ihrer Mutter. Ich konnte zumindest nachvollziehen, dass sie immer irgendwie zwischen zwei Stühlen saß. Auf der einen Seite ich, auf der anderen Seite ihre Mutter. Das ist wirklich fies, aber ich habe damals einfach nicht gesehen, dass ich da einen gewissen Teil zu beigetragen habe.

Einige Monate nach der Trennung hatten wir wieder Kontakt, körperlichen Kontakt. Wir trafen uns hin und wieder bei mir und wir hatten Sex. Daraus sollte dann nach einiger Zeit, wäre es nach ihr gegangen, Christina & Stefan Part 2 werden. Allerdings konnte ich mich mit dem Gedanken nicht anfreunden. Nicht wegen ihr, ich sah halt enormen Familienterror auf uns zukommen und auf diesen Stress hatte ich keinen Bock. Aus heutiger Sicht sicher einer der größten Fehler, den ich je in meinem Leben begangen habe. Christina ist heute verheiratet und hat ein Kind. Ich nicht.

### Andrea

Unmittelbar danach lernte ich Andrea kennen. Andrea war ein kleiner Wirbelwind, sehr impulsiv, sehr schnell auf hundertachtzig, aber trotzdem irgendwie liebenswert. Blonde Haare und somit auch diesbezüglich wieder mein bevorzugtes Beuteschema. Allerdings war Andrea etwas kleiner und das sah neben mir schon recht witzig aus.
Genau genommen kam diese Geschichte ebenfalls durch das World Wide Web zustande, aber auf recht skurrile Art. Ich chattete nämlich eine ganze Zeit lang mit ihrer besten Freundin, die wohl online nach männlichen Kontakten suchte. Auch hier war es so, dass die jeweiligen Wohnorte nicht weit auseinanderlagen. Es sollte zu einem Treffen kommen, allerdings auf einem Volksfest. Ungewöhnliche Umgebung für ein erstes Date, ganz besonders dann, wenn man den Umstand betrachtet, dass sie dort mit ihren Freundinnen hinging. Also stand ich dort wohl vor einer gnadenlosen Jury, schon Jahre bevor die erste Castingshow über die deutschen Mattscheiben flimmerte.
Ich wartete also am vereinbarten Treffpunkt und sie kam mich abholen. Wir haben kurz ein wenig geredet und dann führte sie mich zu ihren Mädels. Als wir dort ankamen, bemerkte ich, dass eine der Damen ihr den gehobenen Daumen zeigte. Ja, ich war im Spiel! Der Abend verlief so einigermaßen und mir war schnell klar,

dass das mit ihr wird sicher nichts. Nicht falsch verstehen, nettes Mädel, aber halt so gar nicht mein Typ. Als ich allerdings später am Abend Zuhause war, erhielt ich eine SMS von ihr, in der sie mir erzählte, dass die Dame mit dem gestreckten Daumen wohl Gefallen an mir gefunden hat und nach meiner Nummer fragte. Ich stimmte zu ihr sie zu geben und so kam dann der Kontakt zustande. Rückblickend betrachtet schon recht lustig. Man geht zu einem Date mit einer Frau und nagelt später dann ihre beste Freundin.
Im Prinzip ist diese Beziehung aber sehr schnell abgearbeitet. Sie dauerte so rund ein und ein viertel Jahr, wenn ich das richtig in Erinnerung habe. Verstehen Sie mich nicht falsch, wir hatten auch viel Spaß zusammen, aber irgendwann überwiegte die Streiterei. Und wir bekamen uns wirklich oft in die Haare, zumeist wegen irgendwelcher belanglosen und dämlichen Kleinigkeiten.
Und diesbezüglich hat sie mich auf ein neues Level gehoben. Ich streite nicht gerne, überhaupt gar nicht und erst recht nicht mit meiner Partnerin. Da kochen oft nur die Emotionen über und man sagt oder tut schnell Dinge, die man später bereut. Also lieber erstmal tief durchatmen, sich ein paar Minuten fangen und dann in Ruhe und vor allen Dingen sachlich diskutieren. Allerdings sah sie das genau anders, und wenn sie dann anfing loszulegen, wirkte meine stoische Ruhe nicht unbedingt deeskalierend, im Gegenteil. Sie wurde nur noch wilder und irgendwann sind richtig die Fetzen geflogen. Sie war die erste und bis dato auch einzige Frau, die mich soweit brachte, dass ich ebenfalls geschrien habe, getobt, sie beschimpfte und was weiß ich nicht noch alles. Als ob sie Spaß daran hätte.

Natürlich nicht, aber es kam mir so vor. Diese Beziehung habe dann ausnahmsweise Mal ich beendet. Ach und das war ein Drama, ich weiß es noch ganz genau. Ich muss dazu sagen, dass ich, zumindest wenn es um richtige Beziehungen geht, zu diesem Zeitpunkt sehr unerfahren in Sachen Schlussmachen war. Mein Kardinalsfehler, wir waren bei mir in der Wohnung. Auweia, sie ist wirklich ausgetickt, als ich ihr mein Anliegen vortrug. Das war ein echtes Drama und ich gebe zu, sie tat mir wirklich leid. Aber es änderte nichts an der Situation, diese Beziehung war eine Farce. Jedenfalls wollte sie partout nicht meine Wohnung verlassen, sie sagte sie geht nicht und fertig. Am Ende hab ich dann meine eigene Wohnung ja fast schon fluchtartig verlassen, während sie sich an mir festklammerte. Es war so tragisch und tat mir richtig weh, aber ich musste Andrea im wahrsten Sinne des Wortes abschütteln.

Heute weiß ich gar nicht mehr, wo ich danach überhaupt hingefahren bin. Ich habe mich einfach ins Auto gehockt und bin weggefahren. Wohin weiß ich wirklich nicht mehr, auch nicht wie lange ich weg war. Ich weiß nur noch, dass ich, als ich meine Wohnung wieder betrat, echt Angst hatte, ob sie im Rahmen eines Wutanfalls meine Bude zerlegt hatte. Aber nein, alles war bestens.

Und auch nach dieser Trennung fühlte ich mich mies, auch wenn ich sie beendet habe. Denn schon wieder hat es nicht geklappt und schon wieder ging es von vorne los. Gut, ich war noch jung und mir lag die Welt zu Füßen, gerade die Damenwelt, aber so allmählich merkte ich damals schon, dass es mich doch eher in eine grundsolide und feste Beziehung zog. Davon hatte ich jetzt die eine oder andere hinter mir

und mir gefielen die Vorteile daran. Es ist immer jemand da, man ist nicht alleine, dieses Gefühl von Nähe und Geborgenheit. Natürlich spürte ich das damals noch nicht so intensiv wie heute, oder besser gesagt, ich sah das noch mit etwas anderen Augen, aber meine Tendenz war bereits deutlich für mich zu erkennen. Und somit empfand ich es als äußert traurig, dass es auch mit Andrea nicht so wurde, wie ich es mir ganz tief in meinem Inneren wünschte.
Vielleicht ein Jahr später, es könnte auch etwas weniger an Zeit gewesen sein, haben sich unsere Wege wieder gekreuzt, wir haben uns auf einer anderen Ebene angenähert und sind seitdem befreundet.
Heute ist Andrea verheiratet und hat zwei Kinder.
Ich nicht.

Danach schwor ich mir erstmal eine ganze Weile alleine zu bleiben, ein wenig Spaß zu haben, wenn Sie verstehen und dann mal schauen. Das war zwar das genaue Gegenteil von dem, was ich mir ursprünglich als Ziel setzte, aber vielleicht brauchte ich erstmal ein wenig Abstand von festen Beziehungen. Da sagt man dann so Dinge wie, *ich muss erstmal zu mir selber finden, schauen, was ich wirklich will* und lauter solchen Kram. Im Prinzip wollte ich mich aber erstmal ein wenig austoben und neue Energie tanken.
Doch dann begegnete mir Maria, im echten Leben und ganz ohne Internet.

## Kapitel 2:
## Muttertag – Teil 1
## Die Scheidung

Um eines gleich mal klarzustellen, Frauen sind nun wirklich nicht der Grund, warum ich an einer Depression erkrankt bin. Gut, eine spezielle Frau hat das letzten Endes ausgelöst, indem sie mich an einen Punkt brachte, an dem ich nicht mehr leben wollte. Aber da steckt so sehr viel mehr hinter und genau deswegen bin ich auch genau jetzt genau da, wo ich bin und genau genommen auch erstmal hingehöre.

Die Gründe für jeden Ist Zustand sind stets in der Zeit vor dem Ist Zustand zu finden, so ist nun einmal der Lauf der Dinge. Ereignisse geschehen und ziehen etwas nach sich, haben immer irgendwie einen Effekt oder Einfluss auf eine Sache oder auf ein Lebewesen. Somit ist die Ergründung für meinen kurzzeitigen Todeswunsch unter anderem auch in meiner Vergangenheit zu finden. Schließlich ist es nicht so, dass es eine sogenannte Übersprunghandlung gewesen wäre. In einem solchen Fall hängt man sich mit einem Gürtel am Treppengeländer auf oder geht los und wirft sich vor den nächsten Zug. Ich allerdings habe mir die Sache sehr genau überlegt. Ich wollte zur Arbeit fahren und mir ein paar bestimmte Medikamente und diverses Zubehör aus dem Lager holen. Getreu dem Motto *die Dosis macht die Droge* wollte ich dann ganz ruhig aus dieser Welt gleiten.

Ich tat es jedenfalls nicht, schließlich schreibe ich ja diese Zeilen.

Was genau also an diesem Wochenende war (ach so, ja es war ein Wochenende, an dem ich beschloss, nicht mehr leben wollen) werde ich

Ihnen im weiteren Verlauf noch sehr detailliert erzählen.
Warum also habe ich mich denn an diesem Sonntagabend nicht umgebracht? Ich saß in meinem Auto, geparkt vor dem Haus, in dem ich wohne. Ein guter Parkplatz, es ist nämlich keine Selbstverständlichkeit hier in dieser Straße immer vor dem Haus, oder zumindest in unmittelbarer Nähe, zu parken. Jedenfalls saß ich da und stellte mir die Frage ob ich nach links zu meinen Freunden oder nach rechts zur Arbeit fahre. Ich saß da eine ganze Weile, im Autoradio lief über dem USB-Stick *The Blood, The Sweat, The Tears* von *Machine Head*, und urplötzlich kam mir meine Mutter in den Sinn. Wobei ich hier keine Assoziationsbrücke von *Machine Head* zu meiner Mutter schlagen will. Lange Zeit dachte ich, dass sie der Grund war, warum ich nach links gefahren bin. Weil ich wusste, wenn ich diese Welt verlasse, dann wird sie mir folgen. Um das zu verstehen, muss ich Ihnen jetzt ein wenig mehr aus dem Leben von mir und meiner Mutter erzählen.

Ich bin ihr Erstgeborener, zwei Jahre später folgte meine Schwester. Allerdings war meine Mutter mit mir nicht zum ersten Mal schwanger. Ich war genau genommen der vierte Anlauf, nachdem sie 1969, 1971 und 1973 jeweils Fehlgeburten erleiden musste. Und schon hier zeigt sich eine ausgeprägte Kämpfernatur, denn welche Frau traut sich nach solchen Schicksalsschlägen an eine weitere Schwangerschaft? Zumal gerade das dritte Ereignis schon arg an ihrer Psyche kratzte. Schon früh in der Schwangerschaft wurde meiner Mutter gesagt, dass dieses Kind mit einer Behinderung auf die Welt kommen würde. Zumindest wenn es gut läuft, denn aller

Wahrscheinlichkeit nach würde es eine Totgeburt werden. Dadurch war meine Mutter auch während ihrer kompletten vierten Schwangerschaft stets auf das Äußerste angespannt und von Ängsten geplagt. Im Jahre 1975 kam ich dann zur Welt, aber auch das verlief nicht problemlos, ganz im Gegenteil. Da ich nicht einfach so herausschlüpfte, wurde mittels einer Saugglocke an mir gezerrt, bis ich Mutters Leib verlies. Bei dieser Aktion erlitt sie einen Zuckerschock, ohne zuvor in ihrem Leben mit diabetischen Problemen in Kontakt gekommen zu sein. Sie selber erzählt, dass sie nur noch den Satz *verdammt, wir verlieren sie* hörte und erst wieder auf der Intensivstation wach wurde. Ich kam an einem Freitag, den 13. zur Welt...wenn das mal kein Omen sein sollte!

Wir hatten schon immer ein sehr gutes und vertrautes Verhältnis zueinander, das ist auch heute noch so, ungebrochen. Sicherlich hatten wir in unserem Leben die eine oder andere Hürde zu überwinden, aber wir haben es gemeistert.
Im Prinzip begann das alles damals mit der Scheidung meiner Eltern. Zu diesem Zeitpunkt war ich sechs Jahre jung, meine Schwester vier. Meine persönlichen Erinnerungen an diese Zeit sind sehr verschwommen und nebelig. Die meisten Dinge weiß ich aus Erzählungen von meiner Mutter, die sie mir im Laufe der Jahre dann immer mal so häppchenweise servierte. Nicht geplant oder mit anderen Absichten, aber auch ich wurde älter und erwachsen und so nach und nach erzählte sie mir immer mehr Details. Teilweise auch auf Nachfragen meinerseits.
Auch heute ist es noch so, dass ich regelmäßig vorbeischaue und einfach bei einer Tasse Kaffee mit ihr in der Küche sitze und wir uns über alles

Mögliche unterhalten. Zumeist aktuelle Ereignisse, aber manchmal über vergangene Dinge. Der gesamte Scheidungsprozess meiner Eltern verlief sehr schnell, ein Glück für wohl alle Beteiligten. Trotzdem hat mich das arg belastet, so habe ich in dieser Zeit starke Verlustängste entwickelt. Meine Mutter musste nur den Müll raus bringen, da bin ich weinend auf den Balkon gerannt, um zu schauen, ob sie auch ja wiederkommt. Ich hatte schließlich eben erst meinen Vater verloren und konnte nicht verstehen warum. Meine Mutter hätte doch ebenso einfach verschwinden können. Wie soll ein sechsjähriges Kind denn so etwas auch verstehen können?

Meine Eltern ließen sich scheiden, weil mein Vater eine andere Frau kennenlernte und er uns wegen ihr verließ. Er war damals aufgrund von Herzrhythmusstörungen zur Kur und lernte sie dort kennen. Ein klassischer Kurschatten, der an ihm kleben blieb wie ein ausgespucktes Kaugummi an der Schuhsohle. Sie war eine ehemalige Prostituierte...und ich bitte Sie diese Aussage als völlig wertfrei zu verstehen.
Die ganze Geschichte kam durch einen selten dämlichen Zufall ans Tageslicht. Das Haus, in dem wir damals lebten, wurde komplett von außen renoviert. Ich war als kleiner Junge sehr beeindruckt von den gigantischen und eindrucksvollen Gerüsten, die bis hinauf zum vierten Stockwerk reichten. Dort ganz oben wohnten wir, und wenn sich die Arbeiter unserem Balkon näherten, bot meine Mutter den Männern immer gerne eine Tasse Kaffee an. Und so kam sie dann auch mit dem einen oder anderen Arbeiter ins Gespräch. Im Rahmen eines solchen Smalltalks stellte sich heraus,

dass die Tante von einem der Arbeiter in genau dem Kurhaus arbeitete, in dem mein Vater zur Kur war. Also drückte meine Mutter diesem Mann ein Bild meines Vaters in die Hand, welches er seiner Tante geben sollte. Und würde diese dann meinem Vater in dem Kurhaus entdeckten, so sollte sie ihm ein paar liebe Grüße ausrichten. Ein harmloser und lieb gemeinter Spaß, aber es kam ganz anders.
Nach dem Wochenende versuchte besagter Arbeiter stets meiner Mutter aus dem Weg zu gehen. Nach längerem hin und her stellte sie ihn zur Rede und so erfuhr meine Mutter von der Affäre meines Vaters in der Kur. Natürlich war sie schockiert, dachte sich aber, ja gut, dann soll er seinen Spaß haben, solange er da ist, okay. Können Sie sich das vorstellen?
Sie tat dies, weil sie bis zu diesem Zeitpunkt einen sehr guten Vater für ihre Kinder und einen sehr guten Ehemann für sich hatte. Auch heute noch wird sie nicht müde dies zu erwähnen, also glaube ich ihr das auch.
Jedoch änderte sie ihre Einstellung zu der Geschichte, als er ihr auftrug, dass er seine Kur um eine Woche verlängern würde. Als sie aber versuchte ihn dort telefonisch zu erreichen, erfuhr sie allerdings, dass er längst nicht mehr vor Ort war. Er verbrachte die Woche bei seiner Affäre. Und auch hier war noch nicht der endgültige Punkt für meine Mutter erreicht. Nachdem mein Vater dann wieder bei uns war und alles seinen geregelten Weg ging, schien zunächst alles wie immer zu sein. Mein Vater verließ morgens das Haus um zur Arbeit zu fahren und kam abends wieder zurück. Als er an einem Freitag, an diesen Tagen hatte er immer früher Feierabend, aber nicht zur gewohnten Zeit zurück kam, machte sich meine Mutter entsprechende Sorgen und rief einen

Arbeitskollegen an. Für die jüngeren Leser, damals gab es noch keine mobilen Telefone. Diese Frau bestätigte jedenfalls, dass ihr Mann längst zurück sei, verstünde aber die Frage nicht. Denn schließlich habe der Mann meiner Mutter doch bereits vor einiger Zeit gekündigt. So kam raus, dass mein Vater jeden Tag das Haus verließ, allerdings statt zur Arbeit zu seiner Affäre fuhr und im weiteren Verlauf dann dort in der Nähe eine neue Arbeitsstelle annahm.
Meine Mutter stellte ihn entsprechend zur Rede, und als er ihr dann den Vorschlag machte, er würde Zuhause leben, aber wenn er Urlaub hätte, würde er diesen bei seiner Geliebten verbringen, ist selbst meiner Mutter der Geduldsfaden gerissen, da war das Limit erreicht. An dieser Stelle frage ich Sie gerne nochmals, können Sie sich das vorstellen? Was für eine Art von Mensch kommt auf derartige Ideen und unterbreitet ein solches und durchaus ernst gemeintes Angebot?
Er zog komplett aus und schaute dann nur noch hin und wieder an Wochenenden vorbei. Das war aber dann nicht so wie ein Vater der seine Kinder besucht. Er war einfach nur da, trank seinen Kaffee und ging wieder. An einem Tag in der Vorweihnachtszeit war er da und aß von den Keksen, die wir zusammengebacken hatten. Nachdem er wieder gegangen war, habe ich zu meiner Mutter gesagt, dass er uns ganze fünf Stücke unserer guten und selbstgemachten Kekse weggefressen hat. Weggefressen! Eine Wortwahl, die ich bis zu diesem Zeitpunkt niemals benutzt habe und gerade deswegen ist dieser Moment für meine Mutter auch heute noch so präsent.
Meine Mutter weinte damals oft, aber immer abends, wenn wir Kinder im Bett waren. Doch an einem Tag konnte sie sich nicht mehr

zusammenreißen und weinte nachmittags. Ich bekam das mit und sagte mit meinen sechs Jahren zu ihr, dass es sich nicht lohnt zu weinen, er kommt eh nicht wieder. Mit sechs Jahren...weggefressen, er kommt eh nicht wieder! Zu dieser Zeit entwickelte ich eine aggressive Verhaltensstörung. Eigentlich war immer alles gut, aber wenn mein Vater am Wochenende da war, war ich anschließend unausstehlich. Ich bin in der Schule ausgetickt, habe meine Schwester geschlagen, das sind alles Dinge, an die ich mich Gott sei Dank nicht mehr erinnern kann. Ich muss damals eine sehr gute Klassenlehrerin gehabt haben, denn immer wenn mein Vater da war, rief meine Mutter sie an um sie für den Montag auf mich vorzubereiten. So konnte sich die Dame dann auf die Situation einrichten und sich auf mich einstellen. Auch wenn sie nicht mehr unter uns weilt, möchte ich hier heute auf diesem Wege posthum meinen Respekt bekunden, den hat sie verdient.
Ganz schlimm waren meine Ausraster, nachdem meine Schwester und ich einmal für einen Tag bei unserem Vater waren. Das war damals an meinem siebten Geburtstag. Ich selber habe daran so gut wie keine Erinnerungen mehr, ich weiß nur noch, dass er mir Fußballschuhe kaufte. Aber da kam ich wohl komplett verstört wieder zurück und wurde anschließend auch von einem Mitarbeiter des Jugendamtes befragt. Meine Mutter weiß von dem Inhalt dieser Befragung nichts und ich kann mich noch nicht einmal daran erinnern, dass es so ein Gespräch gegeben haben soll. Nach dem Besuch bei meinem Vater und seiner neuen Familie habe ich zu meiner Mutter gesagt, dass ich da nie wieder in meinem Leben hin will. Was dort vorgefallen ist, weiß ich heute absolut nicht mehr, und wenn

ich ehrlich sein soll, ich bin auch froh darüber. Jedenfalls entzog man ihm danach das komplette Besuchsrecht. Auch darüber bin ich heute sehr froh. Das Jugendamt empfahl meiner Mutter damals ein psychiatrisches Konzil für mich. Sie lehnte es ab, weil sie der Meinung war, dass ich das nicht verkraften würde. Aus heutiger Sicht wäre das aber vielleicht besser gewesen. Ich möchte meine Mutter damit nicht die Schuld für irgendwelche aktuellen Ereignisse geben, das sicher nicht. Aber wie so oft im Leben stellt man sich eben diese *was wäre wenn* Fragen.

Im Laufe der Jahre, bis heute hin, erfuhr ich also immer mehr und mehr Details über die Zeit damals. So haute mein Vater ab und ließ uns mit leeren Konten sitzen. Er mutierte zu einem abgrundtief hässlichen Menschen und wollte sogar das Sorgerecht haben, aber nur für mich. Meine Schwester wollte er nicht, er wollte nur mich. Das war schon von Anfang an so, er wollte immer nur ein Kind haben und war niemals von der Tatsache begeistert, dass meine Mutter später nochmals ungeplant ein Kind bekam. Aber jetzt deswegen beide Kinder voneinander trennen? Das lehnte meine Mutter strikt ab, entweder beide und keins, aber die Kinder werden nicht getrennt. Er entschied sich dann für keins und auch dafür bin ich heute wirklich dankbar.
Der Mann hat sich aber noch so einige Dinge mehr erlaubt. Kindergeld war nämlich immer so ein Thema. Entweder zahlte er nicht pünktlich oder zu wenig oder beides oder gar nicht. Meine Mutter hat das einfach stillschweigend akzeptiert, sie sagt, einfach nur um ihre Ruhe zu haben. Die Zeit nach der Trennung war schon schlimm genug für sie. Alleine der Kampf um

das Sorgerecht muss eine regelrechte Tortur gewesen sein, man könnte auch fast schon das Wort Krieg verwenden. Irgendwann einmal offenbarte sie mir, dass wir nur knapp einem klassischen Familiendrama entkommen sind. Sie war damals psychisch dem Ende nahe, als ihr der Gedanke kam zuerst ihre Kinder und anschließend sich selbst zu töten.
Und dann erinnere ich mich noch an die Geschichte mit dem Foto. Er schenkte meiner Mutter mal einen neuen Fotoapparat, den er dann allerdings mitnahm und erst später, als meine Mutter nach dem Gerät fragte, wieder rausrückte. Nur hatte er damit schon ein Bild von seiner neuen Frau geschossen, welches meine Mutter erst später nach dem Entwickeln entdeckte. Der interessante Punkt hierbei ist, dass diese Frau meiner Mutter zum Verwechseln ähnlich sah. Und zwar so sehr, dass sich meine Mutter selber wunderte, in welcher Umgebung sie denn da abgelichtet wurde.
Aus heutiger Sicht und mit dem jetzigen Wissen, dass meine Mutter seine erste Frau überhaupt war, kann man wohl ohne groß zu kombinieren sagen, hier musste sich noch jemand gewaltig die Hörner abstoßen. Und am besten, so dachte er wohl, macht man das mit einer Frau, die der eigenen sehr ähnlich sieht, aber die Bettqualitäten einer ehemaligen Prostituierten hat.
Aber noch einmal zurück zum Thema Kindergeld. Wie gesagt, die Zahlungsmoral meines Vaters ließ durchaus zu wünschen übrig, um es gelinde auszudrücken. Als ich dann nach der Schule meine Lehre begann, ich habe vor meiner Rettungsdienstkarriere ein Handwerk gelernt, hatte ich zunächst nur einen Probelehrvertrag. Nach drei Monaten unterschrieb ich dann einen Ausbildungsvertrag

und meine Mutter reichte diese Information weiter. Irgendwann später bekam ich persönlich Post vom Anwalt meines Vaters, der mich aufforderte die drei zu viel gezahlten Monate zurück zu zahlen. Ich! Eines sage ich Ihnen, das sind Dinge, die man so schnell nicht vergisst, wenn überhaupt.

Es gibt da allerdings ein Ereignis noch aus der Zeit vor der Scheidung, an das ich mich erinnere. Das hat sich in mein Hirn gebrannt und ich habe es bisher nicht einmal meiner Mutter erzählt. Sie weiß es bis dato schlichtweg nicht. Irgendwann lag meine Mutter im Krankenhaus, zu dieser Zeit hatte mein Vater bereits diese Affäre. Eines Tages brachte er sie mit nach Hause, meine Schwester und ich saßen in unserem Kinderzimmer vor einem Berg Legosteine. Ich, oder auch wir beiden, schauten durch die geöffnete Tür in den Flur, dort stand unser Vater mit einer für mich völlig fremden Frau. Sein Satz *schaut mal wen ich in der Stadt getroffen habe* ist mir bis heute im Ohr. Er tat einfach so, als wäre dies eine alte Bekannte der Familie und gut ist es. Etwas später am Tag beobachtete ich die beiden wie sie etwas taten, was ich als sechsjähriger Junge definitiv nicht einzusortieren wusste, aber es war befremdlich. Erst später holte mich diesbezüglich die Erinnerung ein und traf mich wie ein Blitz.
All diese Dinge sind im Moment auch so präsent bei mir, weil ich erst die Tage hier in einer Gesprächstherapiestunde darüber berichtet habe. Sie erinnern sich, als ich wenige Seiten zuvor beschrieb, dass ich in meinen Beziehungen immer das Problem habe meine Emotionen zeigen zu können, welche zuzulassen und mich generell komplett zu öffnen und fallen zu lassen. Das stimmt ja auch und das ist ein

ganz klarer Schutz, das weiß sogar ich als Hobbypsychologe. Im Moment kann ich das sehr gut, also meine Gefühle zu- und rauslassen, Emotionen zeigen, weil ich seit meinem Einzug in die Klinik hier eigentlich kaum etwas anderes tue. Aber ich will mir dieses erhalten und damit das klappt, muss man eben herausfinden, woher das kommt. Und ich denke, dass bei der Scheidung meiner Eltern der Grundstein dafür gelegt wurde.

Sie können mir gerne glauben, wenn ich Ihnen sage, dass ich ein wirklich friedlicher Mensch bin. Sicher gibt es Dinge, die mich schnell auf die Palme bringen, angefangen beim Fernsehprogramm heutzutage. Aber insgesamt bin ich ruhig, friedlich und ausgeglichen...also bis vor zwei Wochen und meinen jetzigen Zustand mal außen vor gelassen. Aber es gibt einen Menschen, den würde ich sofort und ohne Vorwarnung unangespitzt in den Boden rammen, und das ist mein Vater. Dabei ist mir das Wissen, dass er mich direkt wegen Körperverletzung anzeigen würde, auch völlig egal. Ich würde ihm so gerne den einen oder anderen Knochen im Gesicht brechen, ohne mit der Wimper zu zucken.

Allerdings würde ich ihn heute wohl gar nicht erkennen, selbst wenn er direkt vor mir stehen würde. Ich weiß ja noch nicht einmal, ob er überhaupt noch lebt. Und ehrlich gesagt, es ist mir auch scheißegal.

Meine Mutter sieht das allerdings etwas anders. Sie hat mir mal erzählt, dass sie eine gewisse Angst davor hat, er könnte plötzlich vor ihrer Tür stehen. Bis dahin konnte ich der Sache folgen. Aber dann sagte sie mir, dass sie nicht wüsste, was sie machen würde, würde er nach all den Jahren zu ihr zurück wollen. Dieses Ereignis ist natürlich komplett utopisch, aber der Gedanke meiner Mutter ist es nicht. Warum würde sie über diese Frage überhaupt nachdenken? Nach all den Dingen, die er ihr und uns angetan hat? Darauf gibt es nur eine vernünftige Antwort, ihr jetziges Leben ist noch beschissener.

## Kapitel 3:
## Twelve Monkeys – Teil 1
## Der erste Tag

Der Tag meiner Einlieferung war ein Montag und mein Zustand war desolat, *The Walking Dead* lässt grüßen. Ich hatte seit Freitag nicht mehr richtig geschlafen und so gut wie gar nichts gegessen, dafür aber ein paar Bierchen gekippt. Oder ein paar mehr. Aus Spaß sagt man ja immer, sieben Bier ersetzen eine Mahlzeit. Heute weiß ich, das ist ein Irrglaube.
An diesem Wochenende, genauer gesagt an diesem Sonntagabend, als ich mich dazu entschloss nach links abzubiegen, fand ich also Zuflucht bei sehr guten Freunden, bei Anke und Mario. Aber dazu komme ich dann später noch ausführlicher.
Mit den beiden bin ich schon seit mehreren Jahren sehr gut befreundet. Mit Mario gehe ich immer ins Stadion, wobei wir da insgesamt zu viert sind. Er ist so eine Art Frohnatur, eigentlich immer gut gelaunt und jemand, den ich als Freund sehr schätze. Und das ist bei seiner Frau Anke nicht anders. Ich kenne zwar keinen Neid, aber was Anke und Mario haben finde ich wirklich beneidenswert. Wie die beiden miteinander umgehen, das ist für mich der

Inbegriff von bedingungsloser Liebe. Sicher gibt es keine Garantien, aber bei den beiden glaube ich, da kann kommen was will, dass sie immer gemeinsam gehen durch dick und dünn gehen werden. In meinen Augen sind sie ein wirklich wunderbares Ehepaar und ich bin sehr froh, dass wir miteinander befreundet sind.
Ich hatte die Nacht bei den beiden im Haus verbracht und am Montag fuhr mich Anke dann in die Klinik. Ich erinnere mich noch, als ich vor dem großen und ausladenden Haupteingang mit seiner riesigen Drehtür stand und kurz zögerte. Dieses Ding sah aus wie das alles verschlingende Maul einer gigantischen Bestie, bereit mich zu schlucken und zu verdauen. Ein kleiner Schritt für einen Menschen...aber ich hatte ja bereits eingesehen, dass ich dringend professionelle Hilfe brauche und ich diese hier erhalten würde. Also rein da.
Anke zog oder schob mich nicht, sie sagte auch nicht viel, sie begleitete mich einfach nur. Und das war genau richtig so. In diesen Tagen habe ich Anke noch besser kennengelernt und zolle ihr meinen allerhöchsten Respekt. Ich kenne keinen Menschen in meinem näheren Umfeld, der über mehr Empathie verfügt als sie.
Sie führte mich einen langen Gang entlang in Richtung Notaufnahme. Ich kenne dieses Haus ja sehr gut, da ich aus beruflichen Gründen öfters schon hier war. Somit weiß ich auch sehr gut was in so einer Notaufnahme passiert und da wollte ich nun überhaupt nicht hin. Da ist man einer von vielen und es geht nach Priorität, was ja auch okay so ist. Aber ich wäre hier dann bloß der mit der Meise, der psychisch dekompensierte Vogel und da hatte ich halt keinen Bock drauf. Ich würde da nur herumliegen und mit mir selbst beschäftigt sein. Vielleicht mit einem netten Sedativum im

Blutkreislauf, aber trotzdem war das nicht mein liebster Gedanke. Allerdings habe ich ja Freunde, gute Freunde, sehr gute Freunde und so blieb mir die Notaufnahme erspart. An dieser Stelle möchte ich Ihnen kurz die Nadine vorstellen, und ihren Mann Thomas. Mit Thomas hatte ich seinerzeit zusammen die Ausbildung zum Rettungsassistenten gemacht, wir haben uns in dieser Zeit ein Zimmer geteilt und sind seitdem befreundet, seit 2001 also. Aber auch diese Geschichte erzähle ich Ihnen bald noch genauer. Seine Frau Nadine ist Ärztin und hat zusammen mit Marios Frau Anke studiert. So schließt sich hier der Kreis. Nadine arbeitet in der HSK Wiesbaden und hat somit ihre internen Verbindungen bemüht, damit ich hier einen Platz bekam und sich ebenso bemüht, dass mir die Notaufnahme erspart blieb. Der Weg führte mich also direkt in die psychiatrische Aufnahme. Ich war irgendwie willenlos, aber als wir auf einen Türdurchgang zuhielten, der mit dem Schild *Psychiatrische Klinik* ausgewiesen war, verließ mich kurzzeitig der Mut. Jetzt wurde mir plötzlich bewusst, wo ich war und was mit mir passierte. Aber wie gesagt, *The Walking Dead* und so ließ ich mich führen und fand mich in einem spartanisch eingerichteten Aufnahmezimmer wieder. Da saß ich dann zusammen mit einem der aufnehmenden Psychologen, Nadine und Anke. Ich weiß gar nicht mehr genau was ich da erzählte, was mir alles für Fragen gestellt wurden, aber letztendlich lief es nur auf einen Punkt hinaus: Er wollte von mir hören, dass ich plante, mich selber zu töten und nun freiwillig hier bin. Diese Worte so klar und deutlich einer mir völlig fremden Person gegenüber auszusprechen war keine so leichte Aufgabe.

Danach führte mich der Weg weiter zur eigentlichen Station. Hier wurde mein Rucksack von einem Pfleger durchsucht, meine persönlichen Wertgegenstände eingeschlossen und mir potentiell gefährliche Gegenstände wie z.B. mein Nassrasierer abgenommen. Zur Verwahrung natürlich. Dieser Pfleger war mir allerdings sympathisch. Ein großer und scheinbar starker Typ, über seinen rechten Arm ein großes Tribal tätowiert. Ich selber mag ja keine Tribaltattoos, bin aber ein Freund der Tätowierkunst und trage selber recht viele am Körper. Ich denke, hätten wir kein Pfleger – Patient Verhältnis, hätten wir durchaus gute Kumpels werden können. Hin und wieder mal ein paar Bierchen kippen, das eine oder andere Konzert besuchen, einige Frauengeschichten austauschen, Sie wissen schon, was Kerle eben gemeinsam so tun. Aber stattdessen waren bei mir die Sicherungen durchgebrannt und er einer aus dem Pflegeteam hier.

Anschließend ging es weiter in einen anderen Raum, in dem mich dann ein weiterer Pfleger mit einigen Fragen durchbohrte und sehr gewissenhaft einen Fragebogen ausfüllte. Ach so, zwischendurch wurde mir auch noch Blut abgenommen. Nadine hatte sich mittlerweile wieder verabschieden müssen, sie war ja schließlich im Dienst.

Ich weiß gar nicht so genau, wie ich Ihnen meinen Zustand zu diesem Zeitpunkt erklären soll. Seit Tagen nicht geschlafen, fast nichts gegessen, mittlerweile vollends in einer depressiven Episode versunken, war ich lediglich ein Schatten meiner selbst, eine leere Hülle ohne Kraft, ohne Willen, ohne Energie und am schlimmsten, ohne Lust zu leben. Ich hatte das verloren, was mir mit Abstand am wichtigsten war in meinem Leben und so umhüllte mich eine unheimliche Leere. Mir wurden Fragen gestellt, viele Fragen und es war unendlich anstrengend diese alle zu beantworten. Dementsprechend stoisch waren meine Aussagen. Ich will meinen Zustand nicht als katatonisch beschreiben, aber ich glaube ich war sehr nahe dran.

Nachdem dieses ganze extrem anstrengende Aufnahmeklimbim endlich abgeschlossen war, führte mich der Pfleger in mein Zimmer. Die Zimmer sind hier alle identisch, also kann ich mir eine nähere Erklärung sparen. Der einzige Unterschied zur geschlossenen Station ist nur der, dass hier die Tür der Nasszelle nicht abschließbar ist und ein Duschvorhang fehlt.
Mein Zimmerkollege hier war eine richtige Spaßkanone. Ich möchte ihn mal als so eine Art Berufsdepressiven bezeichnen und ich gehe davon aus, dass es sich bei ihm um einen hoffnungslosen Fall handelte. Guter Mittfünfziger, ein Gesichtsausdruck wie ein Dackel auf Kokain und eine Körperhaltung, die dem angespannten Zustand eines Drehmomentschlüssels entspricht. Er hatte auch nur einen Satz drauf, *mir geht's schlecht und es wird nicht besser.* Aha, danke für die Info. Ankes Blick war eine Mischung aus Peinlichkeit, Entschuldigung und Ratlosigkeit, jedenfalls empfand ich es so. Das konnte doch alles nur ein unendlich langer Albtraum sein.
Mein Aufnahmezeitpunkt war quasi High Noon, also exakt die Mittagsessenszeit und so wechselten wir die Location und begaben uns vom Zimmer in den Aufenthalts- und Speiseraum. Kein wirklich großer Raum, mit zwei Tischreihen und so einer Art Einbauküche, Modell zweckgebunden-funktionell und nicht schönheitspreisverdächtig. Und in diesem Raum

offenbarte sich mir der gesamte Schrecken, und damit meine ich nicht das Essen. Na gut, ein wenig auch das Essen, aber mir ging es eher um die Leute, die mich hier umgaben. Ich reihte mich nach einem beherzten *du musst etwas essen* von Anke in die überschaubare Schlange bei der Essensausgabe ein, an deren vorderen Ende ein Pfleger vor einem Thermowagen stand und gewissenhaft das Essen portionierte. Ich hatte wirklich keinen Appetit, entschloss mich aber Anke zuliebe einen Happen irgendwie reinzuwürgen. Ich bat lediglich um eine kleine Kelle mit Kartoffelpüree, zumindest wurde es als solches angepriesen und sah entfernt auch so aus. Man hört ja oft den Spruch: *Das schmeckt wie eingeschlafene Füße*. Allerdings verstehe ich das nicht so ganz. Woher weiß man denn überhaupt, wie eingeschlafene Füße schmecken? Wer weiß so etwas und woher? Saßen mal zwei Kumpels auf ein paar Bierchen zusammen, als plötzlich einer meinte, ihm seien die Füße eingeschlafen und der andere nutzte die Gelegenheit und lutschte daran? Anders kann ich mir das nicht herleiten, auch wenn mir diese Vorstellung absurd und recht realitätsfern erscheint.

Aber als ich eine Gabel von diesem sogenannten Kartoffelpüree probierte, kam mir genau dieser Satz in den Sinn. Genau für dieses Püree wurde der Satz erfunden. Also, Nachtrag für die Sprichwortforschung, der Ausdruck *das schmeckt wie eingeschlafene Füße* kommt ursprünglich von der geschlossenen Station der psychiatrischen Klinik der HSK Wiesbaden, bezogen auf deren Kartoffelpüree. Wäre das auch mal geklärt.

Falls Sie das Gefühl haben, dass ich das alles mit Humor nehme, so versichere ich Ihnen, nein! Dieser Tag war schrecklich, unglaublich schrecklich sogar. Aber es sind jetzt zwei Wochen vergangen und ich habe heute keinen ganz so schlechten Tag erwischt, so kann ich etwas lockerer darüber schreiben. So ist das halt, wenn man Depressionen hat, es gibt schlechte und gute Momente. Ich befinde noch in der Anfangsphase, das heißt für mich, es gibt schlechte und weniger schlechte Momente. Und das kann sich durchaus stündlich ändern…was es auch tut.

Das Püree missachtend, fing ich also mal vorsichtig an mich umzusehen. Anke saß mir gegenüber und ich schwöre, sie wusste in diesem Moment ganz genau, was ich dachte. Noch bevor ich die Umgebung richtig gescannt hatte, insofern das in meiner Lage überhaupt möglich war, kam von ihr der Satz *du machst das einzig Richtige*, gefolgt von einem überzeugten und zustimmenden Nicken. Diesen Blick von ihr werde ich wohl nie wieder in meinem Leben vergessen, und wenn ich ehrlich bin, ich habe mich in genau diesen Blick verliebt. Ich will den nur nie wieder in so einer Situation sehen.

Gut, ich tat also das Richtige. Mit wem denn überhaupt? Mein Blick wanderte von der einen Seite des Raumes zur anderen und was ich erblickte, war nicht wirklich erbaulich. Nein, absolut und definitiv und überhaupt gar nicht. Ich saß hier zwischen hochgradigen Psychosen, schwer Demenzerkrankten, sabbernden Geistern und der Stimmungskanone aus meinem Zimmer. Der Fairness halber, ich war zu diesem Zeitpunkt mindestens ebenso stimmungsvoll.

Nein, hier war ich nicht richtig, ganz und gar nicht. Ich bin fertig, ja, ich bin psychisch völlig dekompensiert, ja, ich wollte nicht mehr leben, ja, aber das hier war definitiv nicht der richtige Ort für mich. Mein Blick wanderte zurück in Ankes Augen, ich schaute sie sorgenvoll an und sagte: *ich komm mir hier vor wie in Twelve Monkeys!*

Ungefähr eine Stunde später sollte noch ein Gespräch mit einem Arzt folgen. Anke blieb noch solange bei mir und verabschiedete sich dann. Das Gespräch war unspektakulär, weil ich diesem Arzt auch nichts anderes erzählte als das, was ich schon ganz zu Beginn dem ersten Hansel berichtet habe. Der Rest des Tages verlief grauenvoll, anders kann ich es nicht ausdrücken. Meine Stimmung war einfach nur brutal. Dieser unendliche Verlustschmerz, diese Fassungslosigkeit über das, was passiert ist und noch weiter passiert, die Unwirklichkeit meiner Situation. Noch heute, genau zwei Wochen später, habe ich das Gefühl das Leben eines anderen zu leben. Das bin nicht ich, das ist nicht mein Leben, aber für einen ganz miesen Traum hält das schon viel zu lange an.

Ich verzog mich zunächst in mein Zimmer, haute mich auf das Bett und sah rüber zu Mister Lustig, der mich mit seinem Blick durchbohrte. Nein, das ging gar nicht. Also wieder raus. Über den Gang, die Stationen hier sind wie ein U aufgebaut, schlichen all diese Gestalten und erzählten Sachen, denen ich nicht folgen konnte. Nicht alle redeten wirr, ich war auch einfach nicht mehr in der Lage etwas aufzunehmen.

Da war zum Beispiel diese kleine seltsame Frau mit ihrer piepsigen Stimme, ähnlich der Tante aus *Police Academy*. Oh, ich mag *Police Academy*, und wie. Aber nicht alle Teile. Der erste Teil ist natürlich über jeden Zweifel erhaben, Teil 2 und 3 schwächeln etwas, sind aber immer noch saulustig. Teil 4 geht grad noch so, wenn man in der richtigen Stimmung ist, aber danach wird es dann übel. Im Prinzip kann man sagen, sobald der Charakter Mahoney verschwindet, braucht man nicht mehr weiterschauen.

Und diese kleine Frau lief hier immer mit einem vollgepackten Rucksack, weiß der Geier, was da drin war, die Gänge hoch und runter. Vor sich trug sie eine recht abgegriffene Bibel her und fragte mit ihrer wirklich extrem piepsigen Stimme gerne jeden, der ihr unterwegs begegnete, ob sie ihm aus der Bibel vorlesen darf. Dabei war ihr auch völlig egal wie die Antwort ausfiel. Wenn man ablehnte, ging sie wieder, wenn man das Angebot annahm, öffnete sie das Buch, blätterte wild hin und her, schloss es wieder und zog hurtig auf ihren Siebenmeilenstiefeln von dannen. Aber sie bedankte sich immer, egal wie man sich verhielt. Da soll noch einer mal sagen, dass die Bekloppten dieser Welt unhöflich sind.

Bevor Sie sich jetzt über das Wort bekloppt aufregen, ich darf das. Warum? Nun, ich bin jetzt auch einer von denen. Ich habe tatsächlich so einiges hier gelernt, ich bin ein wenig von meinem hohen Ross runter gekommen. Zur besseren Erklärung muss ich Ihnen gestehen, dass ich gerne mal etwas selbstgefällig und arrogant wirke. Ich habe ein enormes Selbstbewusstsein und bin nachgewiesenermaßen recht intelligent und dieses bewirkt, dass ich auf fremde Leute eben oft arrogant und überheblich wirke. Wenn man mich besser kennenlernt, merkt man recht schnell, dass ich privat eigentlich nicht so unnahbar bin. Beruflich allerdings schon, da ist es auch manchmal angebracht, aber auch nicht in dem Ausmaß, wie ich es in den letzten Jahren raushängen lies. Auch daran werde ich in Zukunft arbeiten. Aber das kommt später noch. Ein erster Schritt ist bereits getan, ich bin wie alle anderen hier ein Patient. Ich bin nicht besser, aber auch nicht schlechter. Wir sind irgendwie alle gleich. Somit meine ich das mit dem bekloppt auch mit einem gewissen Augenzwinkern. Aber viele Dinge ändern sich hier eben, das Leben hier ist ein ganz anderes, egal ob in der geschlossenen oder in der offenen Psychiatrie. Man bekommt hier einen Rhythmus aufgedrückt, der einem sicher nicht von Beginn an gefällt, aber an den man sich recht schnell gewöhnt und im weiteren Verlauf dessen Wichtigkeit erkennt. Hier sind ja noch wesentlich kaputtere Menschen als ich, richtig kranke Leute, die mir teilweise sogar leidtun. Und gerade für solche Leute ist ein geregelter Tagesablauf ungemein wichtig, egal ob Demenzkranke, depressive Patienten, Suchtpatienten, Psychotiker, egal was und wer. Und ich bin mittendrin, wie der Malcolm, ich gehöre dazu, bin einer von ihnen. Ich bin krank, ich habe Depressionen. Bis zur eigentlichen Diagnose sollte es natürlich noch eine Weile dauern, aber mir war bereits klar, dass es zumindest auf eine länger anhaltende depressive Episode hinauslief. Das war bereits deutlich abzusehen. Alleine diese Erkenntnis ist erschreckend, das kann ich Ihnen sagen. Und es ist auch nicht so leicht das anzunehmen, sich das einzugestehen. Aber gerade der erste Abend hier half mir enorm bei dieser Erkenntnis, bei dieser Einsicht. Auch wenn mir das komplette Ausmaß meiner Situation erst etwas später bewusst wurde. Aber auch dazu komme ich noch.

Eigentlich wanderte ich lediglich hin und her, brauchte Bewegung, ich fand einfach keine innere Ruhe. Unglaublich, wenn man bedenkt, wie lange ich nicht mehr geschlafen habe. Aber es war so, einfach nur grausam. Irgendwann platzierte ich meinen Hintern auf einer Fensterbank. Das U der Stationen hier ist so aufgebaut, dass die Zimmer zu den Außenseiten liegen, während die Innenseiten von deckenhohen Fenstern flankiert sind. Diese besitzen recht niedrige und schmale Fensterbänke. Und da saß ich dann, in mir ein Gefühlschaos gigantischen Ausmaßes, auf der Suche nach einem Grund leben zu wollen und in meinem Hirn ein Clown, der mir mit einer erbarmungslosen Hartnäckigkeit in die Synapsen kackte. Einsamkeit. Das ist das Wort, in mir herrschte eine große nicht enden wollende Einsamkeit. Kennen Sie noch *Die unendliche Geschichte*? Das Nichts, welches droht alles zu verschlingen? Dieses Nichts hatte von mir Besitz ergriffen und zerdrückte mich innerlich. Drohte mich aufzufressen. Dieser Schmerz, dieser intensive und nicht enden wollende Schmerz. Und dann will man mir allen Ernstes erklären, dass es sich lohnt zu leben? Am Arsch!

Während ich dann wie ein Häufchen Elend so dasaß, gesellte sich eine der diensthabenden Schwestern zu mir. Es tut mir so leid, aber ich habe tatsächlich den Namen vergessen. Das lag sicher an meiner Verfassung und an der Tatsache, dass ich sie danach auch nie wieder gesehen habe. Sie sprach mich an, erkundigte sich nach meinem Befinden, welches ich mit einem knappen *beschissen* kommentierte. Wir kamen ins Gespräch, als ich ihr sagte, dass ich soeben die Liebe meines Lebens verloren habe.

Sie dachte wohl erst an einem tödlichen Unfall, und ganz ehrlich, mein Schmerz hätte bei diesem Szenario nicht größer sein können. Ich riss ganz kurz an, worum es ging und anschließend erzählte sie mir kurz ihre Geschichte, meiner tatsächlich nicht ganz so unähnlich...wenn man den Faktor meines psychischen Absturzes mal kurz ausblendet. Dennoch, das Gespräch mit ihr, und das war kein kurzes, war für den Moment sehr hilfreich. Leider kann ich mich nicht mehr an allzu viel davon erinnern und das finde ich furchtbar traurig. Ich kann nur nochmals auf meinen Zustand zu diesem Zeitpunkt verweisen. Während ich mich mit ihr unterhielt, bekam ich noch einmal Besuch. Mario, Anke, Thomas und Nadine. Ich hatte Anke, bevor sie ging, mit ein paar Instruktionen in meine Wohnung geschickt um für mich noch ein paar Kleinigkeiten zu besorgen und ein paar Telefonate für mich zu erledigen. Insbesondere war es mir sehr wichtig, dass mein allerbester Freund Rick und meine beste Freundin Maja wussten, was los war. Gerade Maja, die mich ja noch am Tag zuvor sah, als ich völlig verzweifelt bei ihr war. Aber auch zu der Geschichte komme ich später noch, das gehört alles zu den Details des Wochenendes.

Ich freute mich über den Besuch, glaube ich, ich weiß es nicht mehr. Es war schwer überhaupt noch irgendwas zu fühlen, was nicht negativ behaftet war. Wichtig war wohl eher die Tatsache, dass ich wieder einige bekannte Gesichter sah, auch wenn es erst wenige Stunden her war, als Anke ging. Allerdings kann ich mich auch an diesen Besuch nicht mehr so ganz genau erinnern. Meine Akkus waren einfach leer. Eigentlich kann ich mich an sonst nichts mehr von diesem Tag erinnern, der sich allmählich dem Ende näherte. Zur Nacht spendierte man mir noch eine solide Runde Tavor und ich konnte zumindest mal vier Stunden schlafen, mehr war nicht drin. Aber wenn ich das Wochenende als Vergleich heranziehe, dann sind vier Stunden Schlaf eine halbe Ewigkeit.

Der nächste Tag brachte für mich keine neuen Erkenntnisse. Mein Leben war immer noch scheiße, ich sah keine Perspektive, es ging mir einfach nur grottenschlecht und ich war abgrundtief depressiv...aber irgendwie hatte ich nicht mehr den Wunsch mir das Leben nehmen zu wollen. Vielleicht lag es am Schlaf, ich weiß es nicht. An diesem Vormittag war Stationsarztvisite und ich erklärte es dem Arzt so. Ich hatte das Gefühl, dass ich meine Gedanken ein wenig sortieren konnte. Wie gesagt, verändert hatte sich an meinem Zustand für mich rein gar nichts. Mir war es auch völlig egal ob ich leben oder tot sein würde. Aber ich wollte es wieder dem Schicksal überlassen und nicht mehr mir selbst. Zumindest für diesen Moment. Dass sich das später kurzzeitig mal wieder ändern sollte, konnte ich zu diesem Zeitpunkt noch nicht erahnen. Ferner berichtete ich von dem schwerwiegenden Gefühl in mir, hier gefangen zu sein. Ich brauche die Freiheit, muss raus können wenn ich es will, muss joggen gehen, was anderes kann ich hier doch auch nicht machen. Aus dem kurzen Gedanken des Arztes mir zum Joggen Ausgang zu gewähren wurde dann aber die Verlegung in die oben drüber liegende offene Station beschlossen, da man bei mir keine Eigengefährdung mehr sah. Diese wurde für den Folgetag angesetzt, aber kurz nach dem Gespräch erhielt ich die Nachricht, dass ich meine Sachen packen

könne, es würde noch diesen Mittag nach oben gehen. Der tätowierte Pfleger vom Vortag war wieder im Dienst und begleitete mich hoch. Er sprach mich an und meinte, dass ich heute einen besseren Eindruck machen würde, allerdings kam ich mir keinen Meter so vor. Ferner meinte er, dass er mich gestern fast gar nicht traute anzusprechen, aber heute fing ich wohl an für ihn sympathisch zu wirken und, dass er meine Verlegung deswegen schaden finden würde. Nun, das war ein Kompliment und ich weiß, dass er es wirklich so meinte, aber so richtig freuen konnte ich mich nicht. Ich hatte keine Freude mehr in mir und das würde noch lange Zeit so bleiben.
Das waren meine ersten vierundzwanzig Stunden in der psychiatrischen Klinik und es sollten noch so einige Folgen.

## Kapitel 4:
## Blaues Licht – Teil 1
## Stefan begins

Am Anfang steht die freie Berufswahl. So sagt man es ja immer, ein geflügeltes Wort. Und auch ich bemühe diesen Satz oft und gerne, meistens still in mich hinein. Mein Beruf ist sicher nicht leicht, auch wenn manch einer aus meiner Zunft dazu neigt, vieles auf die leichte Schulter zu nehmen. Aber man erfährt Eindrücke und erlebt Dinge, die andere Menschen nicht erleben und das ist auch gut so. Furchtbare und extrem schlimme Dinge geschehen zum Glück nur recht selten. Der Alltag eines Rettungsdienstlers ist sogar weit

weniger spektakulär, als Sie vielleicht denken mögen. Da ruft die Oma Müller zum x-ten Mal an, weil sie denkt, ihr Blutdruck wäre zu hoch, da fällt der Herr Schmitt die Treppe runter und tut sich ganz furchtbar am Fuß weh. Hier und da stirbt auch mal ein alter und kranker Mensch, aber das gehört dazu. Aber die richtig heftigen Dinge, die, die eventuell nachhängen, sind zum Glück selten. Vielleicht erlebt man einen solchen Einsatz einmal pro Jahr. Klingt wenig, aber jetzt rechnen Sie das mal auf ein Berufsleben hoch. Und ich habe bereits über fünfzehn Jahre in diesem Job hinter mir.
Bevor ich Ihnen aber so manche Anekdote aus dieser Zeit berichten werde, möchte ich Ihnen erörtern, wie ich zu diesem Job kam, warum ich ihn überhaupt ausübe und wie es so mit meiner Ausbildung aussah.

Ich erwähnte ja bereits in einem der vorangegangenen Kapitel, dass ich meinen Zivildienst im Rettungsdienst leistete, volle dreizehn Monate waren das damals noch. Das war eigentlich auch nur reiner Zufall, denn ich hatte keinen Plan, was ich in dieser Zeit machen sollte oder wollte. Nur eines war klar, ich gehe nicht zur Bundeswehr und verweigerte dies entsprechend.
Irgendwann hatte ich dann den lang ersehnten Bescheid, dass meine Verweigerung akzeptiert wurde und wenig später folgte auch schon Post vom Bundesamt für Zivildienst. Nun drängten sich die Überlegungen auf, wie ich die dreizehn Monate eigentlich verbringen soll? Es sollte irgendwas Sinnvolles sein. Wenn ich schon über ein Jahr zum Staatsdienst gezwungen werde, dann doch bitte so, dass es mir auch etwas bringt. Aber was? Also dackelte ich mal zu einer Hilfsorganisation ganz in meiner Nähe und

erkundigte mich. Die freundliche Dame im Büro oben im ersten Stockwerk erklärte mir, dass es hier zwei Möglichkeiten gäbe, seinen Zivildienst zu absolvieren. Entweder im mobilen sozialen Hilfsdienst oder eben im Rettungsdienst. Würde ich mich für Letzteres entscheiden, müsste ich aber zunächst noch einen Lehrgang besuchen, gefolgt von einem Praktikum im Krankenhaus und dann wäre ich Rettungshelfer. Das klang wie Musik in meinen Ohren, denn so hatte ich ja genau das, was ich wollte. Ich würde was lernen und meine Zeit sinnvoll nutzen. Schließlich war ja ich auch gerade dabei eine für mich sehr unschöne Zeit abzuschließen, aber darauf komme ich später zurück. Noch in diesem Gespräch machte ich meine Zivildienststelle klar.

Und diese dreizehn Monate haben mir wirklich Spaß gemacht. Das ging schon mit dem Lehrgang los. Dieser fand nämlich im Norden der Nation statt, unweit von Bremen. Und Bremen liegt ja bekanntlich neben Hamburg. Und was könnten fünf junge Kerle anstellen, die sich im Gegensatz zu allen anderen dazu entschieden haben am ersten Wochenende des laufenden Lehrgangs nicht nach Hause zu fahren? Ganz genau, sie fahren Samstag nach Hamburg, um die Nacht auf der Reeperbahn zu verbringen. Wenn man schon da ist, sollte man sich das schon anschauen. Und so zogen wir los in eine Nacht voller Abenteuer. Das jetzt alles zu beschreiben würde wirklich den Rahmen hier sprengen und auch das Thema insgesamt verfehlen. Aber wir wurden in ein illegales Straßenrennen verwickelt und sind vor wilden Zuhältern geflüchtet. Man sollte sich halt echt nicht in den Seitenstraßen der Reeperbahn begeben. Mein Tipp: Bleiben sie auf der

Vergnügungsmeile und Große Freiheit. Wer sich mal Prostituierte im Schaufenster ansehen will, der geht in die Herbertstraße, das sollte aber dann auch ausreichen.
Nun, wir besuchten insgesamt mehrere Etablissements, unter anderem die berühmte *Ritze*. Eine wunderbare Kneipe, so etwas hätte ich gerne hier, gibt es aber wohl nur dort...und kann es auch nur dort geben. Natürlich haben wir unser Unwesen auch in endlos vielen Rotlichtbuden getrieben. Und getrieben ist hier wörtlich zu nehmen. Ja, auch ich hatte dort bezahlten Sex mit einer Prostituierten. Warum denn auch nicht? Eine Erfahrung, die Mann schon machen und sich später nicht dafür schämen sollte. Ich fühlte mich danach auch weder schmutzig noch dreckig noch schäbig, ich fühlte mich männlich. Und obwohl ich zu diesem Zeitpunkt bereits über reichlich sexuelle Erfahrungen verfügte, das war damals ein ganz anderer Ritt. Und was für einer, yeehaaaa!!
Der Zivildienst ging also schon sehr gut los, vielen Dank dafür an Vater Staat. Nach dem erfolgreich abgeschlossenen Lehrgang ging es dann weiter, Praktikum im Krankenhaus und als Praktikant den Rettungswagen mit besetzt. Und kurze Zeit später war ich dann fester Fahrer eines Rettungswagens. Ich habe einiges gelernt und damit meine ich nicht nur diesen Lehrgang zu Beginn. Nein, ich lernte einiges über das Leben, ich lernte viele alltägliche Dinge des Lebens eben nicht als selbstverständlich anzusehen. Ich lernte, dass sich so ein Leben von der einen auf die andere Sekunde schlagartig ändern kann. Und diese dreizehn Monate stellten einen entscheidenden Wendepunkt in meinem Leben dar. Noch während meiner Zivildienstzeit entschied ich mich dazu, diese Tätigkeit zu meinem Beruf zu

machen. Ich führte viele Gespräche mit meinen Kollegen dort, ich informierte mich über die verschiedenen Ausbildungsmöglichkeiten und versuchte zu lernen, was ich nur konnte. Mir machte die Sache richtig Spaß und so kniete ich mich auch dementsprechend rein und machte noch vor Ende der Zivildienstzeit einen Aufbaukurs zum Rettungssanitäter. Anschließend unterschrieb ich einen Arbeitsvertrag und der hat auch heute noch Bestand. Nun ist Rettungssanitäter keine anerkannte Berufsausbildung, diese galt es für mich also noch zu erwerben. Das nennt sich dann Rettungsassistent und wurde mein nächstes Projekt.

Hierzu muss ich kurz erklären, dass eine solche Ausbildung nicht so funktioniert wie man das von anderen Berufen her kennt. Da wird sich zwar jetzt aufgrund einer Gesetzesänderung einiges tun, aber ich musste den damaligen Weg gehen. Diese Ausbildung bezahlt man aus eigener Tasche und da sind schnell ein paar Tausender weg...damals war es noch die gute alte Deutsche Mark. Das läuft dann so, dass man ein Jahr die Schule besucht, dort auch sein Examen macht und wenn man dieses erfolgreich absolviert hat, verbringt man ein weiteres Jahr in einer Lehrrettungswache unter Aufsicht eines Lehrrettungsassistenten, kurz LRA. Dieser LRA begleitet dann den Rettungsassistenten im Praktikum, kurz RAiP, durch sein sogenanntes Anerkennungsjahr, welches mit einem Abschlussgespräch zwischen dem RAiP, dem LRA und einem auserwählten Arzt stattfindet. Wenn man dann die gefühlten fünf Kilogramm Unterlagen zusammengerafft und beim zuständigen Regierungspräsidium abgegeben hat, schicken die einem irgendwann die Urkunde zu und ab diesem Zeitpunkt darf man dann endlich die Berufsbezeichnung Rettungsassistent führen. Da ich aber bereits Rettungssanitäter war, konnte ich einen verkürzten Lehrgang besuchen. Hierfür gibt es verschiedene Modelle, viele sind berufsbegleitend an Wochenenden und ziehen sich dementsprechend hin. Das wollte ich nicht, ich entschied mich dafür dies am Block zu machen. Außerdem wollte ich das nicht in meiner Umgebung tun, ich wollte weg. Einfach mal was anderes sehen, was anderes erleben und vor allen Dingen um auch Ruhe zum Lernen zu haben. Wenn ich Zuhause wäre, würde ich alles machen, nur nicht lernen. Auch hier half mir das Internet, diesmal nicht um eine Frau zu finden, sondern eine Rettungsdienstschule. Zu diesem Zeitpunkt war ich übrigens mit Christina zusammen, also konnte ich mich auf die Suche nach einer Schule konzentrieren. Ich wurde im Bundesland Sachsen fündig, genauer gesagt in Riesa. Das sollte es sein. Beworben, angenommen, mit meinem Arbeitgeber alles geregelt (Jahresurlaub, Überstunden und unbezahlte Freistellung) und ab ging es nach Sachsen. Aufgepasst Osten, der Stefan kommt.

Am 02.01.2001 um halb fünf Uhr in der Frühe ging meine Reise los. Auf der A4 Höhe Jena hatte ich schon keinen Bock mehr. Kennen Sie die Strecke, also wie es dort früher aussah? Heute ist da ja ein Tunnel, da bekommt man von diesen gigantischen Plattenbauten gar nicht mehr so viel mit. Aber als ich damals dort angebügelt kam und die Autobahn in eine leichte Linkskurve abknickte, erstrahlte dieser für mich sehr befremdliche Anblick in seiner ganzen Hässlichkeit. Ich weiß gar nicht mehr, was ich

da alles gedachte habe, aber es war nichts Gutes dabei. Auch das, liebe Bürger von Jena, meine ich völlig wertfrei und gar nicht böse. Für mich war das lediglich ungewohnt. Gefühlte vierundsechzig Staus später erreichte ich dann auch mal die Schule, immerhin nur mit einer halben Stunde Verspätung. Gar nicht so übel. Im Sekretariat erwartete mich dann zugleich die erste Hürde, die Sprache der Sekretärin. Eigentlich sprach sie lediglich meinen Nachnamen aus, denn anscheinend wurde ich bereits erwartet. Ich habe noch nie gehört, dass man meinen Namen so schräg aussprechen kann, dass man ihn gar nicht mehr versteht. Aber auf Sächsisch geht das. Nach diesem zweiten befremdlichen Ereignis des Tages, und es war gerade mal erst halb elf Uhr morgens, führte mich die ansonsten sehr nette und hilfsbereite Dame in meine Klasse. Dort eröffnete der Schulleiter soeben mit einem ausführlichen Monolog den Lehrgang, während ich mir einen freien Platz in der letzten Reihe ergatterte. Auch hier wieder das Problem, ich verstand den Mann da vorne nicht. Na das kann ja heiter werden, dachte ich mir. Aber ich nehme es gleich vorneweg, man gewöhnt sich daran schneller als man denkt. Außerdem beruhte das auch auf einer gewissen Gegenseitigkeit, denn mein Dialekt war für alle anderen ebenso gewöhnungsbedürftig.
Später am Tag suchte ich dann mein mir zugewiesenes Zimmer auf, ein Zwei-Bett-Zimmer, in dem ich wohl nicht der Erste war. Nachdem ich meine Tasche auf das noch offensichtlich freie Bett feuerte, betrat mein Zimmerkollege mit den Worten *na wir werden uns doch wohl hier vertragen, oder?* die Bude. Ich war aus zweierlei Gründen erstaunt. Erstens, ich verstand ihn auf Anhieb, das war

schon mal prima. Und zweitens, der Typ war mindestens genauso groß wie ich. Aber nicht nur das, er war auch deutlich breiter als ich, da hätte ich mich locker hinter verstecken könne. Ein Kerl wie ein Baum. Wären ein dreiviertel Jahr später die Flugzeuge gegen ihn und nicht gegen das World Trade Center geflogen, sie wären an ihm zerschellt. Zwei knapp zwei Meter Riesen in einer Bude, einwandfrei. Wir stellten uns gegenseitig vor und Thomas wurde später in meinem Leben zu einem sehr guten Freund.

Wir verstanden uns aber auch von Beginn an sehr gut, hatten den gleichen Bierdurst und auch tendenziell die gleiche Einstellung, was die Zeit in dieser Schule anging. Rückblickend betrachtet vergingen die fünf Monate wie im Flug, auch wenn es während dieser Zeit zwischenzeitlich wirklich mal sehr zäh wurde.

Ich könnte Ihnen jetzt noch so viele lustige Anekdoten aus dieser Zeit erzählen, denn davon gab es wirklich jede Menge. Allerdings würde ich damit das eigentliche Thema verfehlen und das aus dem Blick verlieren, was ich Ihnen eigentlich alles erzählen möchte.

Die berufliche Komponente spielt allerdings schon eine große Rolle in meinem Leben und auch für meine momentane Situation. Da erschien es mir wichtig Ihnen zu berichten, wie ich zu diesem Job kam und wann und wie ich die Ausbildung absolviert habe. Auch werde ich im weiteren Verlauf auf die vielen lustigen und kuriosen Geschehnisse, die man in diesem Beruf ebenso zu genüge erlebt, verzichten. Denn auch diese spielen für meine Geschichte eine eher untergeordnete Rolle, wenn sie es denn überhaupt tun. Somit werde ich in den nachfolgenden Kapiteln die sich mit meiner Berufswelt beschäftigen, hauptsächlich von den tragischen Ereignissen sprechen. Eben jene

Geschehnisse, die in irgendeiner Form in meinem Gedächtnis hängen geblieben sind. Und das sind erstaunlicherweise gar nicht mal so sehr viele, ungeachtet der Hochrechnung, die ich Ihnen am Anfang dieses Kapitels präsentierte.

Ich möchte dieses Kapitel noch schnell nutzen und Ihnen erzählen wie sich die Freundschaft zwischen mir und Thomas entwickelte und wie seine spätere Frau Nadine ins Spiel kam. Nachdem wir die Schule abgeschlossen hatten, sind wir stetig in Kontakt geblieben und haben hin und wieder telefoniert. Somit war auch klar, dass wir uns irgendwann mal treffen und ein paar Bierchen vernichten müssen. Nun wohnten wir ja nicht gerade nur ein paar Kilometer auseinander, er in Brandenburg und ich bei Mainz. Mittlerweile war ich wieder Single, nachdem die Beziehung zwischen mir und Christina scheiterte. Christina aus Mainz, Medizinstudentin.

Irgendwann während eines Telefonats erwähnte Thomas, dass er via Internetchat wohl eine Dame kennengelernt habe, die es ihm offensichtlich angetan hat. Mehr wusste ich bis dato allerdings nicht. Keinen Namen, keinen Wohnort, kein gar nichts. Einige Zeit später waren wir uns dann mal einig, wann wir uns wie treffen würden. Es ist halt nicht immer so einfach, wenn beide im Schichtdienst arbeiten. Wir einigten uns dann schließlich auf ein freies Wochenende und er sollte zu mir kommen. Mobile Navigationssysteme waren damals noch nicht ganz so verbreitet wie heute, also schickte ich ihm eine präzise Wegbeschreibung per E-Mail. Am besagten Freitag wartete ich dann in meiner Wohnung auf sein Eintreffen. Ich will nicht sagen, dass ich nervös wurde, aber die vereinbarte Zeit wurde doch deutlich überschritten. Irgendwann klingelte dann mein Handy und Thomas erzählte mir, dass er in Mainz sei. Da sagte ich ihm, dass er wohl vergessen habe rechtzeitig vom Gas zu gehen, denn er sei zu weit gefahren. Also umdrehen und ein Stück zurück. Bevor ich Ihnen den dann folgenden Dialog aus meinem Gedächtnis zitiere, möchte ich Sie noch mal daran erinnern, dass erst kurze Zeit zuvor Christina, die Medizinstudentin aus Mainz, mit mir Schluss gemacht hatte. Also, nachdem ich ihm sagte, dass er in Mainz falsch sei, entstand folgender Dialog (nicht ganz wortwörtlich, aber weitestgehend originalgetreu wiedergegeben):

Thomas: „Ne ne, ich bin hier schon richtig. Ich komme nur etwas später."
Ich: „Wie? Richtig? In Mainz? Häh? Wat is?"
Thomas: „Ja doch, das passt schon so."
Ich: „Alter, ich versteh kein Wort. Ich wohne VOR Mainz, du bist zu weit gefahren!"
Thomas: „Ja das weiß ich doch, ich komme ja auch bald zu dir. Jetzt bin ich aber noch in Mainz."
Ich: „Und was zum Teufel machst du da?"
Thomas: „Na ich hab dir doch mal von der Frau aus dem Chat erzählt, weißt du noch?"
Ich: „Äh, ja, kann mich dunkel daran erinnern."
Thomas: „Nun, die wohnt hier in Mainz. Und ja, da hat sich halt was entwickelt."
Ich: „Aha?"
Thomas: „Ja, die studiert hier."
Ich: „Soso. Und was?"
Thomas: „Na Medizin."
In diesem Moment ist mir wohl vor lauter Schreck der Sack in Scheiben abgefallen.
Ich: „WAS????"
Thomas: „Ei ja."

Ich: „Moment mal. Du hast im Internet eine Medizinstudentin aus Mainz kennengelernt?"
Thomas: „Ja, hab ich dir doch mal erzählt."
Ich dachte mir nur, das kann doch nicht wahr sein, oder etwa doch?
Ich (ängstlich): „Und wie heißt die?"
Thomas: „Nadine!"
Ich kann Ihnen sagen, da ist mir tatsächlich ein Stein vom Herzen gefallen. Also das hätte mich auch wirklich umgehauen, wenn...nicht daran zu denken.
Na jedenfalls schlug Thomas dann irgendwann später bei mir auf und an dem Abend war ein Besuch im KUZ in Mainz geplant. Soweit ich weiß, waren noch ein paar Kumpels von mir mit dabei, Arbeitskollegen. Aber wer genau weiß ich nicht mehr.
Später am Abend im KUZ meinte Thomas dann, dass wohl besagte Nadine ebenfalls nachkommen wollen würde. Na da war ich aber sehr gespannt. Als sie dann später aufkreuzte und er uns bekannt machte, war ich doch... erstaunt ist wohl das richtige Wort. Nadine war und ist schon eine imposante Erscheinung. Ich erinnere noch mal kurz, sowohl Thomas als auch ich kratzen in Sachen Körpergröße an der magischen zwei Meter Marke...und Nadine ist keinen Zentimeter kleiner! Na das passt doch wie Arsch auf Eimer, dachte ich mir.
Heute sind die beiden bereits seit einigen Jahren glücklich miteinander verheiratet, und obwohl man sich aufgrund von Zeitproblemen nur sehr selten sieht, sind wir doch sehr gut miteinander befreundet. Und wenn man sich dann mal sieht, sind meisten auch Anke und Mario zugegen. Zur Erinnerung, Nadine und Anke haben zusammen studiert und seitdem bestens befreundet. Und wenn wir dann alle mal zusammenkommen, sind das immer die schönsten Abende. Ich bin

wirklich froh und dankbar solche Freunde zu haben. Der Abend im KUZ verlief feuchtfröhlich und Thomas fragte mich zwischendurch mal, ob ich etwas dagegen hätte, wenn Nadine ebenfalls bei mir nächtigen würde. Da ich der jungen Liebe nicht im Weg stehen wollte, sagte ich natürlich zu. Ich hatte zu dieser Zeit eine wirklich kleine Zwei-Zimmer-Wohnung mit einer ausklappbaren Couch im Wohnzimmer. Diese Couch war für Thomas vorgesehen und heute kann ich voller Stolz behaupten, dass die beiden ihre erste gemeinsame Nacht auf meiner Couch verbrachten.

## Kapitel 5:
## Stefan und die Frauen – Teil 2
## Ein Leben zu zweit

Es gibt drei Frauen in meinem bisherigen Leben, denen ich jeweils ein komplettes Kapitel widme. Die Frau, die alle meine Träume und somit mein bisheriges Leben zerstörte, die Frau, mit der ich die bisher katastrophalste Beziehung führte und die Frau, mit der ich die bisher längste Beziehung führte. Und das war Maria. Maria ist Krankenschwester und ich lernte sie damals während einer Examensfeier kennen. Um das kurz genauer zu erklären: Die alljährlichen frisch examinierten Krankenschwestern und -pfleger zelebrieren dieses Examen mit einer großen Feier. Das hat Tradition und im Prinzip dürfen da alle kommen, die irgendwie etwas mit der Sache zu tun haben. Gäste aus allen Lehrjahren,

Krankenhauspersonal durch jede Position hindurch und auch die Rettungsdienstler sind dort immer gern gesehen. An diesem Abend war ich mit einigen Kollegen von der Arbeit auf Tour und wir wollten mal richtig feiern gehen. Zunächst führte uns unser Weg ins Mainzer KUZ, wir waren damals sehr oft im KUZ, doch dort waren wir nicht lange glücklich. Themenabend Salsa Nacht. Da hat mal einer nicht ordentlich ins Programm geschaut. Nun, Salsa war nicht unser Ding und irgendwer, ich weiß nicht mehr wer es war, meinte, dass da doch diese Examensfeier heute Abend ist. Ab und hin. Es war allerdings schon recht spät als wir dort ankamen und die Party leerte sich bereits deutlich...aber es wurde noch ausgeschenkt.

Die Anzahl der Gäste war bereits überschaubar und ich gebe zu, dass mir Maria relativ schnell ins Auge fiel. Um ehrlich zu sein, recht ungewöhnlich, weil ich steh auf blonde lange Haare, sie trug aber einen rot gefärbten Kurzhaarschnitt. Trotzdem, es war wohl einfach ihre erfrischend fröhliche Art, mit der sie durch den Saal flötete. Mir gefiel, was ich sah...und das war in erster Linie der knackige Arsch in der eng sitzenden Jeans. Allerdings hakte ich sie dann doch recht zügig wieder ab, als ich sie zwischendurch mit einem Kerl an der Hand sah, und widmete mich einem anderen potentiellen Opfer. Leider ebenfalls erfolglos, dafür war es aber eine sehr nette Unterhaltung.

Allerdings schraubte einer meiner Kollegen an Marias bester Freundin rum und das auch noch recht erfolgreich. Deren Techtelmechtel sollte zwar nur für ein paar Wochen anhalten, aber das war ja nicht mein Ding. Auf jeden Fall beauftragte ich besagten Kollegen mit der Mission, mir bitte Marias Telefonnummer zu besorgen. Natürlich hatte ich mich versichert, dass sie tatsächlich Single war und der Kerl an ihrer Hand nur eine Erscheinung für diesen einen Abend auf der Feier war. Also bekam ich die Nummer, gemeinsam mit der Info, dass sie zurzeit ein paar freie Tage hat und diese bei ihrer Familie im Osten verbringt. Oha, aus dem Osten? Na zum Glück hat man das nicht in ihrer Aussprache gehört. Ich bin da ja aufgrund meiner Ausbildung dort ein gebranntes Kind.

Ich entschloss mich ihr eine SMS zu schicken, dass ich mich für die Störung in ihrer Freizeit entschuldige, wer ich überhaupt bin und ob sie nicht vielleicht Lust auf ein Date mit mir hätte, wenn sie wieder im Lande sei. Sie sagte zu.
Unser erstes Date verbrachten wir in einem Billardbistro, spielten das beliebte Spiel mit den Kugeln und hatten durchaus Spaß dabei. Es verlief also recht erfolgreich, und als ich sie anschließend wieder nach Hause fuhr, saßen wir noch für eine sehr lange Zeit in meinem Auto, unterhielten uns und einigten uns darauf, dass dies nicht das letzte Date gewesen sein sollte.
Bereits das zweite Date fand bei ihr Zuhause statt und wir schauten gemeinsam den *Comedy Award*. Ein Event, welches wir daraufhin jährlich wiederholten. Dieses zweite Date dauerte die ganze Nacht und ich bin anschließend direkt von ihr zum Tagdienst gefahren. Das war mir aber völlig egal, es war ein toller Abend, wir küssten uns zum ersten Mal.
Es hat recht schnell zwischen uns gefunkt und es dauerte nicht lange, bis wir beide von Liebe sprachen. Die Beziehung lief gut, sehr gut sogar und ich muss gestehen, ein so gutes Gefühl hatte ich bis dahin noch nie gehabt. Damit will ich aber alle vorangegangenen Beziehungen auf gar keinen Fall schmälern, aber hier stimmte

doch eine ganze Menge. Wir liebten uns, wir stritten nie und ihre Eltern waren weit weg. Für mich am Anfang ein gutes Zeichen, man weiß ja nie. Aber ich darf schon jetzt vorausschicken, dass ich ihre Eltern sehr gerne hatte, was auch auf Gegenseitigkeit beruhte. Und auch andersherum war es sehr harmonisch, soll heißen, Maria verstand sich sehr gut mit meiner Familie und meine Familie auch mit ihr. Es lief also insgesamt so gut und rund wie noch nie in meinem Leben. Ich weiß noch, wie ich mal zu einem wirklich sehr guten Freund sagte, dass ich entweder diese Frau irgendwann heiraten werde oder gar keine. Heute glaube ich, dass es wohl eher auf gar keine hinauslaufen wird.

Wie auch immer, es war eine sehr gute und harmonische Beziehung und sehr schnell war uns klar, dass wir bedenkenlos den nächsten Schritt gehen können. Ein halbes Jahr nach dem *Comedy Award* zogen wir zusammen.

Maria wohnte direkt neben dem Krankenhaus in einem dieser Personalwohnheime. Die Miete ist dort im Vergleich etwas günstiger und die Wohnungen sind wirklich sehr gut. Sie wohnte dort in einer Zwei-Zimmer-Wohnung und ich bewohnte ja noch mein kleines Wohnklo in dem Thomas und Nadine ihre erste Nacht miteinander verbrachten. Da Maria kein Auto besaß und sie von diesem Personalwohnheim nur ein paar Schritte bis zur Arbeit hatte, entschlossen wir uns dazu in diesem Haus eine Drei-Zimmer-Wohnung zu nehmen. Das ging dann auch recht zackig und wir bekamen eine Wohnung im Erdgeschoss. Sehr praktisch, weil es dort keinen Balkon, sondern so eine Art kleine Terrasse gab, über die man auch die Wohnung betreten konnte. Wir renovierten, kauften neue Möbel und richteten uns ganz nett in unser neues Zuhause ein. Es war für mich das erste

Mal, dass ich mit meiner Partnerin zusammenwohnte und es gefiel mir. Doch, es fühlte sich ganz gut an. Und es fühlte sich vor allen Dingen richtig an. Unsere durchaus harmonische Beziehung entwickelte sich stetig weiter und irgendwann sollte ich auch ihre Familie kennenlernen, wobei ich gestehen muss, dass ich nicht mehr weiß ob das vor oder erst nach unserem Zusammenzug geschah. Jedenfalls ist das ja dann immer so ein magischer Moment, wenn man die Eltern der Partnerin kennenlernt, zumal ich da ja schon so meine Erfahrungen gemacht habe. Dieser Fall lag jetzt aber besonders schwer, da ihre Familie ja nun nicht um die Ecke wohnte und wir erstmal einige Hundert Kilometer dahin fahren mussten. Und das wiederum bedeutete, ich kann da nicht weg, wenn es übel läuft. Meine Befürchtungen erwiesen sich allerdings als unnötig, ich wurde sehr herzlich von ihren durchaus netten und freundlichen Eltern aufgenommen. Und ich mochte sie, also die ganze Familie, die ich dann im Laufe der Zeit kennenlernte.

Der nächste große Wendepunkt in unserer Beziehung sollte eine neue Wohnung werden. In diesem Wohnbunker wurde ich mit der Zeit immer unglücklicher, solche Dinger liegen mir einfach nicht. Also entschieden wir uns dazu in dem Ort eine Wohnung zu suchen, in dem ich vorher schon gewohnt habe. Die Wohnungssuche gestaltete sich als nicht ganz so einfach, da wir schon ein paar Ansprüche hatten. Wir waren uns in einer Sache einig, keine Kompromisse, denn sonst würden wir da auf die Dauer auch nicht mit glücklich werden. Es musste also eine Wohnung her, die wir beide für gut und passend befinden würden.

Und wir näherten uns tatsächlich dem Ziel, als wir auf eine Wohnung stießen, die scheinbar wirklich passen würde. Schön über zwei Etagen und noch ein offener Kamin im leider viel zu kleinen Wohnzimmer. Wir überlegten lange hin und her, hatten auch schon Urlaub für einen möglichen Umzug, entschieden uns dann aber doch gegen die Wohnung und legten die Suche erstmal auf Eis. Es könnte allerdings auch gut sein, dass der Vermieter damals sich gegen uns entschieden hatte, ich bin mir da jetzt gar nicht mehr so sicher. Mittlerweile näherten wir uns dem Jahresende, und da wir schon mal Urlaub hatten und nun Kohle übrig war, zog es uns in den Urlaub. Mal raus, entspannen und es sich gut gehen lassen. Also brachte uns der Flieger für eine Woche nach Ägypten.

An dieser Stelle möchte ich Ihnen zwei gute Freunde von mir vorstellen, Dirk und Carina. Dirk ist ein Arbeitskollege von mir, wir lernten und bereits während meiner Zivildienstzeit kennen. Damals arbeitete er noch woanders, und erst als er einige Jahre später dann mein Arbeitskollege wurde, entwickelte sich eine Freundschaft. Seine Ehefrau Carina ist ebenfalls Krankenschwester und im gleichen Haus tätig wie Maria. Zwischen Dirk und seiner zukünftigen Frau funkte es gewaltig bei der Examensfeier von Carinas Jahrgang. Ja, eine Krankenschwester und auch wieder eine Examensfeier. Man könnte meinen, mein Freund Dirk machte mir alles nach. Aber im Gegensatz zu mir ist er heute verheiratet und hat Kinder. Ich nicht, beides davon. Unmittelbar an dem Wochenende, bevor Maria und ich in den Urlaub flogen, heirateten die beiden und ich war Dirks Trauzeuge. Eine große Ehre für mich, da ich auch seinen Junggesellenabschied, der definitiv in die Annalen einging, organisieren sollte. Ich glaube, ich habe noch nie eine solche Sauftour mitgemacht. Wir starteten abends um 19:00 Uhr und ich lag morgens um 7:30 Uhr in meinem Bett...nach aktualisierter Zeit, denn in dieser Nacht wurde die Uhr um eine Stunde zurückgestellt. Als ich mich nach ein paar Stunden Schlaf aus dem Bett schälte, standen auf dem Couchtisch im Wohnzimmer eine Tasse Kaffee und ein Untersetzer mit einer Tablette für den Magen und einer Tablette für den Brummschädel. Ja, so war Maria, durchaus eine tolle Frau.

Was ich aber eigentlich erzählen wollte, ist, dass ich es recht lustig fand, am Montag nach der Hochzeit von Carina und Dirk mit Maria in den Urlaub zu fliegen, während die beiden zuhause ihrem Alltag nachgingen. Wir flogen quasi für sie in die Flitterwochen. Zum Urlaub selber will ich gar nicht viel erzählen, denn es tut nicht viel zur Sache. Er war schön und wir haben uns nicht, wie es bei vielen Paaren im gemeinsamen Urlaub der Fall ist, gestritten.

Irgendwann spät im darauf folgenden Jahr starteten wir das Projekt Wohnungssuche erneut und wurden dann auch recht schnell fündig. Eine sehr schöne, große und helle Drei-Zimmer-Wohnung in einem Zwei-Parteienhaus mit Garten. Hohe Decken, typischer Altbau, Balkon, Einbauküche und Badezimmer mit Wanne und Duschkabine. Besser ging es nicht, die Vermieter mochten uns und gaben uns den Zuschlag für die Wohnung. Also Umzug, eine weitere Zerreißprobe für jede Beziehung. Zwar nicht unser erster Umzug, aber erstmalig zusammen. Zuvor hat ja jeder für sich seine Bude geräumt, jetzt sah die Sache allerdings etwas anders aus. Der Umzug verlief allerdings reibungslos und so lebten wir unser zufriedenes und glückliches Leben in der neuen Wohnung weiter. Maria fuhr entweder mit meinem Auto oder mit dem Bus zur Arbeit, während ich meistens mit dem Fahrrad zum Dienst düste. Und so verging die Zeit miteinander und der Alltag umhüllte uns mehr und mehr. Ich weiß wirklich nicht, wie ich Ihnen plausibel erkläre, was zwischen uns passiert ist, denn so ganz genau wussten wir das selber nicht. Irgendwie wurde unser Verhältnis immer mehr und mehr wie das von Geschwistern, nur, dass wir gemeinsam in einem Bett schliefen. Das Körperliche fror immer weiter ein und irgendwie ging die Leidenschaft komplett flöten. Traurig, aber wahr. Rückblickend betrachtet würde ich es am ehesten so beschreiben, dass wir beide uns in komplett verschiedene Richtungen entwickelten. Als uns das bewusst wurde, war es aber bereits zu spät. Natürlich haben wir versucht gemeinsam die Situation zu verändern, zu verbessern. Aber wie sagt man so schön? Der Karren war schon zu tief in den Dreck gefahren, wir bekamen ihn einfach nicht mehr raus. Es wurde immer frostiger zwischen uns, angespannte Stimmungen, kaum noch gemeinsame Aktivitäten und das Resultat war letztendlich, dass Maria in unser drittes Zimmer umzog. Das war so eine Art Arbeitszimmer mit Schreibtisch und PC, einem Bücherregal und meiner alten Ausziehcouch, auf der Nadine und Thomas ihre erste gemeinsame Nacht miteinander verbrachten. Und auf dieser Couch schlief Maria von nun an. Während dieser Zeit entwickelte sich auch zwischen Carina und Dirk eine handfeste Ehekrise, und da wir ja sehr gut befreundet waren, öffnete sich Carina mir und ich klagte ihr mein Leid. Das ließ uns zu Geschwister im Elend werden und es tat uns beiden gut, wenn wir uns über unsere Probleme unterhielten. Diese Zeit ließ uns enger zusammenwachsen. Wir verbrachten relativ viel Zeit miteinander, soviel, dass man uns sogar ein Verhältnis andichtete, was nicht wirklich dazu beitrug, die Situation zwischen Maria und mir zu verbessern. Ganz im Gegenteil. Sie wissen ja, geredet wird immer viel. Und soll ich Ihnen mal was sagen? Es wurde sehr viel geredet. Es übt eine seltsame, ja fast schon abartige Faszination auf Leute aus, wenn man sich in die Probleme anderer einmischt. Ich persönlich verstehe das zwar nicht so ganz, aber so ist es offenbar und so war es auch damals bei uns. Und ich weiß ganz genau, wer damals was rumerzählte. Zwar habe ich niemals jemanden davon zur Rede gestellt, warum denn auch? Es hätte ja eh nichts gebracht. Aber seit dieser Zeit weiß ich ganz genau, wem ich aus meinem Umfeld was erzähle und wem gegenüber ich gewisse Dinge besser für mich behalte. Somit hat mir diese Sache damals ein Stück weit die Augen geöffnet. Ich bin auf niemanden böse, überhaupt nicht, denn unsere Beziehung litt unter ganz anderen Dingen. Es hätte so oder so in einer Trennung geendet, nur empfand ich es damals als äußerst störend und unnötig. Aber wie gesagt, es ist wohl spannender auf andere zu schauen als sich um sein eigenes Leben zu kümmern.

Letzten Endes war es so, dass Carina und Dirk in ihrer Ehe die Kurve kriegten, Maria und ich allerdings nicht. Wie gesagt, da war ab einem gewissen Zeitpunkt einfach nichts mehr zu retten, dennoch hätte ich mich sicher in vielen Situationen anders, besser und definitiv offener verhalten können. Nein, sogar müssen. Dadurch

hätte es zumindest zeitweise deutlich weniger Tränen gegeben. Auf beiden Seiten versteht sich. Unsere seltsame Situation Zuhause spitze sich immer mehr zu, bis ins Unerträgliche. Eines Abends dann kam Maria von ihrer Schicht nach Hause und meinte, dass es so nicht mehr weitergehen würde. Und da hatte sie recht. Ich weiß nicht mehr, wie lange dieses Gespräch dauerte, keine Ahnung. Ich weiß noch, dass ich mir anschließend als Erstes ein Bier aus dem Kühlschrank holte. Maria meinte aus Spaß dann noch, dass ich jetzt wohl auf unsere Trennung anstoßen würde. Irgendwie war es wohl für uns beide eine Art Erleichterung, endlich Gewissheit, endlich das schon seit Wochen Unvermeidbare durchgezogen. Und trotzdem schlief ich in dieser Nacht weinend ein. Natürlich ist so eine Trennung immer schmerzhaft, auch wenn wir uns friedlich im gegenseitigen Einvernehmen getrennt hatten. Wir waren sechs Jahre zusammen, haben davon fünfeinhalb Jahre zusammengelebt, das tut einem natürlich leid. Es war September 2009 und von da an begann eine sehr schwere Zeit für mich. Obwohl wir uns beide gemeinsam für diese Trennung entschieden hatten, ist das nicht ganz so einfach zu verdauen. Wir lebten von nun an in so einer Art WG, viel geändert hatte sich also an unserer Wohnsituation nicht. Nur waren wir jetzt offiziell kein Paar mehr. Wie gesagt, diese Trennung galt es zu verarbeiten und so etwas dauert natürlich seine Zeit. Leider kam ich nicht wirklich dazu, denn es geschahen innerhalb kürzester Zeit wirklich schreckliche Dinge.
Zunächst der Fall Richie. Richie ist ein sehr guter Freund von mir, und als ich eines Tages nach Hause kam, fragte Maria mich, ob ich das von

Richie schon wüsste. Ich verneinte mit einem ungutem Gefühl. Er hatte einen sehr schweren Unfall, ist wohl überall am Körper verbrannt, man weiß nichts Genaues, keiner weiß was, aber er lebt wohl noch. Ich weiß nicht mehr wie lange ich da im Wohnzimmer stand, ob es eine Minute oder eine Stunde war, ich stand einfach nur da. Auch meine Gedanken kann ich heute beim besten Willen nicht mehr rekonstruieren. Oh...mein...Gott, nicht doch!!! Es begannen schreckliche Wochen, denn keiner wusste Einzelheiten, alles nur Spekulationen, was denn überhaupt passiert ist, ob er überlebt und wenn ja, in welchem Zustand? Furchtbar, ständig diese Ungewissheit. Damit muss man erstmal umgehen können. Also hatte ich schon zwei sehr schwierige Situationen zu verdauen, und das waren nicht gerade Kleinigkeiten. Ich wurde insgesamt immer gereizter. Und das war so auffällig, dass mich Arbeitskollegen teilweise gar nicht mehr direkt ansprachen. Ich zog mich immer mehr zurück, und während ich weiter daran knabberte, kam der nächste Hammer und schlug mir mitten ins Gesicht. Diesmal beruflich, als ich im Rahmen eines Einsatzes den Vater einer mir sehr gut bekannten Familie reanimieren musste. Leider erfolglos. Mit seinem Sohn war und bin ich sehr gut bekannt und diese Familie gehört auch zum engeren Freundeskreis von Carina und Dirk. Da bestand also schon eine enge Verbindung. Das war das nächste Ding, mit dem ich so gar nicht mehr klarzukommen schien.

Ich hatte am Tag der Beerdigung einen ganz schlimmen Zusammenbruch, das weiß ich noch. Ich war mit Carina dort und anschließend hat mich bei ihr im Auto einfach alles eingeholt und sich voll über mich ergossen. Die noch nicht verarbeitete Trennung von Maria, Richies

ungewisser Zustand und jetzt das, das erschien mir alles zu viel. Ich werde Ihnen das in einem anderen Kapitel noch ausführlicher berichten.
Ich weiß nicht wie, aber irgendwie biss ich mich bis Dezember durch, allerdings war ich ein Nervenbündel. Warum erwähne ich so explizit den Dezember? Nun, das war der Monat in dem Maria und ein weiteres Mal umzogen, diesmal allerdings in getrennte Wohnungen. Maria zog zwei Wochen vor mir aus und wir hatten uns im Vorfeld recht reibungslos darauf geeinigt, wer was an Möbeln und Geräten mitnimmt. An einem Abend kam ich dann nach meinem Feierabend in die Wohnung, wohl wissend, dass Maria nun weg ist. Und mit ihr die Hälfte unseres Hausstandes. Trotzdem konnte ich mich unmöglich auf dieses Gefühl einstellen, welches mich da überrannte. Ich betrat die Wohnung, sie klang viel heller, sah karg und leer aus, war totenstill. Keine Maria, nur ich und die Einsamkeit. Ich saß alleine im Wohnzimmer auf einem Stuhl, die Couch war ja weg, und blickte auf meinen auf dem Boden stehenden Fernseher, der Wohnzimmerschrank war ja auch weg. Die Hälfte aller Sachen war weg, Maria war weg, mein Leben der letzten sechs Jahre war weg.
In diesem Moment dachte ich zum ersten Mal in meinem Leben daran, dass es mir völlig egal ist, ob ich am Leben sein würde oder nicht.

## Kapitel 6:
## Twelve Monkeys – Teil 2
## Aufwärts

So ziemlich genau vierundzwanzig Stunden nach meiner Aufnahme hier im Haus ging es für mich also schon aufwärts. Allerdings wirklich nur im wortwörtlichen Sinne. Mein neues Zuhause übrigens liegt genau über der geschlossenen Station des Hauses und ist prinzipiell exakt so aufgebaut. Das gleiche U, die gleichen Zimmer, diesmal jedoch mit abschließbarer Nasszelle und Duschvorhang. Lediglich der Aufenthaltsraum ist wesentlich größer, geräumiger und somit auch deutlich freundlicher in seiner Ausstrahlung. Auch die Patienten hier sind von einem ganz anderen Schlag.

Nachdem mich also mein tätowierter Kurzzeitkumpel in die Obhut einer wirklich freundlich lächelnden Schwester, und ich meine dieses ehrlich gemeinte Lächeln, übergeben hatte, führte diese mich kurz durch die Station. Räumlich überschaubar, eben sehr ähnlich der unten drunter liegenden Station. Anschließend zeigte sie mir mein Zimmer, Zimmer 3 sollte es sein.
Mein neuer Kollege war deutlich vitaler als mein Letzter, aber ich kann mir präzisere Beschreibungen sparen. Ich hatte nur zwei Tage Freude an dem Kerl. Eigentlich eine arme Haut, junger Typ, klassische gescheiterte Existenz, alkohol- & tablettenabhängig, Hartz IV auf der Stirn stehend. Irgendwie tat er mir von der ersten Sekunde an leid, denn der Typ war total am Ende, verlebt und fertig. Zwei Tage nach meiner Verlegung hatte er für einen Tag Urlaub um einen Termin beim hiesigen Wohnungsamt

wahrzunehmen. Er ging und kam nie wieder. Ich vermute, dass der Kerl unterwegs alte Weggefährten traf und dieses Treffen solide feierte, sprich, dass er in alte Gewohnheiten zurückfiel. Später erfuhr ich, dass dieses Spiel seinen Alltag repräsentiert. Tragisch.
Somit bekam ich zwei Tage später einen neuen Zimmerkollegen. Wir verstehen uns wirklich gut und ich bin heilfroh, dass er hier ist, denn so sind die Abende hier im Zimmer weniger langweilig. Wir reden viel und in seltenen Fällen wird auch mal gelacht. In seltenen Fällen, denn viel zu lachen haben wir beide nun wirklich nicht.
Ansonsten herrscht hier ein reges Kommen und Gehen. Ständig werden Patienten entlassen und kaum ist einer weg, wird der frisch freigewordene Platz auch direkt wieder neu belegt. Somit ist es hier eigentlich immer voll, stets so zwischen sechzehn und zwanzig Patienten. Von all den Leuten, die bei meiner Verlegung diese Station bewohnten, sollten am Tag meiner Entlassung nur noch zwei übrig sein. Aber ich will zeitlich nicht vorgreifen, denn einige Dinge habe ich bereits hier erlebt und darüber möchte ich Ihnen später noch genauer berichten.

Natürlich gibt es auch hier einen geregelten Tagesablauf, der im Groben wie folgt aussieht: Morgens um 6:45 Uhr wird man geweckt. Dann hat man eine dreiviertel Stunde Zeit um sich aus dem Bett zu schälen, eventuell zu duschen, sich anzuziehen, um sich anschließend im Aufenthaltsraum einzufinden. Dort wird pünktlich um 7:30 Uhr die Morgenrunde gestartet. Hier sitzen alle Patienten zusammen mit dem diensthabenden Pflegepersonal im Kreis und es wird kurz darüber berichtet, wie die

Nacht war. Wie und ob man überhaupt geschlafen hat und wie die Stimmung ist. Gerade auf einen guten und gesunden Schlaf wird hier sehr viel Wert gelegt. Deswegen kommt auch die Nachtschwester, oder Pfleger, nachts regelmäßig in die Zimmer geschlichen und schaut, wer schläft und wer nicht. Darüber wird genau Buch geführt und den schlecht oder gar nicht Schlafenden eventuell etwas zum Schlafen verabreicht. Ausreichend Schlaf ist wichtig, gerade bei psychischen Erkrankungen. Wer wach ist, grübelt und grübeln fördert negative Stimmung. Ganz zu schweigen davon, dass grübeln vom Schlafen abhält. Und dann ist man im Teufelskreis gefangen. Grübeln bedeutet per Definition nicht zielorientiertes Denken.

Gibt es noch besondere logistische Dinge vonseiten des Personals anzusagen oder stehen besondere Termine für den Tag an, so wird dies in dieser Runde ebenfalls zu kundgetan.

Anschließend folgt ein fließender Übergang zum Frühstück.

Ab jetzt variiert das Tagesprogramm je nach Wochentag. Entweder findet die sogenannte Frühaktivierung von 8:30 Uhr bis circa 9:00 Uhr statt. Da gehen die Patienten der einzelnen Stationen zusammen mit den diensthabenden Ergotherapeuten eine Runde spazieren. Anfangs konnte ich damit nicht viel anfangen, aber ich muss ehrlich zugeben, so ein wenig Bewegung direkt zum Tagesbeginn ist nicht verkehrt. Diese Frühaktivierung entfällt nur dann, wenn Stationsvisite oder Gruppenvisite ansteht. Oder das Wetter nicht mitspielt. Bei der Stationsvisite versammeln sich u.a. der zuständige Psychologe, der Oberarzt oder auch Chefarzt, jemand vom Pflegedienst, vom Sozialdienst und von der Ergotherapie in einem Raum und dann

wird jeder Patient nach und nach zur Visite bestellt. Das kann sich dann schon mal über den ganzen Vormittag ziehen. Hier geht es dann um das allgemeine Befinden, wie hat man sich entwickelt, gibt es überhaupt Fortschritte? Müssen Probleme besprochen werden, wie klappt das mit der Medikation und eben all solche Dinge.
Die Gruppenvisite findet jeden Montag und jeden Freitag statt. Auch hier sitzen alle Patienten zusammen mit dem Pflegepersonal im Kreis, zusätzlich sind noch die anwesend, die man bereits von der Stationsvisite kennt. Hier werden in der Runde die Wochenziele besprochen.
Was hat man sich vorgenommen und was davon konnte umgesetzt werden?
Wie sehen die Pläne für das anstehende Wochenende aus?
Und das war es dann auch eigentlich schon im Großen und Ganzen. Ansonsten hat man den Tag über verteilt diverse Therapieprogramme, unterbrochen vom Mittagessen um 12:15 Uhr. Abendessen gibt es um 18:00 Uhr und um 19:00 Uhr findet die Abendrunde statt. Die verläuft immer mal etwas unterschiedlich, aber im Allgemeinen wird hier gefragt, wie man den Tag erlebt hat, gab es positive Elemente, konnte man etwas für sich tun, also außerhalb seines Therapieplans, wie ist die Stimmung und so weiter und so fort.
Die Therapien unterscheiden sich von Patient zu Patient, je nachdem welches Problem ihn hierher gebracht hat. Ich zum Beispiel habe mehrmals die Woche MTT, ein medizinisch technisches Training. Das ist nichts anderes als eine Art kleines Fitnessstudio mit ein paar Geräten, an denen ich mich dann austoben kann. Das mache ich allerdings wirklich gerne

und ist dreimal pro Woche in meinem Plan vorgesehen. In Kombination mit meinem Joggingplan ist das ein perfektes Training. So arbeite ich in meiner Freizeit weiterhin an meiner Kondition und kann mich beim MTT auf Muskeltraining konzentrieren. Ein paar Hanteln stemmen, die Beinpresse bearbeiten und all diese Dinge auch noch in Gesellschaft. Das macht Spaß, und da ein Kollege von meiner Station immer mit mir zusammen MTT hat, gehen wir die Hanteln auch immer zu zweit an. Wir spornen uns gegenseitig an, packen immer mehr und Gewichte drauf und können dadurch zumindest für eine Stunde unsere Probleme vergessen, uns auf den Sport konzentrieren und uns zumindest mal kurzzeitig so fühlen, als wären wir kerngesunde Kumpels, die gemeinsam ins Fitnessstudio gehen und trainieren.

Weiterhin habe ich Psychoedukation Depression, darauf werde ich aber in einem späteren Kapitel genauer eingehen, und Qi Gong. Das ist eine chinesische Meditations-, Konzentrations- und Bewegungsform zur Kultivierung von Körper und Geist. Dazu gehören Atemübungen, Körper- und Bewegungsübungen, Konzentrations- und Meditationsübungen. Diese Übungen sollen der Harmonisierung und Regulierung des Qi-Flusses im Körper dienen. Qi bezeichnet die Emotionen des Menschen und steht im Taoismus (chinesische Lehre des Lebens) auch für die Tätigkeit des neurohormonalen Systems.

Und in homogener Symbiose dazu habe ich noch die progressive Muskelrelaxation in meinem Plan. Das ist eine Entspannungsübung, die am besten in Rückenlage und bei ruhiger Musik durchgeführt wird. Hierbei wird durch die bewusste An- und Entspannung bestimmter

Muskelgruppen ein Zustand tiefer Entspannung des ganzen Körpers erreicht. Dazu werden nacheinander einzelne Muskelpartien in einer vom Übungsleiter angesagten Reihenfolge angespannt, die Spannung kurz gehalten und anschließend wird die Spannung gelöst. Die Konzentration wird dabei auf den Wechsel zwischen Anspannung und Entspannung gerichtet und auf die Empfindungen, die aus diesen unterschiedlichen Zuständen resultieren. Das Ziel der Übung ist eine Senkung der Muskelspannung unter das normale Niveau aufgrund einer fokussierten Körperwahrnehmung. Wenn man das eine Zeitlang gemacht hat, kann man, wann immer man möchte, eine muskuläre Entspannung herbeizuführen. Zusätzlich können durch die gezielte Entspannung der Muskulatur eventuell auch andere vegetative Symptome körperlicher Unruhe oder Erregung reduziert werden, wie z.B. Herzklopfen, Transpiration oder Zittern. Darüber hinaus können Muskelverspannungen aufgespürt, gelockert und damit letztendlich Schmerzzustände verringert werden.

Und dann gibt es da noch die Ergotherapie und die ist mal so gar nicht mein Ding. Ich bin nicht der Typ der Bilder malt oder irgendwelche Sachen bastelt, Körbe flechten will, Mosaike klebt oder aus Speckstein irgendwelche Skulpturen formen wird. Somit habe ich anfangs kognitive Dinge gemacht. Klingt toll, ist aber nichts anderes als Rätsel lösen. Nach ein paar dieser Sitzungen wurde mir das zu langweilig, denn schließlich könnte ich mir auch am Kiosk ein Rätselheft kaufen und mich damit beschäftigen. Auf der Suche nach Alternativen wurde ich gefragt, ob ich vielleicht ein Buch mit hier hätte, das könnte ich ja dann in der Therapiestunde lesen.

Ein Buch habe ich zwar hier, lesen ist nämlich eine meiner Leidenschaften, aber ich kann mich einfach nicht darauf konzentrieren. Ich habe die ersten paar Seiten schon locker zwanzig Mal gelesen, bin aber nicht in der Lage wiederzugeben, worum es dabei ging. Mir fehlt dafür die Konzentration und das macht mir durchaus zu schaffen, lese ich doch so gerne.
Daraufhin erzählte ich von meiner Schreiberei. Denn darauf kann ich mich konzentrieren, weil ich dabei mein bisheriges Leben sowie die Ereignisse und Erfahrungen hier in der Klinik reflektiere. Seitdem sitze ich mit dem Laptop in der Ergotherapie und arbeite an meiner Geschichte. Das ist ja schließlich auch eine kognitive Tätigkeit.
Abgesehen davon habe ich dann noch meine Gesprächstherapie und diese Gespräche tun mir wirklich gut. Meine zuständige Psychologin hier ist wirklich klasse, die Chemie scheint zu stimmen und ich fühle mich nach der Stunde immer sehr gut. Leider hält dieses Gefühl nicht allzu lange an, aber immerhin.

Außerhalb all dieser Termine bleibt aber immer noch genug Freizeit. Zeit die ich nutze um entweder zu schreiben, zu joggen oder auch um Besuch zu empfangen. Und ich bekomme, im Gegensatz zu vielen anderen Patienten meiner Station, recht viel Besuch. Ich bin da auch wirklich froh drüber und in solchen Situationen erkennt man dann, wer wirklich zu dir hält, wer deine Freunde sind, wer dich liebt und wer sich Sorgen um dich macht.
Wenn ich dieses Schriftstück beendet habe, werde ich einig sehr ausführliche Dankeszeilen schreiben und den Leuten meine Hochachtung zeigen, die mich durch diese schwere Zeit begleitet haben. Insofern muss ich jetzt nicht

zwingend aufzählen, wer mich in meiner Zeit hier so alles besucht hat. Außerdem weiß ich ja auch nicht, wer vielleicht noch dazu kommt, denn noch bin ich hier und ich habe keine Ahnung, wie lange das noch so sein wird.

Die erste Woche hier auf der Station verging irgendwie wie im Flug. Das gilt eigentlich für die komplette Zeit hier. Oft habe ich das subjektive Gefühl von Langeweile und dann merke ich plötzlich, dass sich schon wieder eine Woche dem Ende neigt. Merkwürdig.

Aber die erste Woche war für mich auch etwas verkürzt, da ich ja erst an einem Dienstag zur Mittagszeit diese Station bezog. Ich fing also an mich einzuleben, einzusortieren und mich an den Tagesablauf zu gewöhnen. Abgesehen von meinen Besuchen gab es wenig besondere Ereignisse. Mein erstes großes Highlight in dieser Woche war das Erstgespräch mit meiner Psychologin, für mich das erste Gespräch mit einer Psychologin überhaupt in meinem Leben. Das war schon ein seltsames Gefühl für mich, aber kein unbehagliches. Nein, ich fühlte mich wohl, denn ich wusste, jetzt wird mir geholfen. Ich erwartete keine Wunder, aber das stellte für mich einen Anfang dar.

Allerdings darf man jetzt hier keine fundierte Tiefen- oder Verhaltenspsychologie erwarten, die einen wieder gesund macht. Das ist in so kurzer Zeit völlig unmöglich. Hier geht es eher darum zu schauen, was einen in die Klinik brachte und wo man ansetzen muss, um den Patienten wieder stabil genug für das Leben außerhalb der Klinik zu bekommen. Natürlich wird dabei auch das bisherige Leben beleuchtet und man sammelt Ereignisse der durchlebten Vergangenheit ein. Hierfür habe ich mit der Therapeutin eine Lebenslinie erstellt und alle prägenden Ereignisse von meiner Geburt bis heute eingetragen. Das war auch durchaus interessant und mir wurde klar, dass mein Leben gar nicht so langweilig war, wie ich bisher immer annahm. Weiterhin legt man dann gemeinsam das primäre Ziel fest. Also was muss stimmen, damit man mit einem sicheren Gefühl die Klinik verlassen kann und daran wird in der Folgezeit gearbeitet. Alles andere wird dann später in der fortführenden ambulanten Therapie erarbeitet. Ich machte mir während der folgenden Tage sehr viele Gedanken um meine Lebenslinie, reflektierte alle diese Stationen nochmals kurz im Geiste und entschied mich einige Tage später dazu, am Fenster meines Zimmers sitzend, all diese Ereignisse niederzuschreiben. Das stellt für mich einen hervorragenden Selbstverarbeitungsprozess dar und es fühlt sich gut an, über ein paar vergangene Dinge nicht nur nachzudenken und sie später der Psychiaterin zu erzählen. Wenn man diese Dinge niederschreibt, hat das gleich noch mal einen ganz anderen Charakter, viel intensiver. Außerdem möchte ich nicht vergessen. Die Erfahrungen, die ich hier mache, dürfen niemals verloren gehen. Wenn ich in einigen Jahren nur noch Bruchstücke davon wiedergeben kann, wäre das arg tragisch für mich. Ich schreibe also in erster Linie für mich, ich will nicht vergessen und egal was noch in meinem Leben passieren wird, wie schlimm es auch kommen wird, ich werde immer wieder an diese Zeit zurückdenken, oder eben auch lesen, falls ich es vergessen habe. Ich kann daraus meine Kraft ziehen, um weiter nach vorne zu schauen. Diese Kraft fehlt mir zwar jetzt in diesem Moment ebenso, aber ich werde sie hier wohl wieder neu beziehen, neue Perspektiven aufgezeigt bekommen und lernen, mit all den Dingen klarzukommen. Vielleicht wird mir auch das Handwerkzeug mitgegeben, um in Zukunft mit weiteren Schicksalsschlägen umgehen zu können. Ich weiß das alles jetzt noch nicht, aber wer weiß, vielleicht sieht es nächste Woche schon wieder ganz anders aus und ich kann in einem späteren Kapitel bereits völlig andere Worte an Sie richten. Aber dieses Schriftstück stellt ja auch eine Art Momentaufnahme dar und so schreibe ich die Dinge, die jetzt für mich spür- & greifbar sind.

Seitdem ich hier bin, habe ich auch schon ein paar richtig schlimme Momente hinter mir, aber darauf komme ich dann in den entsprechenden Kapiteln zu sprechen. Nur für Sie zur zeitlichen Orientierung: Ich habe exakt dreizehn Tage nach meiner Einlieferung hier angefangen zu schreiben und ich schrieb zunächst über all die vergangenen Dinge, für die ich meine erstellte Lebenslinie als Grundlage nutzte.
Heute ist ein Freitag und es endet für mich die dritte Woche hier im Haus. Drei Wochen, in denen natürlich ein paar Dinge passiert sind. Dinge, die es wert sind erzählt zu werden. Und das werde ich auch tun.

Weiterhin möchte ich dieses Kapitel nutzen, um auch mal ein paar lobende Worte über das Pflegepersonal hier zu verlieren. Denn ganz ehrlich, diese Leute sind es durchaus wert angesprochen zu werden. Sie sind einsame Spitze, anders kann man es nicht sagen. Wirklich nett und sehr zuvorkommend, empathisch und mit einem besonderen Radar ausgestattet. Den müssen sie wohl auch haben, um in einer solchen Station tätig zu sein. Sie scannen die Leute hier und stehen jederzeit für ein Gespräch zur Verfügung, sollte es einem schlecht geht. Und das machen die auch verdammt gut. Ich habe das mehr als einmal in Anspruch genommen und fühlte mich danach stets deutlich besser. Natürlich veränderte sich durch diese Gespräche nicht meine Welt, wie denn auch? Aber sie fanden immer die richtigen Worte, um mir in den ganz schlechten Momenten zumindest kurzzeitig zu helfen. Und ich bin mir sicher, dass ich, solange ich hier bin, noch das eine oder andere Gespräch suchen werde. Es ist allerdings auch ebenso menschlich, dass die Chemie nicht bei jedem stimmt. Damit will ich sagen, dass ich ein solches Gespräch nicht mit jedem hier führen würde, ganz sicher nicht. Und an dieser Stelle muss ich sagen, dass hier eine Zeitlang eine Schwester Nachtdienst hatte, die ich als äußerst unsympathisch empfand. Das ist sie wahrscheinlich überhaupt nicht, aber mir erschien sie immer etwas ruppig. Wobei das alles viel zu harte Worte sind. Insgesamt wirkte sie immer etwas unnahbar und ich glaube, dass sie wirklich eine ganz nette Person ist. An wen erinnerte sie mich bloß immer? Ach ja, an mich, wenn ich bei der Arbeit bin. Ich kann mir gut vorstellen, dass ich so, wie ich hier diese Pflegerin wahrnahm, von einigen meiner Kollegen wahrgenommen werde. Okay, so sieht das also aus, so fühlt sich das also an. Auch daran werde ich arbeiten, das habe ich mir ja bereits vorgenommen. Andererseits muss man ja nicht mit jedem Menschen gut auskommen können. Das gilt für mich im Umgang mit meinen Mitmenschen, wie auch für meine Mitmenschen in Bezug auf mich.

Das für mich Schlimmste hier sind die vielen scheinbar schlaflosen Nächte. Ich bin abends

hundemüde, ja teilweise total im Arsch und schlafe auch sehr schnell ein. Dann schlafe ich tief und vor allen Dingen traumlos, was ein Glück, wache aber jede Nacht zwischen drei und vier Uhr wieder auf und kann anschließend einfach nicht mehr einschlafen. Ich drehe mich hin und her und kann machen, was ich will. Dann dreht sich mein Gedanke immer um die Liebe meines Lebens, ich werde sie zu einem späteren Zeitpunkt genauer vorstellen, und wie unerträglich diese Situation für mich ist. Ich spüre diese unendliche Sehnsucht nach ihrer Nähe, will sie riechen, will sie berühren, will sie spüren. Oft fange ich dann an zu weinen und an Schlaf ist eigentlich gar nicht mehr zu denken. Seit ich hier bin, geht das jede Nacht so. Ich habe das schon oft angesprochen, meine Nachtmedikation wurde verändert, alles etwas potenter, aber bisher ohne Erfolg. So beginnen meine Tage alle gleich. Völlig übermüdet und mit einer Stimmung, die sich deutlich im Minusbereich bewegt. Dabei reichen mir diese Gedanken schon am Tage, kann sie aber durch Ablenkung zumindest kurzzeitig ausblenden. In der Nacht bin ich diesen Gedanken schutzlos ausgeliefert und das ist die pure Hölle. Und so wünsche ich mir jede Nacht, dass ich einfach einschlafe und nie wieder aufwachen muss. Dann werde ich aber trotzdem wieder wach, komme nach zwei bis drei Sekunden in meiner realen Welt an und schon dreht sich in meinem Kopf alles wieder nur um diese eine Person. Furchtbar.
Kann ich denn nicht einfach nur tot sein und alles ist vorbei?

## Kapitel 7:
## Blaues Licht – Teil 2
## Reanimation die Erste

Wie ich Ihnen bereits im ersten Kapitel zum Thema meines Berufes erzählte, sind die wirklich heftigen Einsätze eher selten, und das ist auch gut so. Nun ist das Wort heftig ein Adjektiv und somit als relativ anzusehen. Hierbei muss man vor allen Dingen Unterschiede bei den Berufsgruppen machen. Ein Mediziner, ganz gleich in welchem Bereich er genau tätig ist, sieht und erlebt ganz andere Dinge als ein Nichtmediziner. Und je mehr man erlebt, desto klarer verschieben sich auch gewissen Grenzen, Empfindungen und Wahrnehmungen. Generell definiert jeder für sich anders was heftig und was nicht so heftig ist. Es gibt Kollegen die empfinden eine völlig zerfetzte Bahnleiche als heftig, ich nicht. Generell sind zerfetzte Körper ein eher surrealer Anblick, das hat für mich nichts mehr mit Menschsein zu tun und so bewahre ich mir diesbezüglich auch eine sehr gute Distanz. Generell habe ich keine Probleme mit toten Menschen, das gehört zu meinem Job dazu, auch wenn diese toten Menschen noch so ekelhaft aussehen. Wenn Sie mal eine Leiche gesehen und gerochen haben, die seit mehreren Wochen in einem ungelüfteten Raum lag oder hing, dann wissen Sie, was ich mit noch so ekelhaft meine.

Was ich oft als belastend empfinde, sind die Dinge drum herum. Ein kurzes Beispiel: Da ist irgendwo ein Mensch verstorben. Gut, das passiert und ist für mich normal, für dessen Angehörigen aber nicht. Und wenn dieser Tod plötzlich und überraschend kam, ist es umso

tragischer für die Zurückgebliebenen. Diese ausgiebige Trauer, deren zerstörte Hoffnung in uns, eventuell doch noch etwas retten zu können, das empfinde ich als belastend. Zwar nicht so, dass ich das mit nach Hause nehme, aber ich komme mir in solchen Situationen immer seltsam fehl am Platze vor und bin froh, wenn ich dieses Szenario so schnell wie möglich wieder verlassen kann.
Wenn es aber um das Thema Belastung geht, wird sehr oft nur an diesen einen bestimmten Einsatz gedacht. Ein besonderer Einsatz, der irgendetwas auslöste und haften blieb. Ein Einsatz, der dafür sorgte, dass man arbeitsunfähig wurde. Ein Einsatz, der zu einem sogenannten PTBS (posttraumatisches Belastungssyndrom) führte. Was dabei aber völlig vergessen geht, ist die kontinuierliche Belastung durch die vielen kleinen Dinge im beruflichen Alltag. Da ist der Stress bei den Fahrten mit Sondersignal durch die Stadt, da ist der Lärm durch das Funkgerät, da ist der Stress in der Klinik, wenn die Notaufnahme mal wieder aus allen Nähten platzt, da ist der Stress mehrerer Einsätze am Stück und man kommt einfach nicht zur Ruhe um etwas zu essen. Ferner wird man oft in seiner Freizeit angerufen und gefragt, ob man Dienste übernehmen kann. Man hat in sehr vielen Einsätzen diesen dezenten Druck, den man mit den Jahren nicht mehr wahrnimmt. Aber er ist trotzdem da, dieser Druck, ob man der Sache jetzt auch gewachsen ist, ob man alles richtig gemacht oder vielleicht doch etwas übersehen hat. Und gerade hier muss einfach jeder aus dieser Branche mal ganz ehrlich zu sich selber sein. Und dann ist der noch der Stress durch diese ganzen Reize innerhalb der Einsätze. Der akustische Faktor, der visuelle Faktor und dann

vielleicht noch der Patient, der wenig kooperativ ist...oder eben auch die Leute Drumherum. Hinzu kommt, dass man sich als Helfer immer öfter einem erhöhten Aggressionspotential gegenübersieht. Und wenn das kein Stress ist, dann weiß ich es auch nicht. Dieser Stress ist sicherlich schnell wieder verschwunden, aber jahrelang konstant diesem Stress ausgesetzt zu sein ist gefährlich. Das kann krankmachen und das tut es auch. Und wer sich hier keinen Ausgleich schafft, der lebt besonders gefährlich. Ich habe sehr viel Ausgleich, aber auch das machte mich offensichtlich nicht immun. Und selbst wenn, es gibt dann da immer noch diesen einen besonderen Einsatz...und wenn sich davon mehrere in einem Berufsleben ansammeln, dann braucht man irgendwann deutlich mehr als einfach nur einen Ausgleich im oder durch sein Privatleben.

Da ich in dem Rettungsdienstbereich arbeite, in dem ich auch lebe und groß geworden bin, bleibt es nicht aus, dass man es hin und wieder mit Leuten zu tun hat, die man kennt. Oft sind das aber Geschichten, die weniger dramatisch sind. So hatte ich bereits zweimal einen ehemaligen Schulkameraden bei mir im Rettungswagen liegen. Einmal ist er mit seinem Motorroller hingefallen und ein weiteres Mal hat er sich beim Fußball den Fuß verletzt. Ebenso habe ich mal eine ehemalige Schulfreundin mit einem Blasensprung zur Entbindung in die Klinik gefahren habe. Insgesamt also alles recht entspannt und man hat sich während des Transports stets sehr angenehm unterhalten und über alte Schulzeiten gequatscht.

Aber so war es nicht immer, es gab auch andere, weitaus tragischere Ereignisse. So auch in einem Nachtdienst, der bereits viele Jahre

zurückliegt. Zur zeitlichen Orientierung, ich war damals noch mit Andrea zusammen.
Kurz zur Erklärung, wir bekommen unsere Einsatzmeldungen als Textnachricht auf ein Display geschickt. Man kann sich das vom Prinzip her wie eine Kurzmitteilung übers Mobiltelefon vorstellen. Wir erhielten also die Einsatzmeldung *Verdacht auf Herzkreislaufstillstand*. So weit, so gut, zunächst habe ich mir nämlich nicht viel dabei gedacht. Im Gegenteil, man stellt sich gedanklich auf eine Reanimation ein und im Prinzip sind das recht einfache Einsätze. Man arbeitet einen bestimmten Algorhythmus ab und genau diese Algorhythmen werden jährlich von uns trainiert. Überspitzt gesagt kann man sowas auch einem trainierten Affen beibringen.
Aber als ich dann die Adresse las, kam mir diese bekannt vor. Nur der Name stimmte nicht mit der in mir aufkommenden Befürchtung überein. Allerdings war dieser falsch lediglich geschrieben. Erst als ich den Namen in Gedanken phonetisch aussprach, dachte ich nur noch *Scheiße!!!*
Ich kenne diese Familie seit meiner Schulzeit von der achten Klasse an. Ich war seinerzeit sehr gut mit deren Sohn befreundet und ging dort damals oft ein und aus. Ich informierte meinen Kollegen darüber, nur für den Fall, dass ich während des Einsatzes etwas aus der Spur geraten sollte.
Nach unserem Eintreffen lief zunächst alles nach dem Prinzip business as usual und ich schaltete mein Gehirn auf den Arbeitsmodus um. Soweit ich noch weiß saß er leblos im Sessel und wir haben ihn flach auf den Boden gelegt. Zunächst ein kurzer Basischeck und dann haben wir die Reanimationsmaßnahmen eingeleitet und

streng nach Algorhythmus gearbeitet. Kurz danach traf dann auch der Notarzt ein und insgesamt lief dieser Einsatz wirklich sehr gut, sehr ruhig und sehr professionell ab. Nur der Umstand, dass ich die Familie sehr gut kannte, umschlang mich wie eine unheimliche Macht und ließ mich einfach nicht mehr los. Kurze Zeit später traf auch mein ehemaliger Schulfreund mit seiner Lebensgefährtin ein und nun beobachteten sie zusammen mit der Ehefrau des Patienten voller Sorge unsere Bemühungen. In der Regel laufen solche Einsätze so ab, dass hin und wieder mal einer der Angehörigen in die Runde fragt, wie es denn aussieht und ob man schon etwas sagen oder absehen könne. Das kann man natürlich nicht, aber die Angehörigen sind voller Hoffnungen und Sorgen. Aus unserer Sicht kann man sich das so vorstellen: Da ist ein Mensch und dessen Herz aufgehört hat zu schlagen. Wenn man ganz genau ist, ist er bereits tot. Durch unsere Bemühungen können wir nur gewinnen oder der Ist-Zustand von vor unserem Eintreffen hat weiterhin Bestand. Das ist ungefähr so wie die Situation eines Torwarts beim Elfmeter. Jeder denkt sich, das Ding ist so gut drin und dem ist ja auch in den meisten Fällen so. Der Torwart kann also nur gewinnen. Und so ist unsere Situation, wenn wir einen Menschen versuchen zu reanimieren. Ein sehr plastischer Vergleich, das gebe ich zu, aber er trifft den Nagel auf dem Kopf.
Aber zurück zu diesem Einsatz, wie gesagt, die Angehörigen fragen oft und gerne mal in die Runde. Hier waren wir, wie sonst auch, zu viert am Werk. Mein Kollege und ich, der Notarzt und sein Fahrer. Und in der Regel fragen die Angehörigen bei dem nach, der Notarzt auf seinem Schild stehen hat. Aber hier sah die Situation völlig anders aus, denn für die Familie

existierten meine drei Kollegen gar nicht, die waren gar nicht anwesend. Und somit sprachen die mich direkt an, bei meinem Vornamen. *Stefan, wie sieht es denn aus? Stefan, kannst Du schon etwas sagen?* Ich kann ihnen das natürlich nicht verdenken, ganz im Gegenteil. Mein vollstes Verständnis dafür war und ist ihnen gewiss. Für mich war das aber eine extrem belastende Situation, weil ich dachte, dass all deren Hoffnung auf mich alleine ruhte und diese Last schien mich langsam aber sicher zu erdrücken.
Mein Zeitgefühl ging in diesem Einsatz verloren und ich kann Ihnen nicht mehr sagen, wie lange wir reanimierten. Aber wir haben lange gearbeitet, was wohl mitunter daran lag, dass ich dem Notarzt sagte, dass ich diese Familie sehr gut kenne. Aber irgendwann muss man einfach jegliche Bemühungen einstellen, irgendwann macht es keinen Sinn mehr, so auch in diesem Fall. Nachdem also unser Notarzt den Mann für tot erklärte und wir unsere Arbeitsmaterialien entfernten, realisierte der Rest der Familie, was hier gerade vor sich ging. Die Trauer schwang geradezu auf mich über und ich musste mich arg zusammenreißen, um nicht mit zu weinen. Meine Gefühlslage zu diesem Zeitpunkt ist nur sehr schwer in Worte zu fassen. Eine gewisse Ratlosigkeit, Schuld vielleicht auch, aber vor allen Dingen Trauer. Ebenso fühlte ich eine Ohnmacht, eine belastende Schwere ergriff mich und ich hatte das dringende Bedürfnis etwas zu sagen. Aber ich fand einfach keine Worte.
Während also der Notarzt mit den Angehörigen sprach, gingen wir zunächst unserer Arbeit nach. Das bedeutet in einem solchen Fall, dass wir alles wieder vom und aus dem Körper des Verstorbenen entfernen, was wir zuvor für

unsere Maßnahmen angebracht und eingeführt hatten. Auch der ganze von uns verteilte Verpackungsmüll wurde sehr penibel wieder eingesammelt und mitgenommen. Anschließend legten wir den leblosen Körper noch nach nebenan ins Bett und deckten ihn bis zum Kopf zu, sodass die Angehörigen sich in Ruhe verabschieden konnten. Wir machen das immer so, insofern es die räumlichen Situationen zulassen. Alles andere empfinde ich persönlich auch als pietätlos.
Ich sprach allen recht kurz und knapp mein Beileid aus und versuchte krampfhaft mich emotional aus dieser Situation zu entziehen. Aber egal was ich tat, es gelang mir nicht. Wir brachten dann erstmal unser Material wieder zurück in den Rettungswagen, und während mein Kollege den Notfallkoffer wieder aufrüstete, ging ich ein weiteres Mal ins Haus um mich zu verabschieden. Und ein weiteres Mal sprach ich mein Mitgefühl aus und das kam aus meinem tiefsten Herzen. Diesmal fand ich ein paar Worte und war von der Situation vor Ort deutlich ergriffener als noch zuvor. Ich glaube, ich brauchte einfach ein paar Minuten um zu realisieren, was hier gerade passiert war.
Aber was genau war denn hier eigentlich gerade passiert? Es war nicht mehr und nicht weniger mein beruflicher Alltag. Da erleidet irgendwo Irgendein Mensch einen Herzkreislaufstillstand und wir kommen ins Spiel. Wir arbeiten vor Ort stets so gut wie wir können und manchmal geht es gut aus, zumindest primär, meistens aber nicht. In diesem Fall nicht und diesmal kam ich mir nicht vor wie ein Fremdkörper, ich fühlte mich als Teil der trauernden Gesellschaft, die wir nach unserem Rückzug alleine zurücklassen würden. Mein ehemaliger Schulkamerad bedankte sich noch bei mir für mein Beileid und

für unsere Bemühungen und dann verließ ich den Ort des Geschehens endgültig. Hier gab es jetzt nichts mehr zu tun für mich. Ich saß hinten auf dem Trittbrett des Rettungswagens und rauchte eine Zigarette. Damals rauchte ich noch. Meine Hände zitterten und ich versuchte zu erfassen, wie ich mich fühlte. Die Kollegen fragten mich, ob es mir soweit gut gehen würde, an meine Antwort kann ich mich nicht mehr erinnern. Eigentlich hätte ich nach diesem Einsatz außer Dienst gehört, aber ich blieb, warum auch immer. Die fette und restlos besoffene Russin im Einsatz danach wurde echt nicht glücklich mit mir.

Ich bereue es bis heute zutiefst, dass ich es damals nicht zur Beerdigung geschafft habe. An diesem Tag hatte ich Dienst, aber ich hätte ihn sicherlich wegtauschen oder mir sonst irgendwie freinehmen können. Aber ich glaube, nein, ich weiß, ich traute mich einfach nicht. Ich hatte das intensive und plagende Gefühl versagt zu haben, auch wenn das nicht so ist, das weiß ich definitiv besser. Aber manchmal ergreifen einen die Schuldgefühle und packen so fest zu, dass man keine Luft mehr bekommt. Man dreht und windet sich, kämpft dagegen an, beißt, kratzt und spuckt, aber es gibt kein Entrinnen. Ich schämte mich einfach und wollte der Familie nicht unter die Augen treten, ich konnte es einfach nicht. Und so nahm ich die Tatsache, dass ich an diesem Tag Dienst hatte, dankbar an. Der Dienst war furchtbar, das weiß ich noch ganz genau. Nicht, weil viel los war, ich fühlte mich einfach nur mies. Wie ein Drückeberger, der vor seinen unangenehmen Pflichten davonläuft. Schande über mich. Denn das bin ich eigentlich nicht, ich habe mich bisher immer auch den unangenehmen Dingen im Leben gestellt und bin niemals einem Problem oder unschönem Ereignis aus dem Weg gegangen. Aber das hier war etwas völlig anderes und auch völlig neues für mich. Und dieser Aufgabe war ich einfach nicht gewachsen. Jedenfalls zu diesem Zeitpunkt noch nicht. Wie gesagt, es tut mir unendlich leid, dass ich bei der Beerdigung nicht anwesend war. Vielleicht wäre es besser gewesen, alleine um für mich mit der Sache abzuschließen, aber das kann keiner mit Sicherheit sagen. Das war bis zu diesem Zeitpunkt mein beruflicher Supergau und ich konnte nicht ahnen, dass mir ein ähnliches Szenario ein paar Jahre später ein weiteres Mal bevorstand.

Meine Mutter sagt immer, wenn ihr etwas passiert, hofft sie, dass ich Dienst habe und komme. Ich hoffe genau das Gegenteil.

## Kapitel 8:
## Stefan und die Frauen – Teil 3
## Vom Neuanfang bis zur Katastrophe

Als ich damals so in dieser trostlosen Umgebung der halbleeren Wohnung auf meinem Stuhl saß, bemerkte ich eine enorme Pfütze unter mir. Diese Pfütze bestand aus meiner Lebenskraft, die aus mir heraus floss. Da wurde mir eines klar: Wenn jetzt noch irgendeine Kleinigkeit passiert, irgendwas, egal was, dann werfe ich mich vor einen Zug. Ehrlich, das waren meine Gedanken und aus diesen Gedanken drohte langsam aber sicher eine Art Überzeugung zu werden. Hilfe musste her, ich konnte hier unmöglich länger alleine bleiben. Ich griff zum Telefon und rief Nicole an, eine meiner besten Freundinnen, und erklärte ihr, dass ich jetzt zu ihr komme. Und nicht nur das, ich würde auch die Zeit bis zu meinem Umzug bei ihr bleiben. Ich hielt es in dieser Wohnung einfach nicht aus, nicht so. Also packte ich schnell ein paar Klamotten, Zahnbürste und Duschgel ein und dann bloß raus hier.

In den nächsten Tagen fuhr ich dann morgens immer von Nicoles Wohnung zur Arbeit, nach Feierabend von dort in die alte Wohnung um ein paar Sachen für den Umzug zu packen und dann wieder zurück zu Nicole.

Bevor ich Ihnen Nicole vorstelle, folgende Information vorab. Nach der Trennung von Maria hatten Nicole und ich sehr oft Kontakt. Ich war häufig bei ihr Zuhause und auch sie war damals in einer schwierigen Phase kurz nach dem Tod ihres Vaters. Meine Situation war auch nicht rosig und so spendeten wir uns gegenseitig Trost. Außerdem war sie damals Single und musste somit keinem Gegenüber unangenehme Fragen beantworten, warum denn jede Nacht ein Kerl bei ihr pennt.

Wir haben uns einige Zeit zuvor auf einem Volksfest kennengelernt. Und um genau zu sein, schleppte Maria sie an, als die beiden an einem Getränkestand ins Gespräch kamen. So kam ich mit Nicole ins Gespräch und das war der Anfang einer wunderbaren Freundschaft. Nicole war, wie bereits erwähnt, damals Single, trudelte aber ein Jahr später in eine Beziehung mit Michael. Und eben dieser Michael würde heute gar nicht mehr leben, wenn es mich nicht geben würde.

Es ist schon ein paar Jahre her, vielleicht auch ein paar Jahre mehr, als Michael mit seinem

Moped einen schweren Verkehrsunfall hatte. Er wurde damals von einem Transporter regelrecht über den Haufen gefahren und erlitt dadurch mehrere lebensbedrohliche Verletzungen, ein sogenanntes Polytrauma. Ich hatte damals Dienst und wir waren rein zufällig gerade in unmittelbarer Nähe, als wir den Einsatz erhielten. Und das war sein Glück, denn er hatte neben seinen ganzen Knochenbrüchen auch schwere innere Verletzungen und drohte nach innen hin zu verbluten. Bei unserem Eintreffen befand sich bereits in einem sogenannten Volumenmangelschock. Das bedeutet, dass seine Organe nicht mehr mit dem sauerstoffangereichten Blut versorgt wurden, welches sie brauchen, um zu funktionieren. Sein Blutdruck war bereits nicht mehr messbar und ich kümmerte mich sofort um die Stabilisierung seiner Vitalparameter. Das bedeutet im Einzelnen, dass ich ihm direkt zwei großvolumige Venenverweilkanülen legte und mehrere Infusionen hineinlaufen ließ, um seinen inneren Blutverlust auszugleichen. Und genau diese Maßnahme rettete ihm das Leben. Der Einsatz umfasste natürlich noch mehr Maßnahmen, aber das spielt jetzt keine Rolle. Erst Jahre später sollten die beiden sich exakt auf dem Volksfest kennenlernen, auf dem ich Nicole kennengelernt hatte. Eine meiner besten Freundinnen war also dann mit einem Mann liiert, der ohne mich gar nicht mehr am Leben wäre. Hier schließt sich der Kreis und das ist eine wunderschöne Geschichte, wie ich finde.

Aber zurück zum Thema. Eine neue Wohnung hatte ich schon längst gefunden, in der lebe ich übrigens heute immer noch. War zwar anfangs gar nicht geplant, dass ich da so lange drin wohnen würde, aber nun gut. Nicole half mir auch in jeder freien Minute bei der Renovierung der neuen Bude und ich war heilfroh darüber. Denn schließlich hatte ich nur eine Woche Zeit um die Wohnung komplett zu renovieren und für den Umzug vorzubereiten. Ohne ihre Hilfe, und natürlich auch die meiner Mutter, hätte ich das zeitlich alles nicht geschafft. Auch dieser Umzug verlief dank tatkräftiger Unterstützung guter Freunde reibungslos und zügig. Aber selbst nachdem die Wohnung komplett eingeräumt und fix und fertig war, blieb ich noch für ein paar Tage bei Nicole. Ich musste mein neues Leben erst noch annehmen. Das tat ich auch, aber erst nach dem Jahreswechsel, denn ich hielt das für einen guten Zeitpunkt. Und so startete ich 2010 einen Neuanfang, meinen Ersten in dieser Form.

Und das Jahr 2010 ging wirklich hervorragend los. Es war noch recht früh im Januar, als mein Mobiltelefon mich wild brummend über eine eingegangene SMS informierte. Als ich diese öffnete, traute ich meinen Augen nicht. Absender war Richie, von dem ich seit seinem tragischen Unfall nichts mehr gehört hatte. Zwischendurch gab es unsichere Infos, dass er wohl durchkommt, aber in welchem Zustand war unklar. Und plötzlich verschickt er eine SMS mit dem Inhalt *Frohes neues Jahr!* Ich saß da und heulte vor Freude. Freude darüber, dass er am Leben war und es ihm offenbar ganz gut ging. Besser hätte das neue Jahr nun wirklich nicht starten können.
Und auch sonst verlief alles so, wie ich es mir vorgenommen hatte und ich genoss das Singleleben in vollen Zügen. Ich wollte alles, nur keine Beziehung. Ich wollte mit so vielen Frauen ins Bett wie eben möglich. Warum? Ich hatte vielleicht etwas nachzuholen. Vielleicht war ich aber auch auf der Jagd nach Bestätigung, dass

ich nach gut sechs Jahren Beziehung immer noch in der Lage mit Frauen in Kontakt zu kommen. Und ich war dazu in Lage, und wie. Meine beste Freundin meinte mal, dass sich jede Menge Frauen ihre Finger nach mir lecken würden, dass ich wohl verdammt gut in der Frauenwelt ankomme. Ich selber bin nun wirklich kein *Brad Pitt*, aber vielleicht stehen Frauen auch einfach auf große und tätowierte Männer. Dieses Bad Boy Image, welches sich dann aber doch nicht ganz so darstellt, aber eben diese Wirkung hat. Modell harte Schale mit weichem Kern eben.

Heute weiß ich, dass zu diesem Zeitpunkt meine Mutation zu einem kompletten emotionalen Wrack bereits abgeschlossen war und ich nur auf schnellen und befriedigenden Sex aus war. Ich fühlte auch nichts wirklich dabei. Ich hatte zwar Spaß, aber das war es dann auch schon. Jegliche Emotion war zunächst abgeschaltet, aber es sollte nicht allzu lange dauern, bis diese wieder zum Vorschein kam. Allerdings nur ansatzweise, mehr war einfach nicht drin, und das für eine wirklich sehr lange Zeit. Eine viel zu lange Zeit.

Jedenfalls hatte ich Spaß und das ist ja nicht verwerflich. Ich habe das auch nie an die große Glocke gehängt und damit geprahlt oder mir Kerben in den Bettpfosten geritzt. Das ist nicht mein Ding, noch nie gewesen. Ich bin kein Jäger und Sammler was Frauen angeht, ich wollte einfach nur eine Weile zwanglos leben. Das tat ich und das genoss ich, Ende.

Allerdings wurde mir das irgendwann langweilig und ich merkte, dass da doch etwas fehlte in meinem Leben. Dieses wohlige Gefühl von Geborgenheit, von Liebe und Wärme. Jemand, neben dem man aufwacht und nicht erst überlegen muss, wie denn gleich der Name war. Jemand, der immer da ist, jemand mit dem man Gefühle und Momente teilen kann, nicht einfach nur Sex. Und dann schlitterte ich in eine Sache, die dümmer hätte nicht laufen können.

## Melissa

Eines Tages lernte ich Melissa kennen. Wie und wo und durch wen spielt keine Rolle. Melissa ist genau die Sorte Frau, auf die ich stehe. Blond, blaue Augen, superhübsches Gesicht, schlank, sehr lebendige Art, einfach nur ein Kracher. Ich organisierte mir ihre Telefonnummer und beschloss sie einfach mal anzurufen und um ein Date mit ihr zu bitten. Also überlegte ich mir einen Text und wählte ihre Nummer. Allerdings bin ich davon ausgegangen, dass sie zu dieser Zeit arbeiten war und wollte einfach einen tollen und lustigen sowie einladenden Spruch auf ihrem Anrufbeantworter hinterlassen. Ich habe wirklich lange an diesem Spruch gefeilt. Was ich allerdings nicht wissen konnte, sie war krankgeschrieben und somit auch Zuhause. Also ging sie ran, was mich erstmal wortlos dasitzen ließ. Als ich mich zu erkennen gab, warf sie mir ein sehr erfreutes *Hallo* rüber. Jawohl, sehr guter Start. Dann erzählte ich ihr von meinem eigentlichen Plan, auch diese Idee brachte sie zum Lachen. Prima Stefan, weiter so. Nach ein wenig Smalltalk kam ich zum Punkt und fragte sie, ob sie mal mit mir ausgehen mag. *Sehr gerne* war ihre Antwort. Yes!!! Als ich aufgelegt hatte, tanzte ich durch meine Küche. Nun musste ein Plan für das Date her. Ich entschied mich sie zum Essen einzuladen und anschließend Kino. Kino ist zwar nie eine gute Idee für ein erstes Date, aber wir gingen ja vorher essen. Kino wählte ich allerdings deshalb, weil ich wusste, dass sie total gerne Filme mit *Adam Sandler* sieht. Ich ebenso, ich mag *Adam Sandler*. Ich sagte ja, ich mag viele Dinge. Und wie es der Zufall so wollte, startete in dieser Woche sein neuer Film im Kino. Also habe ich als Überraschung zwei Tickets für die Spätvorstellung gekauft.

Als sie dann abends zu mir kam, ich war wirklich aufgeregt, erzählte ich ihr von meinem Plan, sie freute sich und wir fuhren dann mit meinem Auto weiter. Mein Gott, sie sah so bezaubernd aus in ihrem Kleidchen. Beim Essen haben wir uns über alles Mögliche unterhalten und ich empfand ihre Gesellschaft als überaus angenehm. Ich fühlte mich wirklich wohl, so wohl, wie schon lange nicht mehr. Wir redeten und redeten, als ob wir uns schon ewig kennen würden.

Sagen Sie, geht es Ihnen beim Lesen dieser Geschichten auch so wie mir beim Schreiben? Man denkt sich, oh wie schön und toll, weiß aber ganz genau, dass es kein Happy End gibt. Irgendwie traurig, oder?

Aber weiter im Text. Das Date lief super und wir haben viel gelacht. Danach ging es wieder zurück zu mir, denn da stand ja ihr Auto. Als ich einparkte und ihr gestand, dass mir der Abend echt gut gefallen hat und sie dies quittierte, folgte irgendwann dann die Frage, ob sie vielleicht noch mit hochkommen wollen würde. Sie wollte. Und sie verließ meine Wohnung erst nach dem Frühstück wieder.

Wir blieben im stetigen Kontakt, telefonierten oft und lange und fanden uns gegenseitig…ja was eigentlich? Diese Frage stand irgendwann im Raum und sie eröffnete mir, dass sie nicht wirklich auf eine Beziehung aus ist, sie mich aber sehr gern hat und auch irgendwie anfing, sich an mich zu gewöhnen. Wir entschlossen uns

also dazu, dass wir uns regelmäßig sehen würden und mal schauen wollten, wo das denn enden wird. Und so begannen wir eine Affäre. Eine echt heiße Affäre. Allerdings nicht lediglich auf Sex basierend, so war das nicht. Natürlich hatten wir Sex, sehr oft sogar, und guten Sex, gar keine Frage. Aber wir redeten viel über alle möglichen Dingen. Im Prinzip waren wir nur am Reden und währenddessen Wein trinken und anschließend hatten wir Sex. So sah das aus. In unseren jeweiligen eigenen vier Wänden verhielten wir uns wie ein Liebespaar. Wir aßen zusammen, tranken zusammen, redeten und schliefen miteinander. Küssten uns, gaben uns Kosenamen und schliefen miteinander. Und wir genossen es beide.
Doch dann geschah etwas, was für Melissa eigentlich nicht vorgesehen war, ich verliebte mich in sie. Es war jetzt nicht die große Liebe, aber ich hatte das Gefühl, dass diese entstehen könnte. Dass meine emotionale Handbremse weiterhin festsaß, konnte ich damals noch nicht ahnen.
Ich trug meine Gefühle eine ganze Weile mit mir herum und entschloss mich dann es ihr zu gestehen. Ich will nicht sagen, dass sie schockiert war, aber sie empfand anders als ich. Sie mochte mich, sehr gerne sogar. Aber das war keine Liebe. Sie räumte zwar ein, dass daraus eventuell irgendwann und irgendwie so etwas wie Liebe hätte werden können, aber für den Moment gefiel es ihr so, wie es zwischen uns war. Nun, das hatte ich befürchtet, aber anders erhofft. Wir entschlossen uns dazu diese Affäre zu beenden, denn so würde ich darunter nur leiden. Nun gut, um genau zu sein, entschloss sich Melissa dazu diese Affäre zu beenden, aber letztendlich musste ich mir eingestehen, dass es wohl besser so war. Das machte mich traurig.

## Anja

Und so stürzte ich mich wieder in mein Singleleben, welches ich ja streng genommen niemals aufgegeben hatte. Aber während der Zeit mit Melissa hatte ich mit keiner anderen Frau etwas. Gelegenheiten gab es zwar, aber ich wollte einfach nicht. Aber nun waren Kopf und später auch Herz wieder frei und weiter ging die wilde Fahrt...bis es mir wieder langweilig wurde. Und das wurde es diesmal echt schnell. Eines Abends meldete ich mich aus einer Bierlaune heraus bei so einer Online-Partnerbörse an und beschloss mal hier mein Glück zu versuchen. Ich hatte zwar in der Vergangenheit keine guten Erfahrungen mit Dates aus dem Internet gemacht, aber das war ja auch nie eine gezielte Suche gewesen. Also los ging es. Partnerbörse gesucht und ich sage Ihnen, es ist gar nicht so einfach eine zu finden, die einem nicht das Geld aus der Tasche ziehen will. Nach geraumer Zeit wurde ich fündig, angemeldet, Profil erstellt, Bilder hochgeladen und ab dafür. Was ein Spaß, also was sich da so alles tummelt, unglaublich. Ich bekam nervend viele Anfragen von irgendwelchen osteuropäischen Frauen, die suchen Mann verständnisvoll und verdienen gut, sind selber gute Frau und zuverlässig und überhaupt. What the Fuck? Allerdings kam es auch zu ein paar wirklich äußerst netten Chatbekanntschaften, die mir so manchen Abend Zuhause vorm Rechner versüßten. Es kam auch mal zu dem einen oder anderen Date, aber insgesamt blieb die Sache ertraglos, zunächst. Dann schrieb mich irgendwann eine Frau an, hinter deren Profil sich Anja befand. Anja machte einen wirklich netten Eindruck in ihrem Profil und wir schrieben eine Weile hin und her. Während eines zwanglosen Gesprächs fragte sie mich dann aus dem Nichts heraus, ob ich nicht Lust hätte mich mal mit ihr zu treffen. Warum denn eigentlich nicht? Also stimmte ich zu. Anja lebte in einer Stadt in meinem näheren Umkreis und somit war es für mich überhaupt kein Problem, mit der Bahn dorthin zu fahren. Ich habe zwar ein Auto, fahre aber nicht gerne, und da ich von meiner Wohnung aus in fünf Minuten zu Fuß am Bahnhof bin, fahre ich lieber mit dem Zug. Also verabredeten wir uns an einem bestimmten Punkt am Bahnhof und sie würde mich dort aufgabeln. Und das tat sie auch. Anja war eine sehr lebensfrohe Erscheinung, anders kann ich sie nicht beschreiben, das trifft es einfach. Zudem eine sehr intelligente Person mit viel Drang zur Glückseligkeit, ein Freigeist, sehr extrovertiert und offen für alles. Und sehr direkt. Dieses Date war nett, wirklich nett. Eine großartige Frau, mit der ich mich unterhalten habe, wie ich mich noch nie mit einer Frau unterhalten habe. Wie ich das genauer und besser beschreiben soll, weiß ich jetzt auch nicht. Aber ich merkte ganz deutlich, dass hinter allem, was sie von sich gab, auch Sinn und Verstand steckte.

Wir hatten mehrere Dates und sind auch relativ schnell in der Kiste gelandet, das muss ich zugeben. Und schon recht früh in unserem schwebenden Zustand, anders kann man es nicht beschreiben, gestand sie mir, dass sie mittlerweile wohl etwas für mich empfinden würde und sich eine Beziehung mit mir vorstellen könnte. Darauf war ich jetzt nicht so ganz vorbereitet, wobei ich es hätte erwarten müssen. Ich war unschlüssig, denn mir hingen noch etwas die Ereignisse aus jüngster Vergangenheit nach und ich fühlte mich zu diesem Zeitpunkt noch nicht bereit für eine richtige Beziehung. Andererseits mochte ich Anja wirklich und vielleicht war es auch ein wenig mehr als nur mögen. Ich erzählte ihr von meinen Gedanken und nach einem langen und wirklichen guten Gespräch entschlossen wir uns dazu einfach mal zu schauen, wo uns der Weg hinbringen würde. Kommt Ihnen das bekannt vor? Mir auch, aber diesmal mit einem komplett anderen Ausgang. Insgesamt hielt diese Beziehung etwas länger als ein Jahr und wurde von Anja beendet. Möchten Sie den Grund erfahren oder können Sie sich ihn denken? Ich glaube es hatte etwas mit Gefühlezeigen zu tun. Ich versuche einfach mal kurz den Verlauf dieser Beziehung zusammenzufassen. Ich ließ mich darauf ein, weil sie mich wollte und ich nicht widerstehen konnte. Wir hatten auch eine tolle Zeit, gerade weil wir uns auf einem Niveau unterhalten konnten, welches mich diesbezüglich auch komplett befriedigte. Apropos Befriedigung, der Sex mit ihr war unglaublich gut. Ich weiß, sage ich oft, aber mit ihr war es richtig gut. Nach einer gewissen Zeit allerdings bemängelte sie, und zwar völlig zurecht, dass von mir zu wenige Emotionen kamen. Ich konnte aber leider nicht mehr liefern. Sie liebte mich, das wusste ich. Sie sagte es aber nie, weil sie wusste, dass ich es nicht so wie gewünscht erwidern konnte. An dieser Stelle muss ich ihr aber auch einfach mal Respekt zollen, sie hat mit mir echt Geduld bewiesen. Manch andere hätte mich schon längst zum Teufel gejagt, völlig zurecht. Trotzdem hatten wir eine sehr gute Zeit, wir unternahmen sehr viel, sahen uns oft und es ging mir sehr gut damit. Die Abende, an denen wir gemeinsam

gekocht und gegessen haben, habe ich besonders geliebt.
Es kam irgendwann die Zeit, in der sie beruflich für mehrere Wochen ins europäische Ausland ging. Während dieser Zeit fing ich richtig an sie zu vermissen und dieses intensive Gefühl sagte mir, dass ich mich wohl doch endlich in sie verliebt hatte. Zumindest interpretierte ich das so. Wir unterhielten uns zu dieser Zeit oft abends via Videochat am PC, aber ich hielt das für keine gute Gelegenheit um es ihr gestehen. Aber es stand ja ein Besuch bei ihr an, das war schon länger geplant.
Ich fuhr also eines Tages mit dem Zug zu ihr, wir erlebten ein sehr schönes Wochenende, und als wir uns am Bahnhof wieder voneinander verabschiedeten, war dies meiner Meinung nach der perfekte Zeitpunkt. Wir küssten uns zum Abschied und während ich sie festhielt schaute ich ihr in die Augen und sagte die magischen Worte *ich liebe dich*! Sie erwiderte die Worte, allerdings durchaus überrascht dreinschauend. Wirkung erzielt. Noch unterwegs im Zug sitzend schickte sie mir eine Kurzmitteilung, in der sie mir sagte, dass dies jetzt eben erst so richtig bei ihr ankam, was ich da am Bahnhof zu ihr gesagt habe und, dass sie sich sehr darüber freute. Juhu, ich fuhr mit einem guten Gefühl der Heimat entgegen.
Ein halbes Jahr später beendete Anja die Beziehung. Ich kam emotional einfach nicht aus mir heraus. Ich wollte es, ich wollte es so sehr, konnte es aber nicht. Ein furchtbares Gefühl auch für mich, wie sollte sie sich denn erst fühlen? So viel Zeit und Geduld in mich investiert und dann so etwas. Das tat mir alles wirklich sehr Leid, ehrlich. Auch heute noch.
Rückblickend betrachtet war es wohl ein Fehler von mir, dass ich mich auf diese Beziehung

eingelassen habe. Nicht unbedingt nur deshalb, weil es nicht funktioniert hat, sondern eher aufgrund der Tatsache, dass mir an ihr ein wohl sehr guter Freund verloren ging. So kann ich heute nur hoffen, dass es ihr gut geht und sie jemanden hat, der sie liebt und sie zu schätzen weiß. Ich weiß es leider nicht, würde es aber gerne wissen. Ich habe einige Zeit nach der Trennung mal versucht mit ihr in Kontakt zu treten und schickte ihr eine E-Mail. Leider hat sich daraus nichts ergeben. Ich fürchte, sie ist nicht besonders gut auf mich zu sprechen. Vielleicht betrachtet sie unsere Zeit als komplett verschwendet, keine Ahnung. Ich hoffe jedenfalls nur das Beste für sie. Vielleicht liest sie das hier ja mal, warum auch immer, aber wenn dem so ist, dann weiß sie jetzt, wie ich über sie denke. Du bist großartig Anja...und Du wirst dich sicher trotz des falschen Namens erkannt haben. Ich wünsche Dir von ganzem Herzen alles nur erdenklich Gute.

Also stürzte ich abermals ins Singleleben, aber mir wurde das wieder sehr schnell viel zu langweilig. Schon zwei One-Night-Stands später hatte ich darauf keinen Bock mehr. Ich will eine Partnerin verdammt, eine fürs Leben. Wo zum Teufel liegt denn da das Scheißproblem?

Ich lernte in der Folge die eine oder andere Frau kennen, aber so wirklich kam da nie etwas bei rum.

Und nun nähern wir uns langsam meinem wohl schwärzesten Kapitel in Sachen Frauen. Das allerdings werde ich in einem eigenständigen Kapitel abarbeiten, zunächst kommt noch so eine Art Vorspiel, auch dem widme ich in ein eigenständiges Kapitel und ich nenne es *Die Katastrophe*.

## Kapitel 9:
## Muttertag – Teil 2
## Der Weg zur zweiten Ehe

Nachdem mein Vater aus unserem Leben verschwand, waren wir nur noch zu dritt. Meine Mutter, meine Schwester und ich. Das waren unglaublich schwere und harte Jahre für meine Mutter, was ich als Kind natürlich so in dem Ausmaß weder verstehen noch nachvollziehen konnte.
Sie riss sich förmlich den Arsch auf um uns ein halbwegs normales Leben zu bieten. Zeitweise hatte sie drei bis vier Jobs gleichzeitig, aber alles stets so gelegt, dass sie nach Schulschluss für ihre Kinder da war. Ich kann mir heute nicht mal ansatzweise vorstellen, wie das für meine Mutter gewesen sein muss. Meine Erinnerungen an diese Zeit sind auch nicht detailreich, alles nur irgendwelche Fragmente, mehr nicht.
Jedenfalls war sich meine Mutter für nichts zu schade und somit arbeitete sie nicht nur halbtags in ihrem ursprünglich erlernten Beruf, Einzelhandelskauffrau, sondern hatte auch mehrere Putzstellen angenommen. Sie war mal hier Mädchen für alles und mal dort Haushaltshilfe. Aber irgendwo musste die Kohle ja herkommen. Schließlich galt es die Miete zu bezahlen, drei Mäuler zu stopfen und Kleidung brauchten wir ja auch.
Und ganz ehrlich, meine Mutter machte einen Bombenjob. Damals konnte ich das ja so gar nicht erkennen, aber mit den Jahren meines Erwachsenwerdens und ihren gelegentlichen Erzählungen wuchs in mir immer mehr und mehr mein Respekt für diese Frau. Was hat sie nicht alles auf sich genommen?

Heute ist meine Mutter eine kranke Frau und das kommt alles nicht von ungefähr. Bei diesem Leben ist das auch kein Wunder. Ein einfaches Dankeschön reicht auch lange nicht aus um das zu huldigen, was sie all die Jahre für uns getan hat. Nicht jeder Mensch wäre zu dieser Leistung in der Lage gewesen, physisch als auch psychisch. Meine Schwester meine erst neulich zu mir, dass sie jetzt, wo sie selber zweifache Mutter ist, die Leistungen unserer Mutter gar nicht hoch genug bewerten kann.

Ich selbst habe mich oft gefragt, was wohl aus mir geworden wäre, wäre ich stattdessen bei meinem Vater aufgewachsen. Meine Mutter ist davon überzeugt, dass auch dann etwas aus mir geworden wäre, aber was? Ich hätte dann ja schließlich eine komplett andere Erziehung genossen. Wie gesagt, meine Mutter betont auch heute noch, dass mein Erzeuger bis zur Scheidung ein sehr guter Vater und Ehemann war. Aber dann eben nicht mehr, wäre das so weitergegangen? Wäre er für mich ein guter Vater gewesen oder nicht? Und was macht einen guten Vater überhaupt aus?

Fakt ist aber, wir wuchsen dadurch mit besonderen Werten auf. Werte, die andere Kinder erst wesentlich später mit auf ihren Weg bekommen. Werte, die heutzutage leider nicht mehr so viele Kinder erfahren. Wir lernten schon in ganz jungen Jahren die besonderen Kleinigkeiten zu schätzen und konnten uns dadurch an Dingen erfreuen, die für andere selbstverständlich sind. Und das waren nicht nur materielle Dinge. Wir lernten schon sehr früh den familiären Zusammenhalt zu schätzen. Und auch die Liebe innerhalb einer Familie, wenn auch einer kleinen Familie. Damit sind wir sicherlich nicht alleine, aber ich bin mir ziemlich sicher, dass unser Werdegang anders ausgesehen hätte, hätten sich meine Eltern nicht getrennt. Und ich bin felsenfest davon überzeugt, wäre ich bei meinem Vater aufgewachsen, ich wäre heute ein anderer Mensch. Kein schlechter Mensch, ich meine das völlig wertfrei, aber ein Kind wird durch seine Erziehung geprägt.

Und so wuchs ich zusammen mit meiner jüngeren Schwester auf und lernte sehr früh die wenigen Dinge, die wir hatten, trotzdem zu schätzen und zu teilen.

Noch heute halte ich an diesen Werten fest und sage mir immer wieder, dass all diese Dinge, die ich besitze, eben nicht selbstverständlich sind. Ganz im Gegenteil, ich schwelge im Luxus. Ich habe einen Beruf, eine Wohnung, ein Auto, mehrere Fernseher, ich kann mir anständige Klamotten leisten, leide keinen Hunger, erfreue mich an einem sehr guten Verhältnis zu meiner Schwester und meiner Mutter, habe viele tolle Freunde und weiß, dass es sehr viele Menschen gibt, die all diese Dinge nicht haben. So einen Gedanken sollte sich jeder hin und wieder mal vorhalten und sich dadurch mal wieder erden. Das ist nämlich bereits Luxus pur. Gerade die materiellen Dinge. Ich kann auch ohne Auto leben, brauche keine zwei Fernseher, kein Pay-TV oder eine Heimkinoanlage. Ich brauche keine PlayStation oder das aktuellste Smartphone. Aber ich habe das alles und damit bin ich nicht alleine. Nur sehe ich all diese Dinge ganz klar nicht als selbstverständlich an, ich habe sie mir erarbeitet und weiß sie zu schätzen. Gleiches gilt für meine Freunde. Auch diese Freundschaften habe ich mir erarbeitet und weiß sie zu schätzen, noch wesentlich mehr als meine ganzen technischen Gimmicks.

Wie also würde mein Leben heute aussehen, wäre ich nicht so aufgewachsen? Die Frage ist interessant, allerdings erst, seitdem ich hier in der Klinik bin und viel über mein bisheriges Leben nachdenke. Ich gebe zu, vorher habe ich daran nicht einen Gedanken verschwendet. Es ist sicherlich mühsam sich über diese *was-wäre-wenn-Situationen* den Kopf zu zerbrechen, aber es drängte sich auf.

So wuchs ich also zusammen mit meiner Schwester bei meiner Mutter auf und gerade in unserer Zeit zu dritt lernte ich sehr viel über das Leben und seine Schwierigkeiten. Und das habe ich nur einer Person zu verdanken, meiner Mutter. Denn sie machte uns im Rahmen ihrer Möglichkeiten verdammt viel möglich.

Und als ob das alles nicht schon längst genug gewesen wäre, suchte meine Mutter mehr nach einem Vater für ihre Kinder als nach einem Mann für sich selber. Sie hätte sicherlich sehr viel akzeptiert bei einem Mann, Hauptsache er war gut für ihre Kinder. Eigentlich unglaublich so etwas!

So vergingen ein paar Jahre, in denen wir älter wurden, heranwuchsen, unser Umfeld bewusster wahrnahmen und anfingen Zusammenhänge zu knüpfen. Ich sage bewusst *wir*, denn ich denke, dass es meiner Schwester ähnlich erging.

Und meine Mutter lernte auch Männer kennen. Aber verstehen Sie mich jetzt auf gar keinen Fall falsch. Es war nicht so, dass bei uns ein Kommen und Gehen herrschte, das definitiv nicht. So richtig kann ich mich nur einen Mann erinnern, mit dem meine Mutter für eine Weile zusammen war. Die Beziehung dauerte circa ein Jahr und ich mochte den Kerl. Er war witzig und nett und wirklich gut zu uns. Und meine Mutter schien mir auch glücklich zu sein, das schickte sich doch ganz gut an. Wir lernten im weiteren Verlauf auch seine Mutter kennen, ganz so, wie sich das gehört. Ich weiß noch, dass er mir sehr oft Sachen von Lego schenkte und ich liebte Lego. Meine Schwester auch, wir hatten jede Menge Lego und um ehrlich zu sein, ich steh noch heute auf das Zeug. Und doch habe ich keine präzisen Erinnerungen mehr, ich kann mich nur noch an ein paar vereinzelte und kurze Momente erinnern. Ich weiß eben noch die Sache mit dem Lego und, dass wir früher, gerade an Wochenenden, öfters bei seiner Mutter waren. Da waren dann auch noch mehr Leute anwesend, seine Tante und was weiß ich wer sonst noch so. Jedenfalls spielten die Erwachsenen immer Skat, während wir Kinder vor der Glotze saßen. Wir unternahmen auch öfters etwas, waren oft bei gutem Wetter mit den Fahrrädern unterwegs und ich weiß noch, dass ich mir mit ihm gerne mal ein Rennen lieferte...was ich aber meistens verlor, oder immer. Ja doch, das war eine wirklich gute Zeit für uns alle und tat nicht nur mir und meiner Schwester gut, es tat vor allen Dingen meiner Mutter. Aber leider war auch diese Zeit irgendwann vorbei. Warum wusste ich damals nicht, heute allerdings weiß ich, dass er so eine Art Jäger und Sammler in Sachen Frauen war. Meine Mutter war wohl nicht seine einzige Frau und so wie sie mal sagte, war sie für ihn wohl lediglich etwas fürs Bett. Wie hässlich, aber leider war es so. Zunächst hatte er eine Affäre mit einer Frau, die in der Wohnung über ihm wohnte. Deren Mann war schwerkrank und dadurch wohl auch an sein Bett gefesselt, somit war dort der Weg für den Schürzenjäger frei. Als meine Mutter mal bei seiner Mutter anrief, weil sie ihn nicht erreichte, musste sie sich wohl so merkwürdig verhalten haben, dass meine Mutter stutzig wurde. Wohl völlig zurecht. Sprich, sie wusste von seinen Glanztaten. Diese Frau muss wirklich stolz auf ihren Sprössling gewesen sein. Aber das war nicht die einzige Geschichte. Meine Mutter musste sich mal einer Operation am Knie unterziehen lassen und verlegte dies in die Sommerferien. Wir befinden uns zeitlich Mitte der 80er Jahre. Während dieser Ferien fuhren meine Schwester und ich in so eine Art Ferienlager und waren somit versorgt. Besagter Kerl nutze die freie Zeit sinnvoll und fing auch noch eine heiße Affäre mit der Lebensgefährtin unseres Nachbarn an. Meine Mutter war seinerzeit sehr gut mit diesem Nachbarn befreundet und ist es auch heute noch. Sie lag damals gute drei Wochen im Krankenhaus, genug Zeit für ihn um sich mit der Nachbarsgefährtin auszutoben. Das muss man sich mal vorstellen. Da geht dieser Kerl bei uns ein und aus und weiß somit auch, wie gut meine Mutter, also seine Partnerin, mit unserem Nachbarn befreundet ist. Und was macht er, er nagelt dessen Lebensgefährtin. Auch dieses Verhältnis flog sehr bald auf, und noch während wir im Ferienlager nichtsahnend von dem Drama Zuhause unseren Spaß hatten, setzte meine Mutter ihn vor die Tür.

In unseren Jahren zu dritt waren wir oft bei unseren Großeltern in der Schweiz. Dazu muss ich Ihnen kurz erklären, dass meine Großeltern bereits vor sehr vielen Jahren in die Schweiz auswanderten, weil mein Opa dort damals eine gute Arbeitsstelle ergatterte. Die jüngeren Geschwister meiner Mutter wohnten damals noch Zuhause und gingen entsprechend mit. Lediglich meine Mutter blieb damals hier in

Deutschland, da sie bereits mit meinem Vater verheiratet war.
Wie gesagt, wir waren oft in den Schulferien dort und irgendwie wurde das über die Jahre zu einer Art zweites Zuhause für meine Schwester und mich. Da fallen mir viele tolle Momente ein. Meine Großeltern waren in ihrer Freizeit in einem Naturfreundeverein tätig und eben dieser Verein besaß eine Hütte mitten im Wald auf irgendeinem Berg. Also nicht ganz oben, zum Glück, aber man musste schon ein gutes Stück da hochlatschen. Wir waren oft dort und hatten jede Menge Spaß dabei. Wenn meine Großeltern den sogenannten Hüttendienst hatten, konnte man mit dem Auto bis fast vor die Tür fahren, was mir persönlich natürlich wesentlich besser gefiel. Toll waren die Zeiten, in denen die vielen Mitglieder des Vereins, allesamt tolle Leute, vor Ort waren und Feste gefeiert wurden. Da wurden Spiele gespielt, Feuer gemacht und wir Kinder konnten uns im Wald austoben. Am schönsten waren dort immer die Übernachtungen. Der Dachboden der nicht allzu großen Hütte war so eine Art Matratzenmassenlager, dort schliefen dann alle. Und während die Erwachsenen unten noch saßen, tranken und feierten, lieferten wir Kinder uns oben gerne mal Kissenschlachten. Wie gesagt, eine tolle Zeit, an die ich mich auch heute noch sehr gerne erinnere.
Wir unternahmen auch oft Wanderungen mit diesem Verein. Die waren zwar prinzipiell auch immer sehr lustig, weil es eben auch eine tolle Truppe war, aber ich empfand diese Latscherei oft als anstrengend. Gerade in der Schweiz, die, zumindest aus meiner damaligen Sicht, scheinbar nur aus Bergen bestand. Also erlebt haben wir damals schon eine ganze Menge und es ist fraglich, ob dem auch so gewesen wäre,

hätten sich meine Eltern nicht scheiden lassen. Wir erlebten so eine Kindheit, die uns in den Ferien sehr oft raus in die Natur brachte und wir sahen und unternahmen Dinge, die uns sonst wohl verborgen geblieben wären. Zumindest in diesem Ausmaß. Nicht, dass dies das alles aufwiegt, auf gar keinen Fall. Aber die Frage erlaube ich mir einfach mal.
Da meine Mutter nun wirklich kein gesunder Mensch ist, war sie in ihrem Leben schon verdammt oft im Krankenhaus, auch hin und wieder zu der damaligen Zeit. War dies der Fall und es waren nicht gerade Schulferien, waren die Großeltern dann bei uns und halfen, wo es nur ging. So auch 1986, als meine Mutter wieder mal im Krankenhaus lag und sich das Patientenzimmer mit ihrer zukünftigen Schwiegermutter teilte. Damals wurde sie am anderen Knie operiert. Man könnte meinen, dass Knieoperationen Beziehungen irgendwie beeinflussen können. Können sie nicht, ich habe bereits drei davon hinter mir und das ohne jeglichen Frauenkontakt. Aber das sei nur mal so am Rande erwähnt.

Besagte Schwiegermutter hatte zwei Söhne, wie sie unterschiedlicher nicht hätten sein können und sie guckte sich meine Mutter als Schwiegertochter aus. Allerdings für ihren jüngeren Sohn. Diesen lobte sie stets über den grünen Klee hinaus und pries ihn fast schon aufdringlich an. Da meine Mutter ihn aber bereits durch einige Besuche zu Gesicht bekam, waren diese Anpreisungen beim besten Willen zwecklos. Über ihren älteren Sohn verlor sie allerdings kaum ein gutes Wort, ganz im Gegenteil, sie machte ihn stets schlecht. Und zwar so offensiv, dass meine Mutter anfing ihn immer öfter zu verteidigen. Später erblickte sie ihn dann auch mal während eines Besuchs und es fing alles recht harmlos an. Wie der Zufall manchmal so spielt, war damals unsere Waschmaschine defekt und er bot an, sich die Maschine mal anzusehen. Als gelernter Elektriker würde er das Ding eventuell wieder zum Laufen bringen. Dankbar nahm meine Mutter dieses Angebot an, denn schließlich war das Geld knapp und an eine neue Maschine nicht zu denken. Er konnte das Gerät tatsächlich dazu bewegen den Dienst wieder aufzunehmen und nach getaner Arbeit bot meine Mutter ihm noch an zum Abendessen zu bleiben. Er blieb bis heute.

Dieser ältere Sohn ist mein heutiger Stiefvater, da meine Mutter wohl damals der Meinung war, dass er ein guter Vater für ihre Kinder und ein guter Mann für sie sein würde. Aus heutiger Sicht würde ich sagen, dass beides nicht der Fall ist.
Wie ich erst Jahre später erfahren sollte, hatte der Mann bis zu diesem Zeitpunkt, und da war er bereits über dreißig Jahre alt, noch bei seinen Eltern gewohnt und meine Mutter war die erste Frau überhaupt in seinem Leben. Kann man sich so was vorstellen? Um ehrlich zu sein, das war eigentlich zum Scheitern verurteilt. Ebenfalls Jahre später erzählte mir meine Mutter mal, dass meine Oma am Abend vor deren Hochzeit zu ihr sagte, dass es ein Fehler wäre, ihn zu heiraten und sie das besser nicht tun sollte. Hätte sie mal auf ihre Mutter gehört. Das sage nicht ich, das sagt sie heute selber noch.
Seltsamerweise kann ich mich an die letzte Zeit in unserer Wohnung, in der wir bis dahin all die Jahre wohnten, kaum erinnern. Lediglich ein paar Bilderfetzen, die nicht der Rede wert sind. Spannend wurde es dann, als mein zukünftiger

Stiefvater ein Haus kaufte und wir alle fleißig anpackten, um die Hütte zu renovieren. Heute noch bekomme ich eine mittelschwere Krise, wenn ich irgendwo Tapete abreißen muss. Vielleicht kann ich dieses Thema ja auch mal bei meiner Therapeutin ansprechen: Ich bekomme Panik, wenn ich Tapeten abreißen muss. Generell war das damals eine anstrengende Phase. Wir pendelten oft zwischen der alten Wohnung und dem neuen Haus hin und her und die komplette Renovierung eines Zwei-Familien-Hauses ist schon eine recht enorme und aufwendige Aufgabe.
Der bevorstehende Umzug machte mir etwas Kummer, weil ich ja alle meine Schulfreunde zurücklassen musste und Angst hatte, keine neuen zu finden. Diese Sorge erwies sich aber als unbegründet, denn nach dem Schulwechsel, ich kam damals in die achte Klasse, fand ich dort sehr schnell Anschluss und neue Freunde.
Irgendwann, nachdem wir umgezogen waren, heiratete meine Mutter ein zweites Mal in ihrem Leben. Ich sollte noch erwähnen, dass ich bereits während der Renovierungsarbeiten in diesem Haus bemerkte, dass er wohl eine recht kurze Zündschnur hatte und leicht aus der Haut fuhr. Es wurde recht oft und vor allen Dingen recht schnell gebrüllt und geschimpft und gemeckert. Ebenfalls muss ich noch erwähnen, dass seine Mutter einen richtigen Hass auf meine Mutter entwickelte, weil sie sich ja nicht für den aus ihrer Sicht richtigen Sohn entschieden hatte. Seitdem hatte meine Mutter bei ihr einfach verschissen und bekam bei jeder nur möglichen Gelegenheit einen reingewürgt. Das wirklich Traurige an dieser Sache ist nur, dass ihr neuer Mann nicht ein einziges Mal für sie eingestanden ist und mal eine klare Ansage in Richtung seiner Mutter machte. Zu jemanden

stehen sieht anders aus. Ungefähr so, wie es meine Mutter für ihn tat, als seine Mutter nur über ihn schimpfte...und da kannte sie ihn noch nicht einmal.

Zwei Jahre nach Reparatur der Waschmaschine wurde also geheiratet und ab diesem Moment veränderten sich schlagartig so viele Dinge. Sein Verhalten, welches vor dem Umzug schon deutlich auffiel, prägte sich weiter aus, es wurde immer aufdringlicher und energischer.

Es begann ein neuer Abschnitt in meinem Leben und erst heute habe ich mir eingestanden, dass ich in dieser Zeit einiges an Schutzmauern um mich herum aufbaute und wie viel Angst ich entwickelte.

## Kapitel 10:
## Twelve Monkeys – Teil 3
## Die Diagnose

Ich leide an Depressionen, eine Tatsache, die für mich vor wenigen Wochen noch gänzlich unvorstellbar war. Es ist nicht so, dass ich das nicht kenne, natürlich tue ich das. Aber als Außenstehender, denn ich begegne in meinem Job oft Menschen, die an Depressionen leiden. Auch in meinem Freundeskreis bewegen sich depressive Menschen und so sind mir die Symptome bekannt, so weiß ich wie diese Erkrankung nach außen aussieht. Aber ich wusste bisher nicht, wie sie sich von innen anfühlt.
Die Liebe meines Lebens hat mir mal vorgeworfen, dass ich sie nicht verstehen

würde, wenn es um ihre Probleme geht. Zur Erklärung, ohne jetzt zu sehr aus dem Nähkästchen zu plaudern, aber sie ist auch kein gesunder Mensch. Sie warf mir vor, dass ich das eine oder andere Mal in ihren Augen nicht korrekt reagiert hätte. Aber wie ich ihrer Meinung nach hätte reagieren sollen wusste sie auch nicht zu sagen. Es könnte durchaus so gewesen sein, das räume ich ein, aber auch ich musste mich mit dieser Sache erstmal beschäftigen und mich darauf abstimmen. Ich denke, dass ich das ganz gut hinbekommen habe, da kann sie sagen, was sie will. Die Ironie an der Sache ist nur, dass ich jetzt aufgrund meiner Erfahrungen viele Dinge wesentlich besser einzusortieren weiß und auch sehr gut nachvollziehen und verstehen kann. Ich weiß jetzt ganz genau, wie sich das anfühlt, was man für Gedanken hat und wie man die Außenwelt und ihre Menschen wahrnimmt. Ich kenne mich jetzt genau aus mit diesen unerträglichen Stimmungsschwankungen, weiß genau was es bedeutet, wenn der Boden, auf dem man geht, plötzlich schwammig und sumpfartig wird, wenn man das Gefühl hat zu versinken. Ich weiß genau, wie es sich anfühlt, wenn man sich selber nicht mehr ausstehen kann, wenn man Schuldgefühle ohne Ende hat, wenn einem der Antrieb zu allem fehlt. Man lehnt sich selber ab, hat das Gefühl die ganze Welt ist gegen einen und man blickt nur noch pessimistisch in die Zukunft. Was soll einem diese Welt denn auch noch Positives bieten können? Ich fühle alle diese Dinge fast jeden Tag, bin ständig unendlich traurig, fühle mich als Versager und genieße gewisse Dinge nicht mehr so, wie ich es früher getan habe. Mein Sport war immer mein Highlight, ich fühlte mich immer großartig, wenn ich mich körperlich verausgabt habe. Ich gehe hier ständig joggen, manchmal bis zum Limit, aber es gibt mir kaum noch etwas zurück. Oft habe ich das Gefühl für irgendetwas in meinem Leben bestraft zu werden, womit habe ich das denn bloß verdient? Ich mache mir Vorwürfe, bin öfters gereizt und verliere das Interesse an den Dingen, die ich vorher mochte. Ja, ich weiß genau es sich anfühlt, wenn man sich nicht mehr konzentrieren kann. Seit Wochen versuche ich ein Buch zu lesen, es geht einfach nicht. Einzig auf diese Schreiberei hier kann ich mich konzentrieren, weil ich da nicht sonderlich viel nachdenken muss, ich tippe einfach die ganze Zeit.

Ich hasse diese Depression jetzt schon, das kann ich Ihnen sagen, ich fühle mich wertlos, ich habe keine Energie und bin wesentlich schneller ermüdet als in meinem vorherigen Leben. Manchmal überkommt mich auch so eine Reizüberflutung, da wird mir dann plötzlich alles zu viel. Wenn der Geräuschpegel ansteigt und viele Leute durcheinanderreden, dazu noch irgendwo irgendein Gerät piept, dann habe ich manchmal das Gefühl, dass ich gleich durchdrehe.

Hinzu kommt diese ständige Unruhe in mir, ich bin nur noch angespannt und habe einen Ruhepuls von um die hundert Schläge pro Minute. Phasenweise bin ich nur am Zappeln, meine Finger am Kneten, ganz schlimm. Das ist noch schlimmer als damals, als ich aufhörte zu rauchen.

Was aber wirklich belastend an diesen ganzen Emotionen und Situationen ist, sie kommen einfach so ohne Vorwarnung. Es braucht keinen spürbaren Auslöser, es passiert von jetzt auf gleich und urplötzlich kippt meine Stimmung.

Ich kann das weder steuern noch beeinflussen und ich kann auch gar nichts dagegen tun, dass das wieder aufhört. Am liebsten würde ich mich dann hier ins Bett werfen, mich unter die Decke verkriechen und die Welt außerhalb dieser Decke nicht an mich ranlassen. Ich weiß selber, dass das nicht der korrekte Weg ist, aber Wissen und Umsetzung sind zwei völlig verschiedene Dinge und in diesen Momenten liegen da Welten zwischen, unüberbrückbare Distanzen.

Ich hasse mich selber, das bin doch alles nicht ich, das ist nicht mein Leben. Ich will mein altes Leben wieder, mein erfülltes und superglückliches Leben. Mein Leben mit Freude und Perspektive, mein Leben mit Spaß und Zuversicht, mein Leben mit Energie und Kraft, mein Leben mit Optimismus und Interessen, mein Leben mit meiner Liebe. Das alles will ich wiederhaben und dieser Drang danach ist so unerträglich stark und der Verlust dessen so unglaublich...es gibt kein so negativ besetztes Adjektiv, welches ich an dieser Stelle passend verwenden könnte.

Seltsam sind auch diese Momente, in denen man einfach nur so dasitzt und zwar körperlich Teil dieser Welt ist, aber einfach nur ein Loch in die Luft guckt. Dann nehme ich um mich herum nichts mehr wahr und verliere jegliches Zeitgefühl. An was erinnert mich das? Ach ja, an die Stimmungskanone in meinem Zimmer der geschlossenen Station. So wie es ihm scheinbar rund um die Uhr ergeht, geht es mir zeitweise auch. Wie furchtbar.

Als mir diese Diagnose mitgeteilt wurde, nahm ich das erstmal so hin. Geahnt hatte ich das ja, hoffte aber tief in meinem Inneren, dass es sich lediglich um eine heftige Episode handelt. Eine, die aufgrund der Ereignisse auf mich einwirkt. Aber dem ist nicht so, ich leider unter

Depressionen und ein paar Minuten nachdem mir das mitgeteilt wurde bin ich in Tränen ausgebrochen. Ich habe lange geweint und dachte mir, dass das doch nicht sein kann. Wie konnte mir bloß so etwas passieren? Ich weiß, ich wiederhole mich stellenweise, aber das ist auch beabsichtigt. Einige Dinge muss ich öfter erwähnen, um Ihnen auch zu zeigen, wie schwer die in mir liegen, wie sehr sie mich erdrücken.

Ich bin krank, ich bin ein richtig kranker Mensch und irgendwann kam der Punkt, an dem ich wusste, dass ich genau jetzt und zu genau diesem Zeitpunkt an dem für mich genau richtigen Ort bin. Und wenn ich an den Auslöser für all diese Dinge denke wird, mir schlecht, aber so richtig schlecht. Und trotzdem kann ich sie nicht hassen, ist einfach so. Ich liebe sie noch immer so wie am ersten Tag und würde ihr alles verzeihen, wenn sie doch bloß wiederkommen würde. Sie wäre meine Pille gegen alles im Moment, sie war ja auch schon vorher immer mein Seelenheil. Und jetzt, wo ich sie am dringendsten bräuchte, ist sie nicht da. Allerdings, wenn sie da wäre, wäre ich gar nicht erst in dieser Situation. Ich drehe durch, wenn ich mir darüber Gedanken mache, da wird mir richtiggehend schwindelig.

Aber ich bin nicht alleine hier, hier sind noch mehr Menschen mit Depressionen und ich habe hier auch schon Patienten gehen sehen, die wegen Depressionen hier waren. Das macht mir etwas Mut und auch meine Psychiaterin hier sagt, dass man diese Krankheit sehr gut bekämpfen kann, mit Medikamenten und Gesprächen.

Aber was genau ist eigentlich eine Depression? Was gibt es da für Medikamente und was bewirken diese? Wie sieht eine Psychotherapie aus und was gibt es diesbezüglich für Ansätze? Werfen wir zunächst einmal einen Blick auf die Depression und deren Ursachen. Die Ursachen sind multipel, lassen sich aber in vier große Säulen einteilen:

1. Vererbung
2. Verlusterlebnisse, Gewalterfahrungen etc. in der Kindheit und / oder Jugend
3. Stress durch Lebensereignisse, Verlusterlebnisse, Schicksalsschläge, chronische Belastungen, Druck bei der Arbeit etc.
4. Organische Faktoren bei körperlichen Krankheiten, nach Traumata, Medikamente, Drogen aller Art

Das Kompensationsverhalten des Menschen ist natürlich durchaus individuell. Manch einer verträgt mehr, ein anderer wiederum weniger. Auch kommt es auf die Art und Intensität der Belastung an und, ob mehrere Faktoren innerhalb eines gewissen Zeitraums einwirken. Stichwort Vulnerabilität. Jeder Mensch hat einen kritischen Grenzwert bezüglich der eben genannten Belastungen, und wenn man diesen Belastungen auf die Dauer nicht entkommen kann, macht es irgendwann Bäng!
Man darf das aber alles nicht mit den gewöhnlichen und alltäglichen Belastungen verwechseln. Die hat jeder Mensch ab einem gewissen Punkt in seinem Leben und dafür ist der menschliche Organismus auch ausgelegt. Wenn diese Belastungen aber anfangen krank zu machen, dann hat man den kritischen Grenzwert bereits erreicht, wenn nicht sogar schon überschritten. Die Schwierigkeit besteht darin, das bei sich selbst zu erkennen. Ich sage

Ihnen aus eigener Erfahrung, das ist ohne Vorkenntnisse kaum möglich. Hat man erstmal seine Erfahrungen gemacht, sieht man viele Dinge anders, aber leider auch erst dann. Also herzlich willkommen Depression. Jetzt wissen wir, woher du kommen kannst, aber wie verhältst du dich denn so?
In der Diagnostik wird die Depression mehrfach unterschieden. Da gibt es zunächst die sogenannte phasenhafte Depression. Diese kann sukzessiv oder auch plötzlich beginnen und löst sich dann wieder komplett auf. Die klassische depressive Episode. Anschließend fühlt man sich wie vorher und genau das ist die Gefahr dabei. Ist es vorbei, ist es auch schnell vergessen und man sieht keinen Grund die Geschichte weiter zu verfolgen. Das aber ist überaus wichtig, denn es besteht offensichtlich eine Neigung zu Depressionen. Dabei müssen es nicht zwingend biologische Ursachen sein, auch andere, äußere Belastungsfaktoren können eine Depression auslösen…oder mit auslösen. Das soll heißen, auch wenn eine äußere Belastung vorliegt, kann man unmöglich mit Sicherheit sagen, dass diese Episode nur aufgrund dieser Belastung aufgetreten ist. Somit unterscheidet man die phasenweise Depression lediglich nach Häufigkeit in ihrem Auftreten und nach dem Schweregrad. Letzterer wird grob eingeteilt in leicht, mittel oder schwer, wahlweise mit oder ohne wahnhafte Überzeugungen / Vorstellungen / Wahrnehmungen.
Nimmt die Häufigkeit auffällig zu oder es kommt gar zu einer Regelmäßigkeit, wird der biologische Anteil an dieser Erkrankung immer höher.
Wenn im Rahmen dieser Erkrankung zusätzlich noch manische Anteile ins Spiel kommen, spricht man von einer bipolaren Störung. Die

klassische manisch-depressive Störung, das hat wahrscheinlich jeder von Ihnen schon einmal gehört. Aber wissen Sie auch genau, was das bedeutet? Depression kommt aus dem Latein und bedeutet so viel wie Niedergeschlagenheit und genauso äußert sie sich auch. Aber man darf das auf gar keinen Fall mit einem mehrtätigen Durchhänger oder einer mehrwöchigen schlechten Phase verwechseln. Eine Depression ist eine Krankheit und wie jede Krankheit hat auch diese ihre Symptome...und die sind mannigfaltig und bei jedem Betroffenen mehr oder weniger angezeigt. Es gibt seelische Symptome wie Selbstzweifel, Schuldgefühle, Niedergeschlagenheit, ein Gefühl der inneren Leere und Gleichgültigkeit, Angstzustände, innere Unruhe, Konzentrationsstörungen, Antriebslosigkeit, Suizidgedanken, um nur einige zu nennen. Hinzu kommen noch körperliche Symptome wie Schlaf- & Essstörungen in jeglicher Form, Verdauungsprobleme, diffuse Schmerzen am ganzen Körper, insbesondere Schmerzen in der Herzgegend, sexuelle Unlust / mangelnde Potenz und so weiter. Das ist eine enorme Palette und es gibt noch wesentlich mehr, aber die genannten sind die wohl aufdringlichsten und imposantesten aller Symptome, die kann man somit sehr gut erkennen.
Manie ist altgriechisch und bedeutet übersetzt so viel wie Raserei, Wut, Wahnsinn. Vielleicht haben Sie mal den englischen Begriff Maniac gehört. Hierbei handelt sich ebenso um eine affektive Störung, die phasenweise auftritt. Ebenso wie die Depression, aber das war es dann auch schon mit den Gemeinsamkeiten. Grob gesagt könnte man die auch Manie als Antagonist zur Depression beschreiben.

Typische Symptome sind u.a. intensive, gehobene und heitere Stimmungen oder auch Gereiztheit, starke Erregung, starker innerer Antrieb, Unruhe, Rastlosigkeit, hemmungsloses Verhalten, mangelnde Empathie und Sensibilität seinen Mitmenschen gegenüber, Größenwahn und Realitätsverlust, Logorrhoe (extremer Rededrang). Mitunter kann es auch zu Wahnvorstellungen und Halluzinationen kommen, stark vermindertes Schlafbedürfnis, und wenn man dann mal schläft, dann sind Zähneknirschen und Schmatzen oder auch Reden im Schlaf keine Seltenheit.

Soviel zur bipolaren, der manisch-depressiven Störung. Zeigen sich aber nur Symptome der Depression, spricht man von einer unipolaren Störung.

Neben der phasenhaften Depression gibt es noch die depressiven Symptome, die durch schwere Belastungssituationen hervorgerufen werden. Sowas ist auch völlig normal, wirken diese Symptome jedoch schwerer oder halten länger an, so kann man hier von einer tendenziellen Neigung zur Depression ausgehen, der sogenannten Vulnerabilität. Dabei kann es sich um eine kurze depressive Reaktion (bis zu einem Monat) oder um eine längere Reaktion (maximal zwei Jahre) handeln. Dann gibt es noch die Dysthymie. Hierbei handelt es sich um multiple, leichte depressive Symptome, die über Monate oder gar Jahre hinweg anhalten, dazwischen aber Tage oder Wochen anhaltende Perioden liegen, in denen man sich absolut gut und beschwerdefrei fühlt. Das ist dann natürlich besonders tückisch, weil man sich in den Wohlfühlphasen nicht mit den depressiven Phasen beschäftigt und diese sogar zu verdrängen mag. Die Ursachen einer Dysthymie liegen oft in der Lebensgeschichte des Betroffenen, typisch wären hier kindliche Ereignisse.

Soviel erstmal zur Depression selbst, das ist also die Krankheit, die mich ab jetzt für eine ganze Weile begleiten wird. Damit dieser Begleiter aber kein allzu großer Freund von mir wird, muss er bekämpft werden. Und das geschieht mit Medikamenten in Kombination mit Gesprächstherapien. Schauen wir zunächst mal auf die Möglichkeiten der Medikation. Aber um zu verstehen, wie Antidepressiva wirken, muss man wissen, was bei einer Depression im Gehirn passiert...oder besser gesagt, was nicht passiert. Ich versuche mich hierbei auch recht kurz zu halten.
Also, Erregungen, Sinneseindrücke, Gefühle und Gedanken werden von Nervenzelle zu Nervenzelle weitergegeben. Und damit eine Nervenzelle zu einer nachfolgenden Zelle Kontakt aufnehmen kann, existiert dazwischen eine neuronale Verknüpfung, die sogenannte Synapse. Kommt Ihnen das Wort bekannt vor? Genau, denn zwischen meinen Synapsen saß zum Zeitpunkt meiner Aufnahme ein Clown, der da immer reingekackt hat. Ich glaube, der ist auch immer noch da, gefüttert von meinen wirren Gedanken und diffusen Gefühlen. Wie auch immer, um sich das bildlich vorzustellen, denken Sie an eine Stecknadel. Nein, besser an zwei. Legen sie beiden vor Ihrem geistigen Auge so hin, dass jeweils die knubbeligen Enden sich gegenüber sind. Diese Enden sind die jeweiligen Synapsen und am spitzen Ende der Nadel folgt dann die Zelle. Nun ist zwischen den beiden Enden ein Spalt, das ist der synaptische Spalt. Wie kommt jetzt also der Reiz oder die Information oder was auch immer über diesen Spalt? Hier kommen Botenstoffe zum Einsatz,

die Neurotransmitter Serotonin und Noradrenalin. Die greifen das Transportgut auf und transportieren es von der einen zur anderen Synapse und dort wird es dann zur Zelle weitergeleitet. Nur kurz zur Größenordnung, ein erwachsenes Gehirn beherbergt circa 10 Billionen Synapsen. Bei einer Depression sind die genannten Botenstoffe aus der Balance geraten, es herrscht also ein Mangel an Serotonin und Noradrenalin im synaptischen Spalt. Und hier setzten die Antidepressiva an, sie sollen diesen Mangel beheben.
Nun gibt es durchaus verschiedene Arten von Antidepressiva, die sich im Profil ihre Wirkung und den potentiell möglichen Nebenwirkungen unterscheiden. Auch hier möchte ich gar nicht zu sehr ausschweifen und werde mich auf die wichtigsten Präparate beschränken. Da gibt es die klassischen Antidepressiva, die Trizyklika und Tetrazyklika, die das Angebot von Serotonin und Noradrenalin erhöhen. Dies geschieht, indem die Wiederaufnahme von Serotonin und Noradrenalin durch den Wirkstoff gehemmt wird. Die selektiven Serotonin Wiederaufnahmehemmer (SSRI) machen folglich genau das, was der Name sagt. Sie verhindern die Wiederaufnahme von Serotonin und erhöhen dadurch gezielt das Angebot von Serotonin. Das ist das Zeug, das ich bekomme. Weitere Antidepressiva erhöhen zum Beispiel gezielt das Angebot von Noradrenalin oder blockieren das Enzym, welches für den Abbau von Serotonin und Noradrenalin verantwortlich ist. Auch der Botenstoff Dopamin spielt noch eine Rolle und auch hier gibt es spezifische Wiederaufnahmehemmer.
Neben den Antidepressiva werden noch folgende Medikamentengruppen eingesetzt:

- Pflanzliche Mittel (Phytopharmaka), diese wirken mehr oder weniger stimmungsaufhellend (z.B. Johanniskraut) oder auch beruhigend (z.B. Baldrian), natürlich nur bei leichten bis mittleren Depressionen und meistens in Kombination mit anderen Medikamenten.
- Beruhigungsmittel (Tranqiulizer), diese nehmen die Angst und sollen vor allen Dingen den Schlaf fördern. Gerade in der ersten Phase, bis die Antidepressiva ihre volle Wirkung entfaltet haben, werden sie oft und gerne eingesetzt.
- Antiepileptika, diese haben erst in den letzten Jahren zur Vorbeugung affektiver Erkrankungen auf sich aufmerksam gemacht. Ähnlich wie Lithium ist die Wirkung stimmungsstabilisierend und ist somit eine Alternative bei Unverträglichkeit von Lithium.
- Lithium, wirkt stimmungsstabilisierend und war ursprünglich dem manischen oder manisch-depressiven Patienten vorbehalten, hat sich mittlerweile aber auch bei der reinen Depression bewährt, allerdings nur in der Akutphase. Auch gut zur Rückfallprophylaxe geeignet.
- Neuroleptika, diese blockieren die Wirkung von Dopamin und wirken so sehr gut bei Angespanntheit, Angst oder auch Wahnvorstellungen.

Über die möglichen Nebenwirkungen lasse ich mich jetzt nicht aus. Wichtig ist nur, dass man diese Medikamente als medikamentöse Langzeitbehandlung versteht und sie, je nach

Art der Erkrankung, mindestens sechs bis zwölf Monate nach der Wiederherstellung bei einer Ersterkrankung einnimmt. Ansonsten mehrere Jahre bis hin zur lebenslangen Einnahme. Aber alles ist besser als ein Rückfall, dessen können Sie sich sicher sein.

Wissen Sie, was urkomisch ist? Während ich diese Zeilen schreibe, läuft im Radio der Song *Tupthumping* der Band *Chumbawamba*. Da heißt es im Refrain: *I get knocked down but I get up again, you're never gonna keep me down*. Also das nenne ich Ironie.

Neben der medikamentösen Therapie gibt es noch die Psychotherapie. Dies versteht sich als Oberbegriff für die unterschiedlichsten Verfahren um primär die Gründe für die Erkrankung, insofern sie nicht körperlicher Genese sind, zu ermitteln und zu behandeln. Und auch hier gibt es verschiedene Formen:

- <u>Interpersonelle Psychotherapie</u>, sie stellt eine noch recht neue Form der Psychotherapie dar. Wie wir bereits wissen, können zwischenmenschliche Probleme, Einsamkeit, soziale Veränderungen oder Todesfälle bzw. persönliche Verluste aller Art zu einer Depression führen. Die interpersonelle Psychotherapie soll dem Betroffenen effektive Strategien für das Bewältigen der momentanen Probleme mit auf dem Weg geben. Hierbei sind aber immer andere Menschen mit betroffen, meistens der Partner.
- <u>Verhaltenstherapie</u>, hier soll durch Gespräche, Übungen und neu erworbene Einsichten eine Verhaltensänderung herbeigeführt

werden. Hierbei wird versucht dem Betroffenen eine objektivere Sichtweise seiner selbst nahe zu bringen. Das muss trainiert werden und hierfür ist der Verhaltenstherapie vorgesehen.

- <u>Tiefenpsychologie</u>, sie versucht indessen die Ursachen für die seelische Erkrankung zu finden. In Gesprächen eruiert man die Lebensgeschichte des Betroffenen, wobei der Fokus auf der Kindheit und der Jugend gelegt wird. Denn häufig finden sich hier verdrängte Gefühle, die zur Depression führten. Ziel ist es, diese Gefühle aufzudecken und sie zu lösen. Diese Therapieform beginnt zumeist nach Abklingen der Akutphase und kann unter Umständen sehr lange, manchmal sogar mehrere Jahre dauern. Und genau das wird auf mich zukommen.

Soweit ein kleiner Ausflug zu den Formen der Langzeittherapie, die Medikation und der Psychotherapie.
Und beides erfahre ich hier und beides wird nach meiner Entlassung fortgeführt. Erst heute hatte ich ein sehr gutes Telefongespräch mit einer niedergelassenen Therapeutin und so wie es aussieht, kann ich nach meiner Zeit hier in der Klinik nahtlos in die ambulante Therapie übergehen.
Das ist mein positives Ereignis des Tages, worüber ich heute in der Abendrunde berichten kann.

## Kapitel 11:
## Blaues Licht – Teil 4
## Reanimation die Zweite

Bereits in dem Kapitel mit der Reanimation des Vaters einer mir sehr gut bekannten Familie drohte ich Ihnen ja bereits an, dass dies nicht das einzige Ereignis dieser Art für mich gewesen sein sollte. Nun komme ich also zu der Geschichte, die ich Ihnen schon kurz andeutete, als ich mich damals in der Verarbeitungsphase nach der Trennung von Maria befand. Zunächst sollte ich Ihnen aber noch schnell erzählen, in welchem Bezug ich zu dieser Familie stehe. Allerdings werde ich zu deren Schutz nicht allzu sehr ins Detail gehen. Ich möchte es so ausdrücken, den Sohn kenne ich bereits seit mehreren Jahren und ich zähle ihn zu meinem erweiterten Freundeskreis. Und ebenso lange kenne ich seine Mutter, wir pflegen einen sehr freundschaftlichen Umgang. Auch seine Schwester kenne ich mittlerweile ganz gut. Zusammengefasst, auch hier eine Familie, die mir seit vielen Jahren sehr gut bekannt sind. Ich mag sie sehr gerne und darf behaupten, dass dies auch auf Gegenseitigkeit beruht. Den engsten Kontakt habe ich aber zu Tom. Wie gesagt, wir sind befreundet und er ist sich meiner beruflichen Qualifikation bewusst.
Ich möchte vorwegnehmen, dass unsere Beziehung nach dem Einsatz, denen ich Ihnen gleich schildern werde, auf ein anderes Niveau gehoben wurde.

Diesmal war es ein Tagdienst, und wenn ich mich korrekt erinnere, ein Samstag oder Sonntag. Aber bitte glauben Sie nicht, dass

freundliches und helles Tageslicht die Gesamtsituation in einem anderen Licht erscheinen lässt. Eine Tragödie bleibt eine Tragödie, bei Nacht oder bei Tag, das spielt überhaupt keine Rolle. Auch hier herrschte bei dem Einsatzstichwort direkt Klarheit über das, was uns erwarten würde. Leider auch bei dem Namen und der Adresse. Und als mir bewusst wurde, um wen es sich hierbei handeln würde, verdunkelte sich trotz hellem Tag urplötzlich die Welt für mich. Ein Einfaches *nicht schon wieder* reicht bei Weitem nicht aus, um Ihnen zu schildern, was mir damals durch den Kopf schoss.
Viel mehr Zeit für andere Gedanken blieb mir allerdings nicht, da die Wohnung nicht weit weg von der Rettungswache lag. Ich wollte mein Gehirn auf Arbeitsmodus schalten, aber es gelang mir einfach nicht. Verdammt!
Gefühle ereilen einen schlagartig, dafür braucht es nun wirklich nicht viel Zeit. Und so ergriff mich eine erdrückende Schwere, das Gefühl keine Luft zu kriegen und eine unheimliche Dunkelheit umschlang meine Seele. Vielleicht auch Angst. Ja, ganz bestimmt auch Angst. Und mit diesen Gefühlen stieg ich auch aus dem Rettungswagen aus, ergriff das nötige Equipment und steuerte die Haustür an. Mit einem Tunnelblick betrat ich die Wohnung.
Dort erblickte ich dann Tom, wie er bereits eine adäquate Herzdruckmassage an seinem Vater durchführte. Dieser lag halb im Flur, halb im Badezimmer, Tom blickte auf, sah mich und seine mich begrüßenden Worte *Gott sei Dank Stefan, dass du da bist,* sind bis heute nicht aus meinem Kopf verschwunden. Und das werden sie wohl auch niemals.
Ich hatte damals mit einem ehrenamtlichen Kollegen Dienst. Das bedeutet, er machte dies

nur nebenbei und somit war er auch weit weg von Routine. Ich hatte die volle Verantwortung, was die Situation für mich nicht wirklich einfacher machte. Und ich ließ ihn dies, so glaube ich es noch in Erinnerung zu haben, auch während des kompletten Einsatzes spüren. Mein Umgangston war rau und ruppig, mein Allgemeinzustand mehr als einfach nur angespannt. Rückwirkend möchte ich mich für mein Verhalten damals entschuldigen. Mir Gehirn schaffte es jetzt zumindest teilweise im Einsatzmodus zu laufen und so erfasste ich die Situation und handelte entsprechend. Zuerst galt es eine bessere Arbeitssituation zu schaffen und so zogen wir den leblosen Körper in den Flur, verteilten unser Arbeitsmaterial entsprechend, bereiteten den Beatmungsbeutel vor, schlossen das EKG an und übernahmen die von Tom eingeleitete Reanimation. Ich versuchte ihn, wo es nur ging, in diesen Einsatz mit einzubinden. So führte er weiterhin die Herzdruckmassage fort, half im weiteren Verlauf, jedenfalls soweit ich das noch im Kopf habe, Medikamente aufzuziehen und gewisse Maßnahmen vorzubereiten. Ich hielt das für wichtig, da er bereits damit angefangen hatte und ich ihn auf keinen Fall zu einem Zuschauer degradieren wollte. Negativ betrachtet könnte man auch sagen, ich habe versucht den Druck, der in diesem Moment auf mir lastete, ein klein wenig zu verteilen.
Während ich einerseits meine Arbeit so gut machte, wie es ging, kämpfte ich einen inneren Kampf gegen den wie wild in mir tobenden Gefühlsorkan. Äußere Reize, wie Worte oder Geräusche, blitzten immer wieder durch meine innere Dunkelheit. Tauchten auf und tauchten ebenso schnell wieder ab. Ich fühlte mich alleine, isoliert und wie auf einem sinkenden

Schiff eingesperrt. Ich spürte das Wasser und die Kälte, die mit selbigen einherkam. Ertrinke ich gerade? Ja, genau das passiert. Ich ertrinke in einem Meer aus schwarzen Tränen, meine Seele weint. Was zum Teufel ist denn hier bloß los, ist das gerade die Wirklichkeit? Ja, das ist die harte, raue und beklemmende Realität. Genau das ist los, das Leben zeigt sich von seiner schwärzesten Seite. Hier stirbt gerade ein Mensch und du kennst diesen Menschen, du kennst seine Familie und das passiert dir zum zweiten Mal.

Mein innerer Dialog wurde immer wieder durch Ansagen meiner Kollegen durchbrochen, auch durch Ansagen von mir selbst. Ich unterbrach mich selbst, ein seltsames Gefühl.

Ich habe auch hier keine Ahnung mehr wie lange wir uns bemühten den Mann wieder zurück in unsere Welt zu holen. Aber es kam, wie es kommen musste, auch hier konnte der Torwart den Elfmeter nicht halten, der Mann verstarb. Und ich befand mich immer noch in meiner eigenen Welt. Zwar reagierte ich auf Ansprache, aber es klang alles dumpf und hohl. Ich war wie betäubt und fühlte mich wie eine Marionette, aber wer diese Puppe an Fäden führt, das kann ich Ihnen nicht sagen. Jedenfalls sorgte der Puppenspieler dafür, dass ich auch hier die Einsatzstelle aufräumte. Der Verstorbene wurde von sämtlichen Materialien befreit und von uns in ein Bett gelegt. Wir räumten den Müll zusammen, packten alles in eine Tüte und das zu desinfizierende Material in eine andere Tüte. Danach ging ich raus zu unserem Rettungswagen, räumte die Geräte weg, wischte dies und das grob sauber und ging wieder zurück in die Wohnung um mein zutiefst empfundenes Mitgefühl auszusprechen. Ich stand also wieder einer Familie gegenüber, die

ich sehr gut kannte und deren Oberhaupt soeben verstorben war. Wieder kondolierte ich und schon wieder kamen all diese Gefühle über mich, wie sie mich damals bereits ereilten. Wieder dieses fiese Schuldgefühl, das Gefühl versagt zu haben, als es darauf ankam, die Schande, die Fassungslosigkeit, die Zerstörung der in mich gesetzten Hoffnungen vonseiten der Familie, all diese Dingen schossen mir wieder durch den Kopf. Und diesmal fühlte es sich noch schlimmer an, aber warum weiß ich auch nicht. Als ich in Toms Gesicht sah, musste ich mich schwer zusammenreißen. Ich weiß, dass er mir unmöglich Vorwürfe machen würde, das gilt auch für seine Mutter, aber trotzdem kam ich mir wie ein Versager vor. Mal wieder. Mal wieder all die Hoffnungen der Familie in meine Arbeit zerschlagen. Mal wieder alle enttäuscht. Mal wieder war ich fassungslos. Mal wieder saß die Last der Schuld tonnenschwer auf meinen Schultern und ich drohte unter dieser Last einzuknicken. Ich fühlte mich seltsam hilflos und im Prinzip wie lebendig begraben. Auch wenn Ihnen dieser Vergleich in Anbetracht des Todesfalls hier pietätlos erscheint, so entspricht dies doch genau meiner Gefühlslage. Einsam und verlassen, isoliert und beengt, Stille und Dunkelheit um mich herum und die Gewissheit an dieser Situation zu ersticken.
Zudem stellte ich mir ständig die Frage, wie hoch denn überhaupt die Chance ist, dass man einen solchen Einsatz ein zweites Mal erlebt? Ist das eine Art von perverser Prüfung für mich? Wieviel ich in der Lage bin zu ertragen, was ich alles wegstecken kann, wann ich zusammenbreche, wann ich sage, dass es jetzt reicht und ich nicht mehr kann?
Zur Erinnerung, ich versuchte zu diesem Zeitpunkt ja noch mit der Trennung von Maria

und Richies Unfall klarzukommen. Dessen Schicksal war zu diesem Zeitpunkt noch immer ungewiss. Warum ich diesen Dienst noch zu Ende machte, kann ich heute nicht mehr nachvollziehen. Auch hier hätte ich eigentlich außer Dienst gemusst, gar keine Frage. Und dies sollte nicht der letzte Einsatz gewesen sein, bei dem genau dies der Fall hätte sein müssen. Aber eines habe ich mir bereits geschworen, das wird in Zukunft nicht mehr passieren. Sollte ich in meiner beruflichen Zukunft nochmal mit Einsätzen dieser Art in Berührung kommen, dann melde ich mich außer Dienst. Ich liebe meinen Beruf und bin sehr pflichtbewusst, aber ich habe gelernt, dass nichts, wirklich nichts, wichtiger ist als das eigene Seelenheil.

Nachdem wir wieder unsere Rettungswache erreichten, habe ich mich direkt in den Ruheraum zurückgezogen. Ich wollte einfach meine Ruhe haben und die deutlich spürbare Leere in mir, die Dunkelheit und die seelische Isolation auch alleine und isoliert ertragen. Ich war schon immer der Typ, der alles erstmal mit sich selber ausmachen muss. Ich muss erstmal alleine sein und verstehen, was gerade passiert ist. Ob das immer der Richtige ist oder war, ist sicherlich fraglich. Aber damals hatte ich das dringende Bedürfnis nach räumlicher Isolation.

So lag ich dann rücklings auf dem Bett, starrte die Decke an und ging alles nochmal durch. Damit meine ich nicht nur diesen Einsatz, sondern alle Ereignisse der letzten Monate. Und dann kam ich zu einem wirklich seltsamen Schluss: In meinem Leben läuft soeben einiges schief und bis auf die Trennung betrifft es mich gar nicht direkt. Ich muss lediglich mit einer Trennung von einer langjährigen und bis zuletzt doch sehr guten Beziehung fertig werden. Die

richtig schlimmen Dinge passieren aber meinem Umfeld. Da ist der Richie, der lichterloh in Flammen stand und keiner weiß ob und wie er überleben wird. Und dann jetzt das hier. Ist es gefährlich mit mir befreundet zu sein? Ich weiß, das klingt bescheuert, aber diese Gedanken hatte ich zu diesem Zeitpunkt. Ich war bis zum Dienstende im Ruheraum verschwunden und wirklich dankbar, dass der Rest der Schicht ruhig verlief. Ich konnte einfach nicht mehr, lag nur grübelnd da und fragte mich, wie ich mit all diesen Eindrücken und Erlebnissen umgehen soll? So allmählich wuchs mir das nämlich alles über den Kopf und ich fand langsam aber sicher kein Rezept mehr, um alles in geordnete Bahnen zu lenken. Ich bekam ja gar keine Zeit um Luft zu holen, um mal ein Ereignis in Ruhe abzuarbeiten, um damit abschließen zu können. Nehme ich mich einer Sache an, kommt direkt der nächste Hammer. So kann das doch nicht ewig weitergehen.
Rückblickend betrachtet würde ich sagen, dass ich zu diesem Zeitpunkt schon reif für psychiatrische Hilfe war. Aber das muss man erstmal erkennen und sich eingestehen. Soweit war ich damals noch nicht.
Auch damals war das so, dass ich am Tag der Beerdigung eigentlich Tagdienst hatte. Ich ließ mich allerdings für diesen Zeitraum auslösen, sodass ich mit Carina dort hingehen konnte. Sie und ihr Mann Dirk sind beide sehr gute Freunde der Familie, die wenige Tage zuvor die wohl schlimmste aller Tragödien erleben musste.
Ich bin Dirk noch heute dankbar dafür, dass er wegen mir auf die Beerdigung verzichtete und den Dienst für mich übernahm. Schließlich wollte auch er dort seine letzte Ehre erweisen. Doch ich hatte das dringende Verlangen mich diesmal nicht zu drücken, nicht schon wieder.

Diesmal würde ich dabei sein, mich der Sache stellen und schauen was passiert. Ich musste einfach den Angehörigen gegenübertreten und ihnen mein Beileid von Angesicht zu Angesicht ausdrücken. Dieser durchaus unangenehmen Aufgabe noch einmal aus dem Weg gehen kam für mich nicht infrage. Noch einmal würde ich mich nicht für meine Feigheit schämen müssen. Ein weiteres Mal hätte ich sicherlich nicht mit all den Gedanken leben können, wie ich sie damals hatte. Außerdem wollte ich mit dem Einsatz für mich persönlich abschließen.

Also fuhr ich mit Carina zum Friedhof und ich hatte ein wirklich mulmiges Gefühl in mir. Ich hatte wackelige Knie, als wir die Kirche betraten und dem Trauergottesdienst folgten. Anschließend zog die Trauergesellschaft, angeführt vom Pfarrer, zur Grabstätte. Hier sprach der Pfarrer noch einige Worte, während die Trauergäste im Halbkreis versammelt vor dem Grab standen. Nachdem der Pfarrer seine Rede beendet hatte, trat nach und nach jeder einzeln ans Grab, schüttete mit einer kleinen Schaufel etwas Erde auf den Sarg und kondolierten der Familie. Einige warfen noch eine Rose hinein.

Als ich dann ans Grab trat und der Familie nochmals mein zutiefst empfundenes Beileid aussprach, sagte Tom einen weiteren Satz, den ich wohl niemals vergessen werde: *Ich bin so stolz, dass du gekommen bist.*

Ich konnte mich in diesem Moment nur ganz schwer zusammenreißen. Begleitet von einem Schwindel und einem beklemmenden Gefühl, welches ich unmöglich näher beschreiben kann, ging ich mit Carina zurück zum Parkplatz. Als ich dann anschließend mit ihr im Auto saß kam alles aus mir heraus, und ich meine wirklich alles. Die Dämme brachen. Wir sind direkt losgefahren, denn ich wollte einfach nur so schnell wie möglich von diesem Ort der Trauer und Schwärze, von diesem Ort des Todes und der unendlichen Einsamkeit weg. Unterwegs habe ich geheult wie ein Schlosshund. Das war alles viel zu viel für mich. Wer soll das denn bitte alles verarbeiten? Diese Trennung, die über alles schwebte wie ein Damoklesschwert, Richies unklarer Zustand und jetzt auch noch dieser schlimme Einsatz. Ich konnte einfach nicht mehr. Bis zu diesem Zeitpunkt hatte ich lange nicht mehr geweint. Ich glaube zuletzt in der Nacht, als ich mit Maria unsere Trennung besiegelte und nun kam alles, aber auch wirklich alles aus meinem Innersten hoch und explodierte förmlich. Keine Ahnung, wie lange das ging, aber es hatte mal verdammt gut getan.

Erst letztes Jahr hatte ich mich mit Tom im Rahmen einer Geburtstagsfeier von einem gemeinsamen Freund über all diese Ereignisse damals unterhalten und ich sage Ihnen, dieses Gespräch war lange überfällig. Ich schilderte meine Sicht der Ereignisse, er seine und es war insgesamt ein wirklich sehr gutes Gespräch.
Ich will nicht behaupten, dass wir jetzt die besten Freunde sind, denn dazu gehört mehr. Aber wir stehen uns seitdem auf einer besonderen Ebene sehr nahe. Wir teilen ein dramatisches Ereignis, mit dem jeder von uns auf seine eigene Art und Weise zu kämpfen hat. Er verlor seinen Vater und keiner kann ihn ihm wiederbringen. Ich erlebte erneut einen furchtbaren Einsatz und keiner kann mir dieses Erlebnis wieder aus meinem Gedächtnis saugen.

Ob ich damit abgeschlossen habe? Ja.
Ob ich es jemals vergessen werde? Nein.

Ob ich es komplett verarbeitet habe? Keine Ahnung.
Ob alle damaligen Ereignisse zusammengenommen meine emotionale Mauer haben massiver werden lassen? Definitiv!

Von diesem Zeitpunkt an mutierte ich immer mehr und mehr zu einem emotionalen Wrack und merkte es nicht einmal.

## Kapitel 12:
## Stefan und die Frauen – Teil 4
## Die Katastrophe

Meine nächste, und bis heute vorletzte Beziehung, ist in Sachen kurioser Verlauf und Abstraktheit kaum noch zu toppen. Und es war mal wieder eine Internetbekanntschaft. Ich nenne sie hier mal Beate.
Wir lernten uns über eine Tattoocommunity kennen, denn auch sie hatte eine starke Affinität zu Tattoos und war, ebenso wie ich, mehrfach tätowiert. Über eben diese Plattform schrieben wir uns dann oft Nachrichten und bemerkten schnell, dass es doch recht schade ist, dass uns gut 250 Kilometer trennen.
Irgendwann tauschten wir unsere Nummern aus und verlegten die Schreiberei auf das Medium Mobilfunk.
Irgendwann fingen wir dann auch mal an zu telefonieren und der Kontakt wurde immer intensiver. Während einer harmlosen Unterhaltung fragte sie mich, was ich denn zurzeit tun würde und ich beantwortete dies mit Kochen. *Oh, ein Mann der kochen kann*, so ihre

Reaktion. *Und ob ich kochen kann, ich bin da sogar recht gut drin.* Und als sie dies mit einem *was zu beweisen wäre* kommentierte, war das natürlich DIE Steilvorlage für mich schlechthin. Also schlug ich ihr vor zu mir zu kommen, um sich ein Bild davon zu machen. Und genau das tat sie ein paar Tage später tatsächlich.

Ich hatte also lecker gekocht, wir aßen gemeinsam, tranken dazu eine Flasche Wein, welche sie mitgebracht hatte, und unterhielten uns angeregt. Der Wein sorgte für eine sehr losgelöste Stimmung, wir hatten viel Spaß, redeten und lachten, tranken noch mehr Wein und verbrachten schließlich die Nacht miteinander.

Im Prinzip war dies dann auch der Anfang einer Fernbeziehung, denn wir mochten uns sehr gerne. Wir führten fast jeden Abend Videokonferenzen, hatten sehr viel Kontakt und sobald sie wieder etwas Zeit passend zu meinem Dienstplan hatte, kam sie wieder zu mir. An einem Abend besuchten wir ein Konzert. Dieser Abend war auch wieder feucht fröhlicher und Beate war schon ordentlich betrunken. Als wir nach dem Konzert vor Ort noch ein paar Drinks zu uns nahmen, sagte sie mir, dass sie mich lieben würde. Sicherlich hatten wir zuvor sehr viel Kontakt via Telefon gehabt, wir hatten auch schon eine Nacht miteinander verbracht und führten fast jeden Abend eine Videokonferenz, aber rückblickend betrachtet hätte ich hier schon stutzig werden sollen. Wurde ich aber nicht, auch wenn mich diese Aussage durchaus überraschte. Sie war ja schließlich betrunken. Aber die Tatsache, dass Betrunkene und Kinder stets die Wahrheit sagen, war mir kurzzeitig entfallen.

Und so führten wir ab da an eine echte Fernbeziehung, allerdings kam sie zunächst immer zu mir gefahren. Sie sagte, ihre Familie sei ein wenig komisch und sie wollte mich erst dann vorstellen, wenn das mit uns eine sichere Sache sei. Nun ist ja komisch ein sehr relativer Begriff und jeder mag den für sich anders definieren, aber ich stand der Sache sehr neutral gegenüber. In meinem Beruf begegne ich ständig komischen Menschen und mit denen komme ich ja auch klar. Also was soll mich da schon großartig Komisches erwarten? Irren ist menschlich, heißt es.

Sie war also zunächst immer hier bei mir und wir hatten dabei stets eine sehr gute Zeit. Sie lernte meine Familie kennen und auch dieser stets kritische Moment wurde konsequent gemeistert. Meine Mutter war von ihr durchaus begeistert, was wohl aber auch daran lag, dass sie aus der Gegend kam, in der meine Mutter aufgewachsen ist und ich geboren wurde. Aber abgesehen davon, die beiden mochten sich wirklich. Generell war sie von meiner Familie schier begeistert, was wohl auch an ihrer komischen Familie lag, so wie sie sie stets betitelte. Ihrer besten Freundin erzählte sie mal, dass sie sich meine Familie sehr gut als ihre Familie vorstellen könnte. Ein sehr guter Grundstein, jedoch kannte ich ihre Sippe noch nicht.

Aber irgendwann war diese Sache mit uns dann auch für sie sicher genug, also packte ich meine Sachen, hockte mich in den Zug und fuhr zu ihr. Was ihre Familie angeht, so hat sie nicht übertrieben. Oh nein, wirklich nicht.

Ihre Mutter war mir schon von Anfang an etwas suspekt, ständig schlecht drauf, es kam nie etwas Positives aus ihr heraus, ein zutiefst negativer Mensch. Und dabei immer ein Gesichtsausdruck, der jedem Mitmenschen signalisieren soll, dass man sie besser nicht anspricht. Ich habe mal versucht ein Gespräch mit ihr zu führen, aber irgendwie gelang mir das so gar nicht. Damals wunderte ich mich noch, dass das nicht auf Beate abgefärbt hatte. Hatte es, ich habe es nur nicht gemerkt. Das galt übrigens auch für ihre ältere Schwester, gleiches Kaliber wie die Mutter. Irgendwie erschien mir Beate als einzig normaler Mensch in dieser Familie. Ich sollte unrecht haben.

Allerdings möchte ich an dieser Stelle keinen falschen Eindruck erwecken, denn schließlich handelte es sich hier nicht um irgendwelche bösen oder schlechten Menschen, das nun wirklich nicht. Im Laufe der Zeit erfuhr ich ein paar Hintergrundinformationen und so wurde das Bild für mich ein wenig runder. Für jeden Zustand gibt eine Ursache und das war auch hier nicht anders. Sprich, Ereignisse in der Vergangenheit formten deren Charakter. Aber dafür konnte ich ja nichts.

Das störte mich aber damals wenig, denn ich kam ja wegen Beate und musste mich nicht mit ihrer Mutter oder Schwester unterhalten. Dafür lernte ich auch die eine oder andere ihrer Freundinnen kennen und die waren wirklich nett. Während einem meiner Besuche fand dort eine große Geburtstagsfeier statt und ich amüsierte mich wirklich sehr gut mit ihren Leuten. Das schien tatsächlich gut zu passen.

So ging diese Fernbeziehung dann eine ganze Weile, mal fuhr ich zu ihr, mal kam sie zu mir. Meine Familie mochte sie, insbesondere meine Mutter, wie ich bereits erklärte. Immer ein gutes Zeichen. Auf den Instinkt der eigenen Mutter kann man sich doch immer verlassen, habe ich recht? Aber auch Mütter können sich mal irren.

Während unsere Fernbeziehung also einem durchaus hervorragenden Verlauf folgte, fing

Beate an sich beruflich neu zu orientieren. Nicht was den Beruf selber anging, aber bei dem Arbeitgeber, bei dem sie zu diesem Zeitpunkt angestellt war, hatte sie keine Vollzeitanstellung. Das ist auf die Dauer unbefriedigend und so war sie auf der Suche nach einem neuen Arbeitgeber. Da dies in ihrer Branche in ihrer Heimat wohl nicht so einfach war, fing sie an sich bundesweit zu bewerben. So auch hier in der Gegend.
Somit war sie zu dieser Zeit sehr oft bei mir, beinahe wöchentlich. Zunächst um diverse Vorstellungsgespräche zu führen und anschließend um nach erfolgreicher Jobsuche auch die Arbeitspapiere zu unterzeichnen. Wir sahen uns also deutlich hochfrequenter als zuvor und auch unter ganz anderen Bedingungen. Und es funktionierte weiterhin wie gewohnt, es war eine sehr schöne Zeit. Dadurch wurde ich mir mit dieser Beziehung immer sicherer, es herrschte eine wunderbare Harmonie und wir waren ineinander verliebt. Was sollte denn da noch schiefgehen?
So war es dann klar, dass sie sehr bald hierherziehen würde und somit galt es nun ein paar Sachen zu organisieren. Es musste eine Wohnung gefunden werden und nicht nur das. Denn Beate besaß zwei Pferde und auch für die musste ein Platz her. Schließlich kann man die Gäule ja nicht in der Wohnung oder im Keller oder im Hof parken. Wobei das Bild schon lustig ist, wenn unterm Carport im Hof zwei Pferde stehen würden.
Diese Suche gestalte sich als unerwartet schwierig, denn die Preise für Stallunterkünfte hier sind um einiges, ja sogar um das Doppelte höher als bei ihr Zuhause. Also wuchsen ihr die möglichen Kosten schnell über den Kopf und die Tatsache, dass sich einfach nichts Passendes

fand, war schwer ernüchternd. Und in Sachen passender und bezahlbarer Wohnung ergab sich zunächst auch nicht wirklich etwas. Also kam ich auf die Idee, sie bei mir einziehen zu lassen. Der Plan war, dass sie erstmal mit hier wohnen sollte und wenn sich das mit uns eingependelt hat, würden wir gemeinsam eine größere und vor allen Dingen passendere Wohnung suchen. Sie brachte ja auch einen Hund mit und alle ihre Sachen und so war es dann schon recht eng in meiner Bude. Für mich war dieser Plan die logische Konsequenz. Unsere Beziehung verlief bis dahin wirklich sehr gut, sie zog hierher und somit war der Weg für eine gemeinsame Zukunft quasi geebnet. Ein passender und vor allen Dingen bezahlbarer Stall war auch mittlerweile gefunden und alles wendete sich zum Guten.

Es folgte ein letzter Besuch von mir bei ihr und diesmal fuhr ich mit dem Auto, weil ich auf dem Rückweg dann schon mal die eine oder andere gepackte Kiste mitnehmen wollte. Das Wochenende dort war wirklich sehr nett, ihre Freunde organisierten zu ihrer Überraschung eine große Abschiedsparty, alles war einfach toll und bei uns machte sich eine enorme Vorfreude auf unsere gemeinsame Zukunft breit.

Es kam der Tag ihres Umzugs und ich hatte Zuhause alles weitestgehend vorbereitet. Im Einzelnen bedeutet das, dass ich hier und da etwas Platz geschaffen habe, so gut, wie es meine Wohnung zuließ. Außerdem konnte ich etwas Platz in meinem Badezimmerschrank und der Kommode in meinem Schlafzimmer freischaufeln. Es war zwar nicht viel, aber immerhin. Allerdings würde sie ja auch noch das eine oder andere Regal mitbringen, das würde für eine gewisse Zeit also schon klappen,

irgendwie. Unglaublich, wie oft ich mich damals irrte.
Als sie dann an einem sehr warmen Mittwochabend ankam, staunte ich nicht schlecht. Ich gebe zu, ich hatte es irgendwie leicht unterschätzt, was sie da alles mitbrachte. Ihr Auto, nicht gerade ein Kleinwagen, war voll beladen und hinten dran zog sie ihren Pferdeanhänger, die Tiere hatte sie ein paar Tage zuvor bereits hierher gebracht, der ebenfalls randvoll war. Mein Blick war schon recht sorgenvoll, denn ich wusste nicht, wie wir das alles bei mir unterbringen sollten. Aber irgendwie klappte es in den nächsten Tagen dann doch. Karton um Karton wurde ausgepackt und alles fand irgendwo seinen Platz...und meine Wohnung war auf einmal so richtig klein. Es war einfach nicht mehr meine Wohnung, aber das war für mich kein Problem, denn es sollte ja jetzt auch unsere Wohnung sein. Und ich nahm diesen Umstand gerne in Kauf, weil ich davon ausging, dass dieser Zustand eben nur von kurzer Dauer sein sollte. Aber irgendwas war plötzlich anders, nicht so ganz greifbar für mich, aber es lag etwas Unheilvolles in der Luft. Es war so ein Gefühl und ich kann Ihnen auch nicht sagen, wie ich es beschreiben soll, aber zum ersten Mal irrte ich mich nicht.
Es dauerte auch nicht lange und es ging los, die Stimmung kippte, aber gewaltig. Plötzlich war für sie alles irgendwie scheiße, nichts war gut genug und es gab immer was zu meckern und zu bemängeln. Und immer trug ich die Schuld, egal worum es ging. Bei mir machte sich zunächst Ratlosigkeit breit und ich wusste nicht so ganz mit der Situation umzugehen. Aber gut, seit ein paar Tagen in einer völlig neuen Umgebung, alles mehr oder weniger fremd, vielleicht lag es daran.

Ihr Umzug fand unter der Woche statt und direkt an den beiden darauffolgenden Wochenenden waren hier Events geplant. Und ich sah die als einen idealen Zeitpunkt an, um sie hier ein wenig in meinen Freundeskreis einzuführen. Gerade am zweiten Wochenende, denn da stand eine Einladung zu einer Geburtstagsfeier bei Freunden an, bei Nadine und Thomas. Anke und Mario waren auch eingeladen, besser ging es ja gar nicht. Ich habe viele Freunde, aber genau diese Leute sind die wohl unkompliziertesten Menschen, die ich kenne. Offen für alles und jeden und meiner Meinung nach der perfekte Einstieg in meine kleine Welt hier. Ich freute mich tierisch auf diesen Abend, nicht zuletzt, weil diese Konstellation recht selten zustande kommt und ich auch endlich mal meine Freundin präsentieren wollte. Sie kannten sie ja bisher nur vom Hörensagen.

Ich nehme es vorneweg, der Abend wurde zu einer Katastrophe und ich sollte mich für sie schämen. Können Sie sich vorstellen, wie es ist, wenn man sich für seine eigene Partnerin schämt? Ein schreckliches Gefühl ist das.

Was war passiert? Unmittelbar bevor wir losfahren wollten, sie hatte sich bereits sehr viel Zeit genommen um sich schick zu machen, fragte sie mich nochmals, was das denn genau für Leute sind, auf die sie da heute Abend treffen sollte. Und ich riss es kurz an: Mit Thomas habe ich zusammen die Ausbildung zum Rettungsassistenten gemacht, seine Frau Nadine ist Ärztin, ihre beste Freundin Anke ebenfalls, die beiden haben sich im Studium kennengelernt und Ankes Mann ist Biologe. Und dann sagte sie plötzlich, dass sie da nicht hin will. Das wären doch Leute, die alle etwas Besseres seien als sie selbst und sie würde sich da nicht wohlfühlen. Was sollte sie denn mit ihnen reden und lauter solche Argumente. Ich war fassungslos wegen dem, was ich da hörte. Ich konnte es nicht glauben. Hallo? Das waren meine Freunde. Hier geht es doch nicht darum, wer was ist oder was er darstellt. Die scheren sich doch nicht um so etwas, sonst wäre weder ich mit ihnen noch sie mit mir befreundet. Das war ein Drama und ich beschwor sie wie blöde mit hinzufahren. Nach langem hin und her stimmte sie zu und ehrlich gesagt, hätte ich das mal lieber sein gelassen. Sie pflanzte ihren Hintern auf die Couch und wechselte eigentlich kein Wort. Anke bemühte sich noch mit einem unverfänglichen *und, schon eingelebt?*, aber das stimmungslose *Nein!* beendete ihren zaghaften Versuch auch sofort wieder.

Mit der Zeit wurde mir klar, dass diese Frau unter enormen Minderwertigkeitskomplexen litt und auch sonst irgendwie eine Schraube locker hatte. Ich wusste nur nicht welche, denn ich hätte sie zu gerne angezogen. Jeden Tag kam etwas Neues auf mich zu. Ich war immer vor ihr Zuhause, jedenfalls wenn ich Tagdienst hatte und musste mich jeden Tag neu auf sie einstellen. In welcher Stimmung kommt sie heute nach Hause? Was ist heute los? Wie muss ich mich heute auf sie einstellen? Ist sie mal wieder richtig mies drauf oder doch überschwänglich heiter. Auch das konnte anstrengend sein. Und selbst wenn sie richtig gut drauf war, dauerte es nicht lange und die Stimmung kippte von jetzt auf gleich.
Das war ganz schön anstrengend, denn ich konnte machen, was ich wollte, es war alles falsch und ich war immer der Depp. Das ging so weit, dass ich nach der Arbeit eigentlich gar keinen Bock mehr hatte nach Hause zu kommen. Ich hatte viel Geduld, sehr viel. Denn

ich dachte mir immer, sie ist ja von Zuhause weg, sie kennt hier keinen, alles neu, alles hinter sich gelassen, das braucht alles sicherlich seine Zeit. Aber es vergingen die Monate und es änderte sich nichts. Ganz im Gegenteil, es wurde immer schlimmer und unerträglicher für mich. Sie ging auch allem aus dem Weg. Ich kreuzte stets überall alleine auf, sogar meine Mutter bot ihr an, wenn ich am Wochenende Tagdienst habe, könne sie ja mal auf einen Kaffee reinschauen. Aber sie nahm diese Einladung nie wahr. Und irgendwann fing selbst meine Mutter an mich zu fragen, ob das mit uns eigentlich sinnvoll sei. Eine sehr gute Frage, denn wir hatten uns ständig in den Haaren, ständig. Und abgesehen von der mittlerweile komplett fehlenden Harmonie, gab es auch sonst keinen Ansatz um die Situation verbessern zu können. Wenn sie abends nach Hause kam, aß sie etwas, dann hingen wir auf der Couch rum und nach einer halben Stunde schlief sie dort ein. Also auch ein gemütlicher Filmabend war nicht möglich. Den verbrachte ich dann mit einer Flasche Bier und meiner schlafenden Freundin. Abends ausgehen war auch immer so ein Thema. In der ganzen Zeit waren wir kaum aus gewesen. Mit meinen Freunden schon gar nicht, da steht lediglich ein Kinobesuch auf der Habenseite. Ansonsten kann ich mich an einen Samstagabend erinnern, an dem wir zu zweit losgezogen sind. Das war dann wiederum ein echt toller Abend gewesen, wie immer, wenn sie etwas getrunken hatte. Denn dann war sie locker und gut drauf und so kam es dann auch ein einziges Mal zu einem Event, an dem sie mit mir losging, um auch Freunde von mir zu treffen. Aber das war es dann auch und ganz

ehrlich, wer braucht schon eine Partnerin an seiner Seite, die nur betrunken gut drauf ist? Der ausschlaggebende Punkt war dann Weihnachten 2012, das brachte das Fass bei mir zum Überlaufen. Heiligabend lädt traditionell meine Schwester ein, da ist dann auch nur meine Familie vor Ort. Also sie mit ihrem Mann und ihren Kindern natürlich, meine Eltern und halt ich mit Partnerin, insofern vorhanden. Beate lehnte diese Einladung ab, dieser Tag bedeutete ihr sehr viel in Bezug auf Familie und sie wollte den nicht bei einer anderen Familie verbringen. Eine andere Familie!?! Das war meine Familie und es hätte ihre werden können. Noch bevor sie hierherkam, liebte sie meine Familie und wollte sie als ihre annehmen. Aber nun gut, so wollte sie an diesem Abend lieber alleine zuhause bleiben. Am ersten Feiertag stand dann das Weihnachtsessen bei meiner Mutter an, dies ist ebenfalls traditionell, also an einem der beiden Feiertage, ja nachdem wann und wie ich arbeiten muss. In diesem Jahr war das für den ersten Feiertag angesetzt, da ich am zweiten Feiertag Dienst hatte. Diese Einladung nahm sie dann allerdings an.
An Heiligabend dann, ich lag noch nach meinem Nachtdienst zuvor im Bett, sprang sie plötzlich zu mir auf das Bett, weckte mich und sagte mir, dass sie jetzt nach Hause zu ihrer Familie fahren und morgen Abend erst wiederkommen würde. Ich war erstaunt, da ja morgen das Weihnachtsessen bei meinen Eltern anstand. Aber nun gut, irgendwie war mir das zu diesem Zeitpunkt bereits völlig egal. Als ich am Abend dann bei meiner Schwester eintrudelte und meiner Mutter von Beates Ausflug in die Heimat erzählte, war sie entsprechend sauer. Schließlich hatte sie sie persönlich eingeladen und es wäre nur fair gewesen, wenn sie auch

persönlich abgesagt hätte. Über den weiteren Abend möchte ich nicht so sehr viel sagen, denn immer wieder wurde ich von meiner Familie gefragt, ob das mit Beate und mir überhaupt noch Sinn machen würde. Und sie hatten ja so recht. Der Kracher war dann der erste Feiertag, den ich bei meinen Eltern verbrachte. Das dauerte den ganzen Tag, denn meine Mutter fährt zu solchen Anlässen stets ganz schwer auf. Mittagessen, später dann Kaffee und Kuchen und am Abend dann Abendbrot. Eine wahre Fressorgie. Das war auch vorher so klar, eigentlich auch für Beate. Sie schlug allerdings bereits gegen 17:00 Uhr wieder auf und anstatt nachzukommen, fuhr sie direkt in die Wohnung, um dort auf mich zu warten...mit Essen, welches sie von Zuhause mitgebracht hatte. Die Frage, warum sie nicht für zwei bis drei Stunden noch zu meinen Eltern gekommen ist, ist durchaus berechtigt. Ich bin gegen kurz vor acht Uhr abends heimgekommen, recht vollgefressen und sie machte mir eine enorme Szene. Schließlich habe sie Essen mitgebracht in der Hoffnung, dass wir noch zusammen essen würden und da es ja jetzt schon abends ist und ich morgen Dienst habe, wäre jetzt ein gemeinsames Weihnachten total versaut und ich wäre daran schuld. Natürlich ich, wer denn auch sonst? Da bin ich dann vom Glauben abgekommen, das war mir einfach zu viel. Ich? Schuld? Hallo? Sie hätte ein wunderbares Weihnachten im Kreise meiner Familie haben können, aber sie hatte sich dem komplett entzogen. Natürlich hatte ich ein wenig Verständnis dafür, dass sie lieber bei ihrer Familie sein wollte, aber sie konnte mir doch unmöglich vorwerfen, dass dies alles meine Schuld sein. Für mich war es an der Zeit diese

Beziehung zu beenden, darauf hatte ich keinen Bock mehr. Es dauerte noch ein paar Tage und dann beendeten wir dieses traurige und elendige Missverständnis in den ersten Tagen im Jahr 2013. Natürlich verbrachten wir auch Silvester getrennt.
Ich bin heute noch fassungslos ob dieser Geschichte, der Dinge, die da passiert sind. Mir war vorher klar, dass sich einige Dinge ändern werden, wenn man direkt von einer Fernbeziehung in einer Wohnung zusammenlebt. Ich bin ja nicht naiv. Innerhalb einer Fernbeziehung geht man natürlich ganz anders miteinander um. Wenn man sich nur alle paar Wochen für ein paar Tage sieht, ist das doch auch völlig klar. Und wenn man dann anschließend zusammenwohnt und lebt, kommen eben nun mal die Dinge aus dem Alltag hinzu, Faktoren, die vorher keine Rolle spielten. Ich ging aber davon aus, dass zwei erwachsene und intelligente Menschen sich dieser Sache bewusst sind und damit umgehen können. Heute denke ich, dass ich damit alleine war. Ich habe lange Zeit mit mir gehadert und die Tatsache, dass sie ihre Heimat verließ und alleine hierherkam, ist der Grund dafür, dass ich diese Beziehung nicht schon sehr viel früher beendete. Das klingt alles so unendlich traurig und im Prinzip ist es das auch. Aber eine Tatsache ist noch wesentlich trauriger: Ich war so unendlich froh und erleichtert, als ich sie endlich los war. Ich hatte schon so einige Trennungen hinter mir, und auch wenn eine solche Trennung von mir ausging, hatte ich immer ein leichtes Gefühl von Traurigkeit, immer. Ich war stets enttäuscht, dass es schon wieder nicht klappte und ich wieder alleine war, dass alles wieder von vorne losging. Ganz

ehrlich, davon hatte ich langsam die Schnauze voll, jedes Mal der gleiche Scheiß! Aber hier war ich einfach nur so unendlich erleichtert. Bitter, oder nicht?

Dann kam also das Jahr 2013 und das sollte das schönste und beste Jahr meines bisherigen Lebens werden, mit der für mich absoluten Beziehung überhaupt und zugleich dem schwärzesten Kapitel meines Lebens und letzten Endes der Grund, warum ich diese Zeilen in einer psychiatrischen Klinik schreibe.

Heute würde ich sagen, dass Beate ebenso in so eine Einrichtung gehört, denn aus meiner Sicht ist sie manisch depressiv. Dennoch wünsche ich ihr alles Gute und, dass sie ihren Weg findet und ihn gehen kann.

## Kapitel 13:
## Blaues Licht – Teil 4
### Die Türklinke und der Kleiderbügel

In den bisherigen Kapiteln aus meinem Berufsleben habe ich Ihnen berichtet, wie belastend Einsätze sein können, wenn man die Patienten und Angehörige kennt und somit einen persönlichen Bezug zu den Personen hat. Aber auch wenn dieser Bezug nicht existiert, können Angehörige unsere Arbeit ungemein erschweren und zu einer zusätzlichen Belastung werden. Dabei kann ich es ihnen nicht einmal verdenken und im Nachhinein haben sie sogar mein vollstes Verständnis. Schließlich befinden sie sich in einer akuten emotionalen Ausnahmesituation und die kann sich durchaus

auf diesem Wege präsentieren. Dennoch ist das für uns dann immer sehr anstrengend und für so manche Reaktion meinerseits würde ich mich heute gerne entschuldigen.
Aber es ist oft einfach unheimlich schwierig für uns, den Fokus und die volle Konzentration auf einen Punkt zu fixieren, wenn die äußeren Reize schier übermächtig erscheinen. Stellen Sie sich vor, Sie würden eine Prüfung schreiben. Das ist eine Situation, die jeder kennt. Doch anstelle von Ruhe herrscht Lärm, ständig redet jemand dazwischen, fasst Sie eventuell an oder versucht Ihnen sogar den Stift wegzunehmen. Vielleicht auch laute Musik und um es auf die Spitze zu treiben, es ist dunkel, es ist kalt und sie sitzen im Regen. Wie hoch schätzen Sie jetzt ihre Chancen ein diese Prüfung erfolgreich zu absolvieren? Erfolgreich bedeutet aber in diesem Fall, dass Ihnen kein Fehler unterlaufen darf. Nicht ein Fehler! Es gibt durchaus einfachere Aufgaben, dessen können Sie sich sicher sein.
In der Regel schaffe ich es immer ganz gut während eines Einsatzes die Umgebung, insofern sie nicht wie z.B. bei einem Verkehrsunfall wichtig ist, auszublenden. Schaulustige und Angehörige, ohne diese über einen Kamm scheren zu wollen, reden sehr oft auf uns ein und wenn man das nicht ausblenden kann, wird das auf die Dauer eines Einsatzes gesehen durchaus schnell mal zu einer zusätzlichen Belastung. So geschehen auch bei folgendem Einsatz.

Es war ein Tagdienst und bereits kurz vor Feierabend, als die Alarmierung erfolgte. Und wenn kurz vor Feierabend der Melder piept, ärgert man sich immer. Ich gebe zu, man ist genervt und denkt sich dann gerne mal solche

Sachen wie, *wenn sich das jetzt nicht lohnt* oder *bestimmt wegen Nonsens Überstunden machen*. Das bleibt einfach nicht aus, auch wenn jeder Mensch ein Recht auf adäquate Hilfe hat. Was ich Ihnen hier berichte, sind allesamt relativ exotische Einsätze. Wie ich bereits eingangs erwähnte, solche Dinge passieren zum Glück nur sehr selten. Der Alltag ist Routine, aber auch der Routineeinsatz erfordert ein professionelles Verhalten und Arbeiten unsererseits. Auch wann man kurz vor Feierabend zu einer simplen Gallenkolik ausrückt. Denn auch dieser Patient hat Probleme und will versorgt werden. Und auch, wenn man deswegen eine Stunde länger im Dienst bleiben muss, das ist nunmal so. Das ist unser Job. Aber es bleibt eben nicht aus, dass man dann genervt ist, denn auch wir sind einfach nur Menschen. Und so war es auch an diesem Tag, zumal ich am Abend etwas vorhatte und ein pünktlicher Feierabend wünschenswert gewesen wäre. Also dachte ich natürlich zuerst, dass das jetzt echt mies ist, so kurz vor der Ablösung durch die Kollegen vom Nachtdienst.
Aber diese Gedanken verflogen sehr schnell bei der Einsatzmeldung *Erhängte Person*.
Eine solche Einsatzmeldung geht man im Prinzip genauso an, als wäre eine Reanimation gemeldet. Man bespricht schon während der Anfahrt, wer welche Position einnimmt und wer sich um was kümmert. Alles rein pragmatisch, Alltag und nur ein ganz gewöhnlicher Einsatz...aber das sollte sich in diesem Fall als falsch erweisen.

Als wir die Wohnung betraten, empfing uns ein heilloses Durcheinander. Laute Stimmen, ja fast schon Geschreie, Hektik, Lärm, Stress. Doch bis zu dieser Sekunde war noch alles so, wie Einsätze dieser Art meistens beginnen. Als wir

von einer Frau mittleren Alters durch den Flur und ins Kinderzimmer geleitet wurden, empfing uns ein Anblick, den keiner erwartet hatte. Dort führte ein Familienvater bei einem circa 12jährigen Jungen eine Laienreanimation durch. Ich weiß nicht, ob Sie sich das vorstellen können, aber bei einem solchen Einsatzstichwort erwartet man, dass irgendwo ein erwachsener Mensch hängt. Auch das ist sicher kein toller Anblick, je nachdem wie lange er schon hängt, aber man kennt das einfach. Man ist darauf eingestellt. Und wenn da noch was zu machen ist, dann reanimiert man den Patienten nach erlerntem Algorhythmus. Sicherlich gibt es auch einen Algorhythmus für die jüngeren Patienten und auch diesen arbeitet man streng ab. Aber das hat gleich einen ganz anderen Charakter. Mehr dazu gleich.
Zunächst galt es den Vater so behutsam es geht abzulösen und ihm zu sagen, dass wir ab hier übernehmen. Keine einfache Aufgabe, hier ist viel Empathie notwendig. Schließlich legt er das Schicksal seines Kindes in die Hände fremder Menschen. Ja vielleicht hat er sogar das Gefühl die Verantwortung abzugeben, sein Kind aufzugeben oder dergleichen. Wir lösten den Vater vorsichtig ab und begannen damit unseren Arbeitsplatz zu organisieren, die Materialien bereitzulegen und reanimierten nach Algorhythmus.
Parallel sollte man versuchen herauszufinden, was denn eigentlich zu dem jetzigen Zustand geführt hat. Bei einem Kind denkt man stets an ein Bolusgeschehen, also dem Verschlucken von einem Fremdkörper, der dann die Luftröhre so blockiert, dass der Betroffene nicht mehr atmen kann. Seltener auch mal eine angeborene Herzkrankheit. Aber das war hier alles nicht der

Fall und so erfuhren wir die gruseligen Details der Ereignisse.
Mir war zwar bereits beim Betreten des Kinderzimmers der Kleiderbügel an der Türklinke der Zimmertür aufgefallen, dachte mir aber zunächst nichts dabei. Es war wohl tatsächlich so, dass der Junge mittels Kordel am besagten Kleiderbügel hang und sich dort selbst strangulierte. Ob das spielerischer Leichtsinn war oder es doch in suizidaler Absicht geschah kann keiner mit Gewissheit sagen. Ich persönlich weigere mich daran zu glauben, dass ein junger Mensch sich auf diese Art und Weise töten will. Ich weigere mich generell zu glauben, dass ein Kind in diesem Alter einen Suizid begeht, aber diese Welt steckt voller Abgründe. Eine Tatsache, die ich nach fünfzehn Jahren in diesem Beruf längst gelernt habe.
Im Prinzip ist dieser Einsatz selbst zügig erzählt. Wir haben den Jungen reanimiert und das sogar primär erfolgreich. Nachdem wir ihn vom Kreislauf her stabilisiert hatten, brachten wir ihn auf die Kinderintensivstation des aufnehmenden Krankenhauses.
Aber warum berichte ich Ihnen denn nun diese Geschichte? Während wir also an dem Jungen arbeiteten, tobte um uns herum ein wahres Gewitter an Eindrücken. Neben den beiden Elternteilen schrien auch noch die zwei kleineren Geschwister lautstark, was natürlich nachvollziehbar war. Teilweise hysterisches Geschreie der Mutter, die weinenden Kinder und immer wieder der Vater, der uns fast schon anflehte, doch endlich mit diesen Dingern da Elektroschocks abzufeuern.
Hier möchte ich jetzt keine medizinische Exkursion starten, aber nur so viel, die sogenannte Defibrillation ist nur unter

bestimmten Voraussetzungen angebracht, und das war bei dem Jungen vor uns nicht der Fall. Trotzdem kann ich natürlich die Verzweiflung aller Anwesenden verstehen und ebenso gut auch nachvollziehen. Nur irgendwann kommt der Punkt, an dem man diese akustischen Reize nicht mehr ausblenden kann und sie den ohnehin schon kniffligen Einsatz noch zusätzlich erschweren. So eine Reanimation darf man von der körperlichen Arbeit her nicht unterschätzen. Oft ist man danach durchaus erschöpft, was aber immer von der Länge des Einsatzes und vom Körperbau des Patienten abhängt. Hier hatten wir es zwar „nur" mit einem Jungen zu tun, aber dennoch wurde der Einsatz langsam anstrengend. Hinzu kam das ganze Drumherum, welches gewaltig an meiner Psyche zerrte.

Bei einem Einsatz dieser Art steht man unter einem besonderen Druck. Ich berichtete bereits von dem Vergleich des Rettungsdienstlers bei einer Reanimation und dem Torwart beim Elfmeter. Dem ist ja auch so, aber bei einem kindlichen Patienten stehen die Aktien komplett anders. So ein junges Leben darf jetzt noch nicht vorbei sein, es hat ja noch nicht einmal richtig angefangen. Ich will nicht sagen, dass man dann mehr gibt, konzentrierter arbeitet, das wäre nicht korrekt. Aber man denkt anders, man ist noch fokussierter und noch gewillter die Sache einem positiven Ende entgegen zu bringen. Kinder sind eben nicht einfach nur kleine Patienten, wer so etwas sagt, der sollte seine Philosophie mal gründlich überdenken.

Der Druck bei diesem Einsatz war also enorm, wesentlich höher als bei anderen Einsätzen dieser Art. Kinder schrien ohne Unterlass, die Mutter weinte, der Vater versuchte uns unseren Job zu erklären und fing an, an unseren Gerätschaften rumzufummeln. Während meine

Kollegen und ich, mittlerweile war auch der Notarzt eingetroffen, also versuchten in Ruhe untereinander zu kommunizieren, mussten wir zusehen, dass unsere jeweiligen Kommandos trotz des Lärms den eigentlichen Empfänger auch erreichten. Und nicht nur das, immer wieder versuchte der Vater mit der fast schon flehenden Ansage seinem Sohn Elektroschocks zu verpassen, unseren Defibrillator zu greifen. Jeder von uns musste also immer wieder gucken was er da macht, obwohl der Fokus ja voll und ganz bei dem kleinen Patienten sein sollte. Immer wieder eine eigentlich unverzichtbare Hand freigeben, um ihn davon abzuhalten unsere Geräte anzupacken. Und auch als wir den Jungen dann raus zu unseren Rettungswagen brachten, waren stets alle einfach nur im Weg. Sie müssen sich vorstellen, wir trugen da nicht einfach nur ein an sich leichtes Kind raus, da hingen ja auch noch unsere ganzen Geräte dran. Dafür braucht man Platz und eine freie Bahn, doch entwickelte sich das eher zu einem Hindernisparcours. Wir hatten uns mittlerweile noch einen zweiten Rettungswagen schicken lassen müssen, um der Lage vor Ort Herr zu werden. Einfach noch zwei Leute, die sich um die Angehörigen kümmern, denn das war bitter nötig.

Bei allem Verständnis für die Eltern, aber das war äußerst anstrengend und sehr schwer im Umgang. Wäre ich in einer solchen Situation, ich würde kaum anders reagieren. Wie furchtbar muss das für die Eltern sein, zu sehen, wie das eigene Kind zu sterben droht? Ich will mir das nicht ansatzweise ausmalen, nie und nimmer.

Das war mein letzter Einsatz an diesem Tag und als ich abends nach Hause kam, war ich entsprechend fertig. Meine Laune war im Keller, meine geplante Aktivität sagte ich ab und mummelte mich auf meiner Couch ein. Eigentlich wollte ich ja ins Kino gehen, aber daran war jetzt nicht mehr zu denken. Zeitlich sicherlich noch, aber mir war einfach nicht mehr nach Unterhaltung und Entertainment in irgendeiner Form.

Ich war erschöpft. In diesem Einsatz kam ich für eine kurze Zeit an meine psychische Grenze, weil es einfach unfassbar war, was da eigentlich mit dem Jungen passiert ist und, weil diese ganzen akustischen Reize bei mir für eine Reizüberflutung sorgten.

Den kompletten Einsatz über musste ich mich ganz stark zusammenreißen und am liebsten hätte ich einfach nur noch losgebrüllt: *Ruhe jetzt verdammt noch eins, alle Mann hier halten jetzt endlich mal die Schnauze, so kann doch kein Mensch vernünftig arbeiten, verpisst euch alle hier!!!!* Das kann man natürlich nicht tun und es tut mir auch furchtbar leid, dass ich solche Gedanken hatte, aber so etwas lässt sich nicht steuern. Das sind Empfindungen, die über mich kamen, ob ich das wollte oder nicht.

An diesem Abend wollte ich nur noch meine Ruhe haben und die holte ich mir in meinen eigenen vier Wänden ab. Nichts, wirklich gar nichts ist beruhigender und wohltuender als die Ruhe in der eigenen Komfortzone. Die eigenen vier Wände, die gewohnte Umgebung, die wie Balsam für sie Seele wirkt. Und nach einer solchen Schicht, nach einem solchen Einsatz braucht man das dann einfach. Ich war einmal mit einer Frau zusammen, völlig egal, wer das war, die das nie verstanden hat oder nachvollziehen konnte. Vielleicht auch nicht wollte, keine Ahnung. Aber wenn ich nicht kann oder will, dann sage ich das. *Schatz, jetzt bitte*

*nicht, ich hatte einen miesen Einsatz und brauche erstmal meine Ruhe...und wenn ich soweit bin, dann sage ich es dir.* Sie nahm das stets persönlich und fing dann an zu zicken. Das ist natürlich wenig hilfreich, weil das dann noch zusätzlich meine Nerven strapaziert. Sowas ist niemals persönlich gemeint, niemals. Sollten Sie also jemals einen Partner mit einer vergleichbaren beruflichen Belastung haben, dann geben Sie ihm genau in diesen Momenten die nötige Ruhe.
Damals hatte ich ausnahmsweise mal keine Freundin, dabei hätte ich mir genau an diesem Abend eine gewünscht. Eine, die einfach nur da ist, mit mir auf der Couch liegt, meine Hand hält und mir, wenn ich dann soweit bin, zuhört. Sie hätte es nicht einmal verstehen müssen, aber einfach nur zuhören und mir sagen, dass sie für mich da ist. Das ist mehr wert als alles andere auf dieser Welt. Und gerade jetzt wird mir bewusst, dass ich wieder in einer solchen Situation bin. Vulnerabel und alleine. Aber ich muss nicht arbeiten gehen, noch lange nicht. Ich sitze in der Klinik und kämpfe einen Kampf gegen einen sehr starken Gegner. Ich kämpfe gegen mich selbst.
Als ich also am besagten Abend alleine auf meiner Couch lag und den Einsatz nochmal innerlich durchging, wurde mir bewusst, dass wir doch eigentlich verdammt gute Arbeit abgeliefert hatten. Wir haben alles richtig gemacht und waren trotz der äußerst schwierigen Gesamtsituation doch stets Herr der Situation. Irgendwann ließ die Anspannung nach und ich konnte das tun, wovon ich vorher ausging, dass es schwierig werden würde: Ruhig schlafen.

Später erfuhr ich, dass der Junge kurz nach Einlieferung in der Klinik für tot erklärt wurde.

## Kapitel 14:
## Stefan und die Frauen – Teil 5
## Die perfekte Glückseligkeit

Und nun komme ich zu meinem schwärzesten Kapitel, wenn es um das Thema Frauen geht. Zu meinem persönlichen Waterloo, mein emotionaler Supergau. Seit ich hier in der Klinik bin, habe ich unzählige Male darüber geredet und jedes Mal hat das in mir einen Gefühlsorkan entfesselt, der seinesgleichen sucht. Näher als mit diesen Erlebnissen können Traum und Albtraum nicht beieinanderliegen. Beides in Personalunion, ich nenne sie hier Saskia. Auch das ist natürlich nicht ihr richtiger Name, aber ich nenne sie so, weil ich so ich den nötigen Abstand habe, den ich brauche, um das alles Revue passieren zu lassen. Denn jeder Gedanke daran schmerzt mehr als tausend Nadeln im Körper, brennt heißer als das Fegefeuer und ist erdrückender als eine Steinlawine. Jeder körperliche Schmerz ist nichts dagegen. Aber seelischer Schmerz, der tief aus dem innersten des Herzens kommt, ist mit Abstand der intensivste aller möglichen Schmerzen.

Ursprünglich lernte ich Saskia schon einige Zeit zuvor kennen, damals war ich noch mit Anja zusammen. Eine rettungsdienstliche Ausbildung führte sie als Praktikantin zu meinem Arbeitgeber, und da ich bei uns der leitende

Ausbilder bin, war ich für sie verantwortlich. Ich erinnere mich sehr gut an unser erstes Aufeinandertreffen. Der Dienst hatte bereits begonnen und ich wusste, dass ich heute eine Praktikantin dabei haben sollte, kannte sie aber noch nicht. Als ich mich dann mit einer Tasse Kaffee bewaffnet in die Wagenhalle bewegte, um den Rettungswagen zu checken, waren meine Kollegin und Saskia bereits im Fahrzeug. Sie drehte sich um, stellte sich mir vor und ich erblickte das bezauberndste Lächeln, welches ich je zuvor gesehen habe, nahezu entwaffnend. Allerdings verschwendete ich keine weiteren Gedanken an irgendetwas, was in Richtung *etwas miteinander anfangen* ging. Aus zweierlei Gründen. Erstens war sie meine Praktikantin und ich ihr Ausbilder. Also war hier ein professionelles Verhältnis angesagt, denn ich nehme solche Sachen stets sehr ernst. Und zweitens hatte ich ja eine Beziehung, und wenn ich eine Beziehung habe, sind mir andere Frauen egal.

Während ihrer Zeit bei uns blieb die Beziehung also rein professionell, wir unterhielten uns eigentlich nur über fachliche Themen und so lernten wir uns auch nur oberflächlich kennen. Für mich war sie lediglich eine Tussi, ich war für sie ein arroganter Arsch. Toll, nicht wahr? Das hatte natürlich auch so seine Gründe. Sie war so die typische hübsche Blondine, die exakt weiß, wie sie auf Männer wirkt und ich bin auf beruflicher Ebene eher etwas unnahbarer und direkter, sachlich und weniger offen. Insgesamt also deutlich distanzierter und ich halte mich mit meinem Privatleben bedeckt. Gerade die Sache mit Maria damals hat mich gelehrt, dass private Dinge in der Berufswelt meiner Meinung nach nur wenig verloren haben. Da bin ich vielleicht ein wenig gebrandmarkt, aber es hat sich in den

letzten Jahren bewährt und als hilfreich bewiesen.
So verging ihre Zeit bei uns, das Praktikum endete und irgendwann war sie dann auch wieder verschwunden. Und mit ihr meine Gedanken an sie.
Gegen Ende 2012, es muss im Oktober gewesen sein, erhielt ich von ihr plötzlich eine E-Mail, in der sie einfach mal Hallo sagen wollte und berichtete, wo sie zurzeit im Rettungsdienst arbeite, sich aber bei einer anderen Organisation hier im Kreis beworben habe. Daraus entstand dann ein recht zwangloser Mailkontakt und wir schrieben eine Weile ein wenig Hin und Her, mehr nicht. Im weiteren Verlauf tauschten wir unsere Handynummern aus und verlagerten so die Kommunikation auf ein anderes Medium. Ein Medium, das immer zur Verfügung stand. Und so begann ein wildes hin und her Geschreibe, es war mittlerweile Dezember 2012.
Meine katastrophale Beziehung mit Beate näherte sich deutlich einem dramatischen Ende, denn ich hatte mich bereits emotional verabschiedet und fing an Interesse für Saskia zu entwickeln. Der Knackpunkt dafür war wohl meine Nachtdienstwoche zwischen Weihnachten und Silvester. Sie war zu diesem Zeitpunkt krankgeschrieben und hang somit gelangweilt Zuhause rum. Wir fast die ganzen Nächte durchgeschrieben und uns so plötzlich gegenseitig von einer ganz anderen Seite kennengelernt, insofern man sich über Textnachrichten kennenlernen kann.
Auf einmal war sie gar nicht mehr die Tussi und ich nicht mehr der arrogante Arsch. Auf einmal fingen wir an uns zu mögen, allerdings ohne uns richtig wieder gesehen zu haben. Zwar arbeitete sie bereits hier im Kreis, aber mehr auch nicht.

Ich entschied mich dazu, sie zu einem klassischen ersten Date einzuladen. Schließlich wollte ich die Sache komplett richtig machen. Wir kannten uns zwar schon, aber es sollte schon den normalen Weg gehen, wie man so etwas haltmacht. Ich war von ihr fasziniert, und wie. Sie stimmte zu und ich war noch nie in meinem Leben vor einem Date so wahnsinnig aufgeregt, noch nie voll solch extremer Vorfreunde, das war der absolute Wahnsinn. Die Location schlug sie vor, wir trafen uns vor dem Eingang und sie sah atemberaubend aus. Ein Traum von einer Frau und genau der Typ Frau, auf den ich stehe. Hammer. Ich weiß, das habe ich schon einmal gesagt, aber hier war die Sache noch mal anders gelagert. Bereits an diesem Abend war mir klar, das wird meine Frau, sie ist es einfach. Von diesem Abend an dachte ich jeden Tag an sie und das meine ich ganz genau so, wirklich jeden Tag. Das hat sich bis heute nicht geändert.

Das Date war wunderschön und es sollte nicht dabei bleiben.

Ich war bereits von Beate getrennt, allerdings lebte sie noch in meiner Wohnung, bis sie eine eigene Bleibe fand. Und das sollte sich noch bis Ende Februar hinziehen. Die Situation Zuhause war für mich einfach unerträglich, weil ich ständig dumm angemacht wurde und auch anfangs das Gefühl hatte, dass sie das mit der Trennung nicht so ganz ernst nahm. Der klare Beweis dafür war ein Ereignis, welches ich auch nie vergessen werde. Ich hatte an einem Wochenende Tagdienst und sie ging samstags mit einer Bekannten aus. Als ich am nächsten Morgen unsanft von meinem Radiowecker angebrüllt wurde, spürte ich, dass etwas an mir hing. Es war Beate, die nackt an meinem Rücken

klebte und mich festhielt. Ich beschloss, an diesem Abend noch mal ein paar ganz klare Worte zu sprechen und eine Deadline für den Auszug festzulegen. Am ersten März sollte sie doch bitte verschwunden sein. Es war Mitte Januar und ich empfand das als sehr großzügig von mir. Manch anderer hätte sie direkt auf die Straße gesetzt, dessen bin ich mir sicher. Trotzdem wurde mir vorgeworfen, dass ich sie in die Obdachlosigkeit treiben würde, ihr O-Ton! Bis dahin war ich also äußerst selten in meiner Wohnung, einfach um ihr aus dem Weg zu gehen. Denn immer, wenn ich mal da war, kam es schnell zu Streitereien und durchaus abstrakten Momenten. Was ich mir in dieser Zeit alles so anhören musste, war schier unglaublich. Einmal hatte ich einen dicken Bauch (mein BMI liegt beim unteren Grenzwert!!), ein anderes Mal wurde mir vorgeworfen, dass ich unangenehm riechen würde. Unglaublich! Es sei denn, das würde tatsächlich stimmen. Dann allerdings hätte sie einen Fetisch, in dem sie auf dicke und müffelnde Männer stand. Das stelle ich an dieser Stelle mal zurecht infrage. Und um eine Sache klarzustellen, ich bin weder dick, noch rieche ich unangenehm.
An einem Abend kam ich nach Hause und setzte mich ins Wohnzimmer auf die Couch. Sie saß am anderen Ende und schaute Fernsehen. Eigentlich wollte ich nur meine Ruhe und sehr bald schlafen gehen, da ich am nächsten Tag früh raus musste. Plötzlich fragte sie mich was ich denn in letzter Zeit so treiben würde, da ich ja ständig außer Haus sei. Meine Antwort viel recht vage aus, also fragte sie genauer nach, bemühte sich dabei aber so unverbindlich wie möglich zu klingen. Ob ich jemanden kennengelernt hätte, wollte sie wissen. Als ich sie fragte, wie sie denn darauf kommt, meinte

sie, weil ich eben oft weg bin und ja eigentlich gar nicht so schlecht aussehen würde. Das waren für mich einfach so skurrile Momente, in denen ich hätte sagen können, was ich wollte, es wäre alles falsch gewesen. Da ich kein Lügner bin, habe ich ihr die Wahrheit erzählt. Von diesem Moment an war ich in meiner eigenen Wohnung nicht mehr sicher, wurde ständig blöd angemacht und normale Gespräche waren überhaupt nicht mehr möglich. Genau genommen waren die auch vorher schon nicht möglich gewesen. Also war ich bis zu ihrem Auszug fast gar nicht mehr Zuhause, nur mal hin und wieder um Wäsche zu waschen und ein paar Dinge zu holen. Schließlich wollte ich ja auch Zeit mit Saskia verbringen, denn zwischen uns entwickelte sich so allmählich etwas.

Es tut mir unheimlich weh diese Zeilen zu schreiben, mich an diese Zeiten zu erinnern, die noch gar nicht so lange her sind. Ich schreibe gerade in diesem Moment mit Tränen in den Augen und einem dicken fetten Kloß im Hals.

Ich schätze, dass der eigentliche Startpunkt für unsere Beziehung ihr Geburtstag war, der im letzten Drittel des Januars ist. In dieser Nacht haben wir das erste Mal miteinander geschlafen und so ging es dann los mit uns. Bis zum März war ich also eigentlich die ganze Zeit bei ihr und wir verliebten uns recht schnell ineinander.

Parallel hatte ich Zuhause noch mit Beate zu kämpfen, die mich ständig mit irgendwelchen Kurznachrichten nervte. Insbesondere erinnere ich mich an einen Tag, wir saßen bei Saskia im Wohnzimmer, als wieder mein Handy brummte. Ich weiß nicht mehr was in dieser SMS stand, aber es gefiel mir nicht und mein Gesichtsausdruck sprach wohl Bände. Als Saskia mich fragte, von wem die Nachricht ist und was denn sei, antwortete ich lediglich mit dem

Namen Beate. Plötzlich hatte sie Tränen in den Augen und meinte, dass sie genau in diesem Moment merkte, wie wichtig ich ihr bereits geworden sei und alleine der Gedanke daran mich wieder verlieren zu können sie so unendlich traurig macht, dass es ihr unerträglich erscheint. Wenn ich dabei an meine jetzige Situation denke, ein wahrer Arschtritt. Aber das war zu diesem Zeitpunkt noch nicht absehbar.

Zwischen uns entwickelte sich eine richtige Liebe, wie ich sie bis zu diesem Zeitpunkt noch niemals erfahren habe. Und wie Sie ja jetzt wissen, hatte ich ja schon so einiges erlebt.
Ich weiß gar nicht was ich Ihnen alles erzählen soll und was nicht. Es war einfach rundherum perfekt, es entwickelte sich zu der Beziehung, die ich immer wollte. Sie lernte meine Familie kennen, mochte sie und meine Familie mochte sie auch. Sie lernte mit der Zeit auch meine Freunde kennen. Ich habe viele Freunde, komplett verschiedene Freundeskreise und ich stellte sie nach und nach jedem dieser Kreise vor. Und sie kam überall gut an, was auch auf Gegenseitigkeit beruhte.
Mittlerweile war sie auch umgezogen, und zwar in meine unmittelbare Nähe. Das hatte allerdings weniger was mit mir zu tun, als mit der Tatsache, dass sie näher bei ihrer neuen Arbeitsstelle wohnen wollte, um nicht immer so weit fahren zu müssen. Trotzdem, die nur acht Minuten Fußweg kamen mir sehr entgegen. Unnötig an dieser Stelle zu erwähnen, dass ich meine Wohnung längst wieder für mich hatte und sie wieder in ihre Ursprungsform zurück verwandeln konnte. Eine Metamorphose, die knapp eine Woche gedauert hat.
Wir steuerten auf den Sommer hin und waren mittlerweile längst an dem Punkt angekommen,

wo wir beide wussten, dass dies eine Beziehung für die Ewigkeit ist. Die Liebe zwischen uns war so stark, so intensiv und es passte einfach alles. Der Sex war schier atemberaubend und wurde trotzdem immer noch besser. Unser Verständnis füreinander war so unglaublich verbindend. Wir hatten jede Menge gemeinsam und da rede ich nicht von so trivialen Dingen wie der Musikgeschmack, denn der lag meilenweit auseinander. Es ging mir eher um die wesentlichen Dinge, die passten in jeder Beziehung. Klare Vorstellungen von einer Beziehung, die gleichen Ziele, gewisse Werte, auf die wir beide achteten und all diese Dinge. Und selbst in den Dingen, in denen wir unterschiedlich waren, ergänzten wir uns perfekt. Während sie eher der emotionale Typ ist, bin ich mehr der sachliche und pragmatische Kerl. So lassen sich doch alle Probleme der Zukunft gemeinsam lösen. Das konnte nicht schief gehen und ich kam somit bald an dem Punkt, an dem mir klar wurde, dass sie die letzte Frau meines Lebens sein wird. Ich will gar keine andere, hier ist alles so perfekt, es geht einfach nicht besser.
Vielleicht mag sich der eine oder andere an dem Wort perfekt stören und auch mir ist klar, eine absolute Perfektion gibt es nicht. Aber man kann doch verdammt nah an diesen Punkt kommen und wir waren dort. Sagt Ihnen der Name Anne Morrow Lindbergh etwas? Geboren am 22. Juni 1906 in Englewood, New Jersey als Anne Spencer Morrow, gestorben am 07. Februar 2001 in Vermont. Sie war die Ehefrau, Co-Pilotin und Navigatorin von Charles A. Lindbergh und Schriftstellerin.
Von ihr stammen folgende Worte:
*Wenn man jemanden liebt, so liebt man ihn nicht die ganze Zeit, nicht Stunde um Stunde*

*auf die ganz gleiche Weise. Das ist unmöglich. Es wäre sogar eine Lüge, wollte man diesen Eindruck erwecken. Und doch ist es genau das, was die meisten fordern. Wir haben so wenig Vertrauen in die Gezeiten des Lebens, der Liebe, der Beziehungen.*
*Wir jubeln der steigenden Flut entgegen und wehren uns erschrocken gegen die Ebbe. Wir haben Angst, die Flut würde nie zurückkehren. Wir verlangen Beständigkeit, Haltbarkeit und Fortdauer; und die einzig mögliche Fortdauer des Lebens wie der Liebe liegt im Wachstum, im täglichen Auf und Ab - in der Freiheit; einer Freiheit im Sinne von Tänzern, die sich kaum berühren und doch Partner in der gleichen Bewegung sind.*

Wahre Worte und daran glaube ich auch heute noch. Leider sieht das nicht jeder so.
Zu diesem Zeitpunkt war allerdings alles wunderbar, wir ergänzten uns, wie man sich nur ergänzen kann. Wir verstanden uns, wie man sich nur verstehen kann. Wir liebten uns, wie man sich nur lieben kann. Es gab so unendlich viele Momente, in denen ich wie plötzlich aus dem Nichts ganz intensiv an sie dachte und plötzlich hupte mein Handy, weil sie mir eine Nachricht schickte. Wenn es ihr nicht gut ging, dann hatte ich immer dieses seltsame und schwer einzuordnende Gefühl in mir. Ich kann es nicht besser beschreiben, aber kurz darauf sagte sie mir dann immer, dass es ihr heute nicht allzu gut gehen würde. Wir waren einfach Seelenverwandte, da war eine ganz intensive, aber nicht sichtbare Verbindung zwischen uns. So etwas habe ich zuvor in meinem Leben noch nie wahrgenommen.

Hatte ich in der Vergangenheit schon daran gezweifelt, wurde ich jetzt eines Besseren belehrt. Ich dachte immer, dass meine Ansprüche viel zu hoch seien und so bin ich stets bei jeder Frau zuvor Kompromisse eingegangen. Deswegen hat es wohl auch nie hingehauen. Aber bei ihr musste ich gar keine Kompromisse eingehen, hier war alles ganz genau so, wie es mir immer gewünscht habe. Selbst ihre kleinen Macken und Fehler habe ich wie selbstverständlich hingenommen.

Aber ich will nicht verschweigen, dass auch wir manchmal Probleme hatten, aber wir konnten stets über alles miteinander reden, worauf wir auch immer sehr stolz waren. Und so waren auch die kleinen Dinge des Alltags schnell aus dem Weg geräumt. Ein Hoch auf Anne Morrow Lindbergh!

Ich war einfach immer für sie da, egal was war. Dennoch behandelte sie keineswegs wie ein Nesthäkchen, sondern sprach auch mal klare Worte, wenn es denn angebracht war. Und genau das liebte sie so sehr an mir, wie sie immer sagte. Meine Art, mein Selbstbewusstsein, meine Ausstrahlung, dass ich ihr auch mal sage, was Sache ist, trotzdem aber einen weichen Kern habe. Eine schmale Gradwanderung, die ich aber problemlos beherrschte und es gefiel ihr.

Aber natürlich war auch bei uns nicht alles Gold, was glänzte. Ich hatte einen leichten Überhang aus meinen Erfahrungen mit Beate in die neue Beziehung mitgenommen. Meine angespannte Abwehrhaltung, wenn man mich kritisiert, zum Beispiel. Ich war ja während der Zeit mit Beate ständig in dieser Position, musste mich stets verteidigen und rechtfertigen. Und so wurde ich diesbezüglich etwas dünnhäutig. Wir steuerten

dann eine Phase an, die unsere erste kleinere Bewährungsprobe sein sollte.
Wie ich bereits erwähnte, hat auch Saskia so ihre Probleme. Ohne jetzt näher darauf eingehen zu wollen, erzählte sie mir mal, dass sie schon vor ein paar Jahren Probleme hatte und das jetzt wohl wieder anfangen würde. Tatsächlich war sie in letzter Zeit oft schlecht drauf gewesen und ich habe die oder andere miese Laune volle Breitseite abbekommen. Für mich aber natürlich kein Grund an sie oder an unserer Beziehung zu zweifeln, im Gegenteil. Hier ist es für mich selbstverständlich, dass man seine Partnerin unterstützt, wo es nur geht. Und genau das tat ich.
Zu dieser Zeit hatten wir dann auch mal so eine Art Aussprache. Wir waren an einem herbstlichen Tag lange spazieren und unterhielten uns über unsere Beziehung, was wir dabei fühlen und empfinden, über die letzten Ereignisse und über den Weg, den wir gemeinsam gehen wollten. An dieses Gespräch haben wir uns danach noch oft und gerne erinnert, stellte es doch einen entscheidenden Wendepunkt in unserer Beziehung dar. Sie wurde noch fester und intensiver. Es entstand das Gefühl, dass nichts, absolut rein gar nichts sich jemals zwischen uns stellen könnte. Und so wurden unsere Pläne immer konkreter. Zunächst wollten wir im kommenden Jahr zusammenziehen und der nächste logische Schritt wäre heiraten gewesen. Um ehrlich zu sein, ich hatte zu diesem Zeitpunkt bereits konkrete Pläne, die ich aber für mich behielt. Ich wusste ganz genau, wie mein Antrag aussehen würde und ich wollte ihr den machen, sobald wir zusammengezogen wären und uns eingerichtet hätten. Alles geplant.

Zu diesem Zeitpunkt war für mich ein Leben ohne sie längst nicht mehr vorstellbar. Entweder sie oder gar nicht. Sie war einfach immer präsent bei mir, war ständig in meinen Gedanken. Selbst wenn wir uns nicht sahen, dachte ich unentwegt an sie, schaute mal kurz auf mein Handy mit einem Bild von ihr als Hintergrund und schon war die Welt wieder in Ordnung. Selbst nach einem Jahr Beziehung hatte ich noch dieses leichte Kribbeln im Bauch, wenn ich auf dem Weg zu ihr war. Meine große Liebe, die größte, die es überhaupt gibt. Und das beruhte auf Gegenseitigkeit, ich muss es einfach immer wieder betonen. Sie schrieb mir mal einen Liebesbrief, das ist noch gar nicht so lange her, so herzzerreißend, dass ich beim Lesen weinen musste. Und ich wurde auch nicht müde allen zu erzählen, wie glücklich ich doch mit dieser Frau sei und sie sprach ebenso über mich. Wir waren beide stolz aufeinander. Ich war ihr Traummann und sie meine Traumfrau. Mein Engel auf Erden, mein Seelenheil. Unsere Liebe war wie in einem schnulzigen Hollywoodfilm, so intensiv, so innig, dass es fast schon unwirklich war. Selbst wenn ich mal alleine Zuhause saß und sie vermisste, was schnell der Fall war, dann blickte ich auf eines ihrer Bilder an meiner Wand und dann wurde mir immer wieder schnell warm ums Herz. Manchmal konnte ich mein Glück gar nicht richtig fassen. Ich weiß nicht, wie oft ich aus heiterem Himmel meiner besten Freundin sagte, dass ich so unendlich verliebt und glücklich bin.

Ich weiß, das klingt teilweise wie bei ein paar verliebten Teenagern und zeitweise benahmen wir uns auch so, aber das war mir völlig egal. Und dann geschah etwas bei mir, was ich bereits nicht mehr für möglich hielt, ich fing ganz von alleine an mich emotional zu öffnen, mich fallen zu lassen. Die Mauer um mich herum fing an zu bröckeln. Auch Saskia hatte das hin und wieder mal bei mir bemängelt, natürlich zurecht. Aber ich zeigte ihr meine Liebe und Zuneigung auch auf andere Weise und tat Dinge, die ich noch nie zuvor bei einer Frau getan habe. Ich brachte ihr hin und wieder Blumen mit, das hätte mir sonst auch keiner zugetraut. Einmal habe ich ihr einen Zettel mit einer Liebesbotschaft an ihren Scheibenwischer geheftet, den sie dann vor dem Weg zur Arbeit las. Es ging ihr am Abend zuvor nicht so gut und ich dachte mir, dass sie den nächsten Tag so bestimmt besser beginnen könne. Sie war gerührt und hatte Tränen in den Augen, wie sie mir später verriet.

Ich behandelte sie in der Öffentlichkeit wie meine Göttin, was sie ja auch war. Jeder, der mich besser und schon länger kennt, nahm wahr, dass ich mich mit ihr ganz anders verhielt als mit allen anderen Frauen zuvor. Das hier war etwas ganz Besonderes, das wussten wir und das merke auch mein Umfeld. Viele meiner Freunde und auch meine Familie nahmen das wahr und sprachen mich auch darauf an. Und ich wurde niemals müde zu erwähnen was mir diese Frau bedeutet und wie sehr ich sie liebe.
So viele Dinge geschahen plötzlich in mir und ich tat noch viel mehr. Wir schliefen fast jede Nacht gemeinsam in der Löffelchenstellung ein. Süß, nicht wahr? Und es ist ebenfalls erst wenige Wochen her, als sie zu mir sagte, dass sie es früher niemals ausstehen konnte, wenn sie den Atem des anderen im Nacken spürte. Bei mir allerdings liebte sie das und es würde ihr ein Gefühl von Wärme und Geborgenheit geben.
Viele Menschen suchen ihr Leben lang nach dem, was wir hatten und vielen finden so etwas nie. Das ist traurig. Umso schwerwiegender die

Tatsache, würde man einen solchen Fund, einen solchen Schatz einfach so aus der Hand zu geben. Andere würden dafür töten. Für mich kam so etwas einfach nicht infrage. Sie hatte mich verzaubert, sie vervollständigte mich und ich vervollständigte sie. Sie war mein Engel auf Erden, sie war mein Regenbogen am Ende eines Unwetters, sie war mein Sonnenstrahl an einem Frühlingstag der mein Herz erwärmt, sie war mein Geschenk Gottes, sie war die Liebe meines Lebens.

Sie hat meine emotionale Blockade einstürzen lassen, das hat etwas zu bedeuten. Wenn zwei Menschen füreinander bestimmt sind, dann waren wir das, sie war mein Rauscheengel. Ich konnte sie auch ohne Licht sehen, fernab jeder Anwesenheit spüren. Durch sie änderte sich der Blick auf alles, denn ihr Lächeln verdreht Köpfe. Für mich war, und ist sie auf jeden Fall immer noch, in jeglicher Beziehung einzigartig. All diese Dinge haben immer noch Bestand.

Sie ist, und ich schreibe hier bewusst in der Ist-Form, die erste Frau in meinem Leben, bei der ich so glücklich war, dass ich absolut nichts, nicht einmal die geringste Kleinigkeit zu bemängeln hatte. Wie gesagt, selbst ihre Fehler und ihre Probleme sind für mich überhaupt kein Thema. Sie ist die erste Frau in meinem Leben, die ich heiraten wollte. Zuvor habe ich immer überlegt, wie ich diesem Thema aus dem Weg gehen kann, wenn es denn mal zur Sprache kommt. Sie ist die erste Frau in meinem Leben, bei der mir niemals langweilig wurde, ich eigentlich jede freie Zeit mit ihr verbringen wollte. Sie ist die erste Frau in meinem Leben, neben der alle anderen Frauen für mich blass erscheinen. Sie ist die erste Frau in meinem Leben, die mir mehr bedeutet als ich mir selbst.

Und sie ist die erste Frau in meinem Leben, die es geschafft hat mich zu brechen.

## Kapitel 15: Zuhause – Teil 1 Der erste Tagesurlaub

An meinem zweiten Wochenende hier in der Klinik wollte ich für einen Tag nach Hause gehen und dafür hatte ich den Sonntag eingeplant. Dafür gab es gleich mehrere Gründe.
Es ist hier normal, dass die Patienten an den Wochenenden Urlaub nehmen, um den dann Zuhause zu verbringen, oder sonst wo.
Also wir hier nennen es Wochenendurlaub, das klingt einfach freundlicher als die offizielle Bezeichnung Belastungserprobung. Sinn und Zweck der Übung ist, dass man ein Gefühl für die Welt außerhalb der Klinik bekommt. Dass man schaut, ob man zurechtkommt und dergleichen. Gerade für Angstpatienten ist das enorm wichtig. Und so wollte auch ich mal sehen, wie es sich anfühlt, für einen Tag aus der Klinik raus zu sein. Weiterhin ist hier an den Wochenenden eh nichts los, es gibt keine Therapien, kein Programm und so muss man selber zusehen, wie man den ganzen Tag so verbringt. Nicht so ganz einfach, denn kein Besuch bleibt den ganzen Tag und die Station selber ist ja auch so gut wie leergefegt. Die meisten Patienten sind weg und verbringen ihre Zeit bei der Familie oder mit Freunden.
Außerdem, und das war der entscheidende Grund, musste ich meine Wohnung von all den Sachen befreien, die mich an Saskia erinnern

würden. Früher oder später musste ich das ja mal erledigen und besser, während ich hier noch in der Klinik bin. Schließlich konnte ich nicht einschätzen, wie ich darauf reagieren würde und ein Zusammenbruch nach meiner Entlassung könnte fatale Folgen haben. Somit habe ich mir auch den Sonntag anstelle des Samstags ausgesucht, weil ich dann am Abend nach der Aktion wieder in der Klinik sein werde, nur für den Fall. Denn am Sonntagabend trudeln alle anderen Wochenendurlauber wieder ein und die Station ist wieder voll besetzt. Ergo bin ich dann nicht ganz so alleine und habe genug Ablenkung. Rückblickend betrachtet war es eine verdammt gute Idee.

Ich hatte schon die halbe Nacht zuvor so gut wie gar nicht geschlafen, denn ich wusste ja, was auf mich zukommen würde und ich hatte eine panische Angst davor. Die ganze Nacht voller Unruhe und schlimme Gedanken, keine gute Voraussetzung um den für mich besonderen Tag anzugehen.
Ich verließ also die Station und schritt den endlos langen Gang entlang. Und je näher ich dem Ausgang kam, desto merkwürdiger fühlte ich mich. Ich verspürte eine gewisse Angst und Schutzlosigkeit. So, als ob man sein warmes Nest verlässt und in eine unheimliche und unsichere Welt tritt.
Als mich meine Schwester dann gegen zehn Uhr morgens abholte, wurde ich immer angespannter. Auf dem Weg zu mir nach Hause wurde ich mit jedem Kilometer, dem ich meiner Wohnung näher kam, unruhiger und glich am Ende einem Nervenbündel. Ich war schon fix und fertig und schwitzte am ganzen Körper, ohne auch nur einen Fuß in meine Wohnung gesetzt zu haben. Ein Wrack, genau das war ich.

Nicht ganz so schlimm wie zum Zeitpunkt meiner Einlieferung, das geht ja auch gar nicht, aber schon nahe dran. Ich fühlte mich völlig übermüdet und angespannter als der Bogen von Robin Hood. Es war von vorneherein so abgemacht, dass mir meine Schwester bei der Aktion helfen würde. Anschließend wollte ich noch ein paar Klamotten von mir einpacken und dann raus da. Der Weg sollte uns dann zu meinen Eltern führen, zum gemeinsamen Mittagessen und um mich von der Aufräumaktion erholen, bevor es am Abend wieder zurück in die Klinik ging. Soweit der Plan. Ich schnaufte ein oder zwei Mal tief durch und betrat dann mit gemischten Gefühlen mein Reich.

Meine Therapeutin hier in der Klinik hatte mir für diesen Moment zwei kleine Karteikarten mitgegeben. Auf der einen stand *Du bist nicht alleine*, das war auf die Hilfe meiner Schwester bezogen und auf der anderen stand *Ich tue das, weil ich später befreiter meine Wohnung betreten will*. Aber die Karten benötigte ich nicht wirklich, denn just in diesem Moment schaltete sich mein Verstand unwillkürlich in den sogenannten Arbeitsmodus. So erklärte ich es im Nachhinein meiner Schwester, die meinte, dass ich mich in der Wohnung sehr gut geschlagen hätte. Arbeitsmodus bedeutet, nicht viel nachdenken, einfach arbeiten. Und so kramte ich drei ausreichend große Kartons raus und packte alle ihre Sachen dort hinein, außerdem noch ein Buch und ein Parfüm, welches sie mir geschenkt hatte. Das musste aus meinem Blickfeld und benutzen, oder im Falle des Buches lesen, konnte ich es in Zukunft ohnehin nicht mehr. Meine Schwester betreute ich mit einer Aufgabe, zu der ich niemals in der Lage gewesen wäre, sie zu bewältigen. Ich hatte

Bilder von ihr, die sie hat professionell bei einer Fotografin machen lassen und mir zum Geburtstag geschenkt. Ein Wahnsinnsgeschenk, über welches ich mich wie verrückt gefreut hatte. Verdammt war ich stolz auf meine Freundin! Nun konnte ich da nicht einmal mehr einen Blick drauf werfen, ohne in Tränen auszubrechen. Ich gab meiner Schwester einen großen Umschlag und dort sollte sie den Liebesbrief von ihr rein tun und eben die Fotos, die sie vorher aus den Bilderrahmen fummelte. Die nunmehr leeren Rahmen packte ich mit in die Kartons und den Umschlag sollte meine Schwester behalten und gut aufbewahren. Die Kartons verstaute ich in meinen Keller und deckte sie staubfrei ab.

Das alles hat folgende Bewandtnis: Ich habe sie einfach noch nicht aufgegeben, das kann und will ich auch gar nicht, aber zu den Einzelheiten komme ich später noch. Sollte sich der Zustand zwischen uns nicht verbessern, so würde sie irgendwann ihren Kram abholen, käme es zu einem Happyend, könnten wir die Kartons gemeinsam wieder auspacken. Ähnlich verhielt es sich mit dem Umschlag, allerdings mit dem Unterschied, dass ich, wenn alles so bleiben würde, wie es ist und ich es irgendwann ansatzweise verarbeitet hätte, den Umschlag zeremoniell verbrennen würde. Scheiß auf das viele Geld, was sie für die Bilder bezahlt hat. Die waren ein Geschenk von ihr für mich, die kriegt kein anderer Mensch, auch sie selber nicht. Die gehören mir, und wenn ich abschließen muss, dann mit einem Feuerchen. Mag albern klingen, aber solche Rituale können ungemein hilfreich sein.

Ich habe mal, und ich werde nicht sagen, nach welcher Beziehung das war, all die gemeinsam erlebten Ereignisse auf eine Rolle

Toilettenpapier geschrieben, diese wieder aufgerollt und ins Bad gehängt. Anschließend habe ich mir mit unserer Vergangenheit den Arsch abgewischt. Ist mindestens ebenso albern, aber mir ging es damals mit der Trennung nach jedem Stuhlgang ein Stückchen besser.

Nachdem also alles gut im Keller verstaut war und ich mir meine nötigen Sachen schnappte, verließen wir die Wohnung wieder. Als ich anschließend im Auto meiner Schwester saß und sie losfuhr, ging es urplötzlich los. Mein Verstand schaltete den Arbeitsmodus wieder ab und all die Emotionen schossen aus mir heraus. Es löste sich jetzt alles, was sich in den letzten zwanzig Minuten angesammelt hatte. In diesem Moment wusste ich, was ich soeben getan hatte. Ich habe ein Leben weggeräumt und in den Keller gepackt. Das war zu viel für mich, ich fing an zu weinen und konnte nicht mehr aufhören. Meine Schwester hatte ein sehr gutes Gespür für diese Situation und entschied, dass wir jetzt nicht direkt unser Elternhaus aufsuchen, sondern ein paar Schritte gehen würden. Ich musste mich etwas sammeln und den ganzen Trubel würde ich jetzt in diesem Moment nicht verkraften, ich konnte jetzt einfach nicht so tun als ginge es mir gut. Ich kann das generell nicht, ich bin Opfer meiner Laune und kann mich im Moment einfach nicht verstellen, geschweige denn zusammenreißen.

Plötzlich war alles anders. Viele Dinge, die ich sehr gerne in meiner Wohnung hatte, waren jetzt im Keller. All ihre Sachen, all diese Dinge, die mich an sie erinnerten, wenn ich mal alleine Zuhause war, alles weg. Dinge, die sich immer warm und wunderschön anfühlten, waren nun

kalte Gegenstände und in lieblose Pappkartons verpackt, im Keller, dunkel und kühl.
Ich fühlte jetzt wieder diese ganz intensive Trauer, diesen furchtbaren Verlustschmerz und noch immer fühlte sich das alles so unwirklich an. Vor zweieinhalb Wochen war doch noch alles in bester Ordnung, ich schwebte im siebten Himmel, aber ohne den Bodenkontakt zu verlieren. Was ist denn da bloß passiert? Das kann doch alles nicht wahr sein. Aber dieser enorme Schmerz, den ich verspürte, war einfach zu intensiv für einen Traum. Ich wollte ausbrechen, ausbrechen aus meinem Leben, ausbrechen aus diesem qualvollen Albtraum, ausbrechen aus meiner Welt voller Leid und Schmerz. Aber die Gitter meines Gefängnisses namens Leben waren zu fest, die Mauern zu stabil. Es gab kein Entrinnen.
Nach einem kurzen Spaziergang und mehrerer Taschentücher später, war ich dann wieder einigermaßen gefasst und wir gingen zu unseren Eltern. Meine Schwester verhielt sich während unseres kurzen Spaziergangs wirklich großartig, denn sie war einfach nur da. Sie stellte mir keine Fragen und versuchte auch sonst nicht mich mit irgendwelchen halbgaren Smalltalk Phrasen in ein ablenkendes Gespräch zu verwickeln. Und das ist genau richtig so, einfach weinen lassen und lediglich körperlich präsent sein, das reicht völlig. Das Letzte, was man als Betroffener in einem solchen Stimmungstief will, ist eine Konversation oder sonst irgendwelche Fragen zu beantworten. So gingen wir einfach ein paar Schritte, ich heulte weißen Zellstoff zu und konnte mich nach einer Weile wieder einigermaßen fangen.
Allerdings war ich jetzt in einem Stimmungstief gefangen und kam da auch den ganzen Tag nicht mehr raus. Meine Mutter freute sich riesig

mich zu sehen, was mich wiederum freute, aber Freude zeigen war jetzt ein Ding der Unmöglichkeit. Im Prinzip verbrachte ich den ganzen Nachmittag sitzend am Tisch und war nur selten auch gedanklich dort. Es ist sehr schwer zu beschreiben, aber es war so, als wäre ich die ganze Zeit geistig abwesend. Ich bekam von den Gesprächen kaum etwas mit, verhielt mich innerlich zurückgezogen und kotzte mich selber an. Ein schlimmes Gefühl, wenn man sich in seinem eigenen Elternhaus zeitweise wie ein Fremdkörper vorkommt.

Aber ich war in einer schweren depressiven Episode gefangen und egal worüber sich meine Familie unterhielt, worüber sie auch lachten, was meine Nichten auch für Späße machten, ich kam da nicht mehr raus. In mir herrschte wieder diese Leere, dieses fiese Nichts, welches mich innerlich zerdrückte und mir mehr Schmerzen bereitete als ich zu ertragen in der Lage war. Da konnte ich noch nicht wissen, dass es noch schlimmer geht.

Es ist immer sehr schwer zu beschreiben, wie man sich im Rahmen einer Depression / depressiven Episode fühlt. Aber es gibt einen sehr guten Songtext, der eben genau das unglaublich gut beschreibt. Der Song heißt *Schmetterling* und an dieser Stelle vielen lieben Dank an die Autorin des Songs, Tanja Brenzinger, die es mir erlaubte den Text komplett zitieren zu dürfen:

*Und wieder raten mir alle, dass Leben leicht zu nehm'n*
*Sag mir hast Du schon mal nen Schmetterling nur schwarz/weiß geseh'n?*
*Sie sagen, ich kann doch zwischen Hoch und Tiefs frei wähl'n*

*Sag mir hast Du schon mal nen Schmetterling
nur schwarz/weiß geseh'n?
nur schwarz/weiß geseh'n?
nur schwarz/weiß geseh'n?
...schon mal nen Schmetterling nur
schwarz/weiß geseh'n?*

Jeden Tag traurig, Ängste die mich noch
wahnsinnig machen
mein Leben wird bestimmt von Depression und
Panikattacken
Immer die Angst im Nacken. *Würde so gerne
frei leben*
mir einreden, keine Befürchtung wird jemals
eintreten

Meine Welt ist ganz ohne Farben- Achromasie.
Ich leb im Dämmerschlaf, wie wenn man im
Wachkoma liegt.
In meinem Geist herrscht Krieg, die Krankheit
stiehlt mein ganzes Leben.
Möcht drüber reden, ich schäme mich heut
nicht mehr deswegen.
Leg` lange Wege zurück wie ein Wanderfalter
Die Hoffnung stirbt zuletzt, die Hoffnung in mir
ich bin bald da.
Am rechten Ort in den Zeiten, die für mich
besser sind
in denen ich frei schweben kann, wie ein
Schmetterling.
..einfach nur frei schweben kann, wie ein
Schmetterling.
Siehst Du mich mit meinen Flügeln
schwingen...?

*Und wieder raten mir alle, dass Leben leicht zu
nehm'n
Sag mir hast Du schon mal nen Schmetterling
nur schwarz/weiß geseh'n?*

*Sie sagen, ich kann doch zwischen Hoch und Tiefs frei wähl'n
Sag mir hast Du schon mal nen Schmetterling nur schwarz/weiß geseh'n?
nur schwarz/weiß geseh'n?
nur schwarz/weiß geseh'n?
...schon mal nen Schmetterling nur schwarz/weiß geseh'n?*

Ich hör auf mit Zeit verschwenden, Gesprächen die im Streit enden,
was bringt mir Hass und Neid, ich kann die größte Kostbarkeit schenken,
nämlich die Liebe

Hält mich auch heut noch Trauer gefangen
aus einer Raupe wird ein Schmetterling, es dauert nur lange.
Mein größter Wunsch ist das mein Leben einen Sinn erhält
heut hab ich endlich meinen Platz gefunden, in der Welt.
Meine Vergangenheit hat mich gelehrt, die Wahrheit ist schmerzhaft
und arm bist Du nicht ohne Geld, nur wenn Du kein Herz hast.
Dafür gibt's keinen Ersatz,
Ich hab eingeseh'n dass nichts im Leben größeren Wert hat.

Vielleicht versteckt sich da ja noch etwas, ganz tief in mir drin
ich breit' die Flügel aus und flieg - Schmetterling.

Und wieder raten mir alle, dass Leben leicht zu nehm'n
Sag mir hast Du schon mal nen Schmetterling nur schwarz/weiß geseh'n?

*Sie sagen, ich kann doch zwischen Hoch und Tiefs frei wähl'n
Sag mir hast Du schon mal nen Schmetterling nur schwarz/weiß geseh'n?
nur schwarz/weiß geseh'n?
nur schwarz/weiß geseh'n?
...schon mal nen Schmetterling nur schwarz/weiß geseh'n?*

Ein wunderbarer und passender Songtext. Tanja Brenzinger weiß genau, wovon sie singt, denn auch sie leidet unter Depressionen und verarbeitet ihre Krankheit mit ihrer Musik. Nochmals vielen lieben Dank in den Süden der Republik und alles Gute für dich Tanja.

Ich schaffte es an diesem Nachmittag immerhin gerade noch so, in einer ruhigen Minute ein paar Worte mit meiner Mutter unter vier Augen zu wechseln. Und obwohl das jetzt, wo ich diese Zeilen tippe, gerade mal neun Tage her ist, habe ich keine Erinnerung mehr an den Inhalt dieser kurzen Unterhaltung. Es ist wie ausgelöscht. Unglaublich eigentlich. Vermutlich berichtete ich darüber, wie ich das in meiner Wohnung geschafft habe, wie die Woche in der Klinik verlief und was eventuell nächste Woche alles so passieren würde.

Kurz nach dem Abendessen fuhr mich meine Schwester dann wieder zurück in die Klinik. Und so komisch es klingen mag, ich war sehr froh darüber. Die Ereignisse des Tages waren zu viel für mich. Die furchtbare Aktion in meiner Wohnung, der ganze Trubel bei meinen Eltern, aber hier war Ruhe, hier fühlte ich mich wieder sicher. Ja, sicher. Das ist genau das richtige Wort.

Als ich die Klinik durch den monströs wirkenden Haupteingang betrat, möchte ich das Gefühl nicht als heimisch bezeichnen, aber ich hatte mich an dieses Zuhause gewöhnt, es als solches angenommen, und wie mir später hier versichert wurde, ist das ein sehr gutes Zeichen gewesen. Ferner versprach man mir, dass es auch bald wieder so sein würde, dass ich mich außerhalb der Klinikgemäuer sicher fühlen werde. Dabei fühlte ich mich ja nicht wirklich unsicher, denn ich war ja lediglich in meiner Wohnung und im Haus meiner Eltern. Am nächsten Wochenende sollte sich das ändern, da wollte ich die ganze Geschichte noch etwas steigern.
Jetzt wollte ich erstmal nur diesen schlimmen Tag abhaken und aus meinem Tief herauskommen. Leider gelang mir das nicht wirklich, obwohl ich abends viel mit meinem Zimmerkollegen redete. Das half bisher eigentlich immer. Oft haben wir zusammen da gehockt und Spaß gehabt...jedenfalls so gut es ging. Schließlich saßen wir im gleichen Boot und konnten uns so gegenseitig immer etwas von unserer Situation ablenken.
Aber an diesem Abend klappte das leider nicht wirklich und ich schleppte diese miese Stimmung noch bis in den Montag mit hinein. Erst am Montag, so gegen Nachmittag, verbesserte sich meine Stimmung ein wenig. Vielleicht auch deshalb, weil ich etwas Sport trieb, ein paar Runden joggen war und weiter an diesen Zeilen schrieb.

Allerdings verschlechterte sich meine Stimmung gegen Abend dramatisch in Richtung negativ und ganz ehrlich, hätte ich gewusst, wie es mir am Tag danach gehen würde, was an Emotionen auf mich zukommen sollte, so hätte ich mir mit

Sicherheit an diesem Abend noch etwas Schlimmes angetan.

## Kapitel 16:
## Blaues Licht – Teil 5
## Schießerei

Da der folgende Fall groß in den Medien war und auch strafrechtliche Konsequenzen nach sich zog, ich musste damals auch vor Gericht aussagen, kann ich hier nicht zu sehr ins Detail gehen. Der Titel sagt alles, es geht um eine Schießerei, aber ich werde kein Wort darüber verlieren wann und wo und unter welchen Umständen das alles passierte. Es ist für mich trotzdem wichtig darüber zu berichten, weil ich denke, dass mich die Ereignisse dieses Einsatzes durchaus nachhaltig beschäftigten. Ich hatte schlichtweg Todesangst, ob nun begründet oder nicht, spielt hierbei keine Rolle, ich hatte sie und das ist kein gutes Gefühl.

Es war früh am Abend und ich hatte Nachtdienst, als die Alarmierung kam. Das Display im Rettungswagen begrüßte uns mit dem Einsatzstichwort *Schießerei* und die Rettungsleitstelle informierte uns noch darüber, dass wir zunächst an einem von ihnen zugewiesenen Sammelpunkt warten sollten. Es herrschte noch Unklarheit darüber, ob die Einsatzstelle bereits durch die Polizei gesichert wurde oder nicht. Ferner war nicht klar, um wieviel Verletzte oder Betroffene es sich handeln würde. Noch während der Anfahrt bekamen wir die Mitteilung, dass die Einsatzstelle laut Polizei gesichert sein und so fuhren wir durch. Die Einsatzstelle war ein Café mitten in einer Fußgängerzone und um dorthin zu gelangen, mussten wir ein gutes Stück durch eben diese Einkaufspassage fahren.

Wir trafen als erstes Rettungsmittel ein und mein erster Eindruck war nicht der einer gesicherten Einsatzstelle. Uns bot sich ein sehr befremdlicher Anblick, als wir gute fünfzig Meter vor dem Café kurz anhielten. Ein paar Streifenpolizisten formten mittels Absperrband eine Art Halbkreis um den Eingang der Lokalität, vor dem jede Menge umgestürzte Tische und Stühle lagen…und auch Menschen, soweit ich das erkennen konnte. Vor dem Absperrband stand eine wild umherschreiende Menschenmenge und es war schwer bis gar nicht einzuschätzen, ob diese einfach nur aufgebracht war oder wirklich aggressiv. Ich weiß noch, dass ich dachte, diese Einsatzstelle sieht für mich alles andere als sicher aus. Die Polizei hat offensichtlich eine andere Auffassung von einer gesicherten Einsatzstelle als der Rettungsdienst.

Die aufgebrachte Menschenmenge brüllte irgendwas und es war ein heilloses Durcheinander. Hinzu kam die Tatsache, dass eben diese Menschenmenge nur aus Ausländern bestand und keiner verstehen konnte, was sie eigentlich von sich gaben. Als sie uns erblickten, fingen sie an sich in unsere Richtung zu bewegen. Also meinte ich zu meinem Kollegen, dass wir da jetzt hin müssen, sonst zerren die uns aus unserer Karre raus. Also fuhr ich ein Stück näher ran und wir stiegen aus. Schnell um den Rettungswagen herum hinters Absperrband. Um uns herum tobte die Menschenmenge, der Lärmpegel durchaus beachtlich bis schier unerträglich. Gebrülle,

Wehklagen, Gekreische, alles dabei. Mein Gehirn schaltete auf Arbeitsmodus um und ich konnte den Krach weitestgehend isolieren. Vor meinen Füßen lag eine Person auf der Seite und ich wies meinen Kollegen an nach ihr zu schauen, ich guckte erstmal weiter. Wenn man zunächst alleine vor Ort ist und man es mit mehreren Betroffenen zu tun hat, steht primär keine Behandlung im Vordergrund. Man verschafft sich erstmal einen Überblick über die Situation, das nennt man Triage.

Ich stolperte also über Tische und Stühle und fand eine weitere Person auf dem Boden, halb auf der Seite, halb auf dem Bauch liegend. Kurz umgedreht und ich sah mehrere Schusswunden, ich glaube im Hals und Gesicht. Kurzer Check, keine Atmung und kein Puls, leblos.

Also weiter in Richtung Eingang. Dort saß ein Mann auf dem Boden, mit dem Rücken an der Wand gelehnt. Eine Frau kniete neben ihm, er war noch am Leben, hatte aber Einschüsse in Wange und Unterkiefer, soweit ich das noch weiß. Jedenfalls war es ihm nicht möglich zu reden, da er dabei Blut gurgelte. Ich wies die Frau an bei ihm zu bleiben, ich würde gleich wiederkommen. Dann betrat ich das Café, in dem eine weitere betroffene Person lag. Diese hatte, auch diese Aussage ist heute ohne Gewähr, Einschüsse im Bauch, war aschfahl und ebenfalls leblos. Also wieder raus zu dem Mann am Eingang. Als ich aus dem Café trat, öffneten sich plötzlich meine Scheuklappen und all das, was ich eine Minute lang ausblendete, länger dauerte die Sichtung bis dahin nicht, wirkte plötzlich mit einer Urgewalt auf mich ein. Die schreiende Meute, ohne zu verstehen was die schreien, deren verzweifelten Versuche die Absperrung der Polizei zu durchbrechen und die Einsatzstelle zu stürmen, das alles erdrückte mich plötzlich. Ich war regelrecht erschrocken und die gesamte Situation fühlte sich so an, als geriete man von einer Totenstille urplötzlich in einen Höllenlärm. Wie ein unerträglich lauter Knall aus dem Nichts. Nein, das hier erschien mir ganz und gar nicht sicher, weit gefehlt. Noch wusste ja keiner, was denn hier genau geschehen war. Konnte ich wissen, ob da kein Schütze mehr in der Menge war? Ob er dem noch Lebenden den Rest geben wollte? Oder gar etwas dagegen hatte, dass ich ihm helfe und ich mir selber eine Kugel einfange? Ich versuchte diesen Gedanken beiseitezuschieben, um mich erstmal um den einzig noch Lebenden zu kümmern. Aber ganz so einfach war das nicht, denn mein Gehirn hatte den Arbeitsmodus nicht so ganz im Griff. Sicherlich schaute ich mir den Patienten genau an und schätze seine gesundheitliche Lage ein, aber das ganze Drumherum konnte ich nicht ausblenden. Es war so, als wäre da ein Tunnel. In diesem Tunnel der Patient und Ruhe, nur er und ich. Vor dem Tunnel die tobende Menschenmenge, die gierig an mir zerrte und mich immer wieder aus dem Tunnel zu ziehen drohte. Wir mussten hier weg, so schnell es irgendwie möglich war.

Mittlerweile war unser Notarzt eingetroffen und Ich berichtete ihm kurz von meinen Beobachtungen, wo wer liegt und wie ich die Lage insgesamt beurteilte. Nachdem er sich selber ein Bild von der Situation gemacht hatte und meine Beobachtungen bestätigte, stimmte er meinem Vorschlag zu, dass wir uns den Überlebenden schnappen und so zügig es geht in den Rettungswagen bringen sollten. Wir brauchten Ruhe und mussten aus diesem Lärm hier raus, denn mit jeder Sekunde länger fühlte

sich dieser Lärm immer mehr und mehr als Bedrohung an.
Mein Kollege war mittlerweile mit der Trage zu uns gestoßen, wir platzierten den Patienten vom Boden auf selbige und bahnten uns den Weg Richtung Rettungswagen.
Als wir uns dann im Rettungswagen um den Patienten kümmern wollten, bewegte sich die Meute vom Café zu unserem Fahrzeug und versammelte sich Drumherum. Wir waren regelrecht umzingelt, die Leute rüttelten und schüttelten am Rettungswagen rum und versuchten die Türen zu öffnen. Das war schon durchaus beängstigend. Ich kam mir vor wie in einem Zombiefilm, man selber hat sich Schutz suchend irgendwo verbarrikadiert und von draußen versucht eine laut stöhnende Gruppe von lebenden Toten nach innen zu gelangen, um einen zu zerfetzen.
Unser Patient versuchte mir die ganze Zeit etwas mitzuteilen, er konnte aber aufgrund seiner Verletzungen nicht sprechen. Immer wieder versuchte er es, aber es kam nur ein blutiges Blubbern aus ihm heraus. Also formte er mit seiner Hand eine Pistole, indem er Zeigefinger und Daumen abspreizte und dann mit dem Zeigefinger mehrmals eine deutliche Abzugsbewegung wiederholte. Dieses Pantomimenspiel, in Kombination mit seinen in voller Panik weit aufgerissenen Augen, intensivierte das beängstigende Gefühl zusätzlich.
Als ich ihn fragte, ob da draußen unter den ganzen Menschen vielleicht noch einer ist, der ihm den Rest geben will, nickte er. Und plötzlich wirkte wieder alles ganz intensiv auf mich ein, diese Menschenmenge um unser Fahrzeug, die Zombies die versuchten reinzukommen, das Rütteln und Schütteln, die Polizei, die nicht in

der Lage war die ganzen Leute irgendwie davon abzuhalten. Das war heftig, einfach nur heftig.
Kennen Sie den Science-Fiction Film *Starship Troopers*? In diesem Film wird die Menschheit von gigantischen insektenähnlichen Wesen bedroht, genannt Bugs. Und in einer Szene durchsucht eine Einheit des Militärs einen Stützpunkt, der von diesen Bugs überfallen wurde. Überall liegen Tote herum und plötzlich wird Alarm geschlagen. Die Kamera schwenkt von innen über die Schutzmauern nach oben hinweg und man sieht unzählig viele dieser Bugs auf den Stützpunkt zustürmen. Hunderte, vielleicht sogar Tausende. So unglaublich viele, dass es mich damals im Kino beeindruckt hat und ich mir noch dachte, dass diese ganze Einheit da überhaupt keine Chance hat. Die sind alle verloren. Und so kam mir in diesem Moment die Einsatzsituation vor.
Natürlich waren da draußen keine Bugs und wir keine militärische Einheit, aber genau die hätte ich mir jetzt gewünscht. Also das Militär und nicht die Bugs.
Stellen Sie sich das doch mal in Ruhe vor. Da fand eine Schießerei statt, wer gegen wen und warum wusste zu diesem Zeitpunkt noch keiner. Es wurden Menschen erschossen, einfach so getötet. Einer lebte noch, war aber schwer verletzt. Wir schlossen uns mit diesem Patienten in unseren Rettungswagen ein und draußen tobte ein Mob in einer uns fremden Sprache. Dieser Mob brachte unser Auto ins Schwanken und versuchte einzudringen. Um dem Patienten den Rest zu geben, um uns daran zu hindern ihm zu helfen? Oder waren es doch nur besorgte Angehörige? Aber gleich so viele?
Ich gebe es offen und ehrlich zu, ich hatte Angst, Todesangst. Die pureste und intensivste aller Ängste.

Mein Kollege saß bereits vorne auf dem Fahrersitz und rief zu uns nach hinten, dass unser Fluchtweg nach vorne bald komplett versperrt ist, wenn wir nicht so schnell es ginge abhauen würden. Ich schaute den Notarzt an und sagte, dass wir sofort die Kurve kratzen sollten und er war gleicher Meinung. Also fuhren wir direkt los und nahmen die Versorgung des Patienten unterwegs in Angriff. Nicht unbedingt der übliche Weg, aber Hauptsache weg hier.
Während der Fahrt verband ich also die Schusswunden, der Patient bekam einen intravenösen Zugang und eine Infusionslösung. Da er vital durchaus stabil und diesbezüglich nicht weiter gefährdet war, hielten sich die primären Maßnahmen in Grenzen und so war die Versorgung unterwegs auch kein größeres Problem. Wie gesagt, Hauptsache weg von dort. Weg von diesem Ort, an dem sich schreckliche Dinge zugetragen haben. Weg von diesem Ort, an dem mehrere Menschen getötet wurden. Und vor allen Dingen weg von diesem Ort, von dem eine gewisse Gefahr ausging.
Das alles fühlte sich nicht nur beängstigend, sondern auch seltsam unwirklich an. Szenen wie in einem Film, doch plötzlich ist Kino Realität geworden. Ich bin ein Filmfreak und ich schaue auch sehr gerne Filme, in denen es hart zur Sache geht. Inszenierte Gewalt als Stilmittel, inszenierte Gewalt als Unterhaltung. Fragwürdig? Vielleicht. Diskussionswürdig? Auf jeden Fall. Meiner Meinung nach ist das völlig legitim, schließlich gibt es ja einen funktionierenden Jugendschutz und es bleibt jedem Selbst überlassen, was er sich für Filme ansehen mag und was besser nicht. Nur darf man sich von dieser virtuellen Welt nicht blenden lassen. Was in Filmen gezeigt wird, ist und bleibt Fiktion, eine Darstellung. Es ist Kunst.

Man sollte sich aber hin und wieder selber erden und sich bewusst machen, dass es all diese Dinge in der realen Welt da draußen gibt. Gewalt, auch mörderische Gewalt ist real existierend und das darf man nicht ausblenden. Und sie war schon immer da, seit Anbeginn der Menschheit. Denn die haben sich schon die Schädel eingeschlagen, lange bevor es Medien wie Filme gab.
Aber nur, weil man selber damit nicht in Berührung kommt, heißt es nicht, dass das einen nichts angeht. Das ist ein falscher Gedanke, seien Sie sich dessen bewusst. Wie ich später erfahren habe, war die tote Person im Café völlig unbeteiligt. Sie war lediglich zur falschen Zeit am falschen Ort und lief unglücklich in die Flugbahn eines abgeschossenen Projektils. Tragisch, einfach nur tragisch.

Überflüssig zu erwähnen, dass man auch hier rückblickend sagen muss, dass mein Kollege und ich sofort hätten außer Dienst gehört.
Nachdem wir wieder einsatzbereit waren, also unser Rettungswagen sauber und aufgerüstet war, und wir in der Rettungswache ein wenig zur Ruhe kamen, setzten sich die eben erlebten Ereignisse in unseren Köpfen fest. Kein besonders angenehmes Gefühl, zumal die beängstigen Gefühle irgendwie noch in den Knochen steckten. Leider verlief der Rest der Schicht alles andere als angenehm. Das Krankenhaus, welches wir primär beliefern und wo wir auch unseren Überlebenden hingebracht hatten, ähnelte in dieser Nacht einer belagerten Festung. Überall wimmelte es von Polizei, ob in Uniform oder in Zivil, Angehöriger oder auch böse gesinnter Individuen unseres Patienten, was man aufgrund des Durcheinanders

unmöglich auseinanderhalten konnte. Überall in der Stadt bildeten sich in dieser Nacht diverse Gruppen, die Stimmung war insgesamt angespannt und man hatte das Gefühl, dass es jederzeit eskalieren könnte. Man konnte sich der Sache einfach nicht entziehen, absolut ausgeschlossen. Egal wo wir in dieser Nacht noch so hingefahren sind, überall sah man kleinere Gruppen von Leuten und man konnte nicht sagen, ob die etwas mit der Schießerei zu tun hatten oder nicht. Überall Polizeipräsenz und rund um das Krankenhaus war dies alles in einem noch viel größeren Ausmaß existent. Und so lag eine gewisse Spannung in der Luft. Eine Spannung, die einem Pulverfass glich. Es fühlte sich an, als würde es gleich hochgehen. Noch so einen Einsatz hätte ich in dieser Nacht sicherlich nicht überstanden. Mein Kollege und ich kamen in dieser Nacht nicht mehr zur Ruhe, auch wenn wir keinen Einsatz hatten. Die innerliche Anspannung war stets zu spüren und so ließen wir die Ereignisse immer und immer wieder Revue passieren. Und bei jeder Alarmierung diese intensive Angst, dass es wieder irgendwo in der Stadt zu einer Schießerei oder anderen Gewalttat gekommen ist.

Ich hatte bisher in meinem Leben noch nie ein so intensives Gefühl von Angst verspürt wie damals. Die Intensität meiner momentanen Zukunftsangst kommt der Sache schon sehr nahe, aber damals hatte ich Angst um mein Leben, Todesangst, die wohl purste aller Ängste.

Mein Kollege ist seit dieser Zeit dienstunfähig.

## Kapitel 17:
## Stefan und die Frauen – Teil 6
## Mein Absturz

Was da genau passiert ist, kann ich Ihnen im Moment gar nicht erklären. Wieso, warum, weshalb? So viele Fragen sind unbeantwortet, und ob ich jemals Antworten erhalten werde, steht wohl in den Sternen. Und damit bin ich auch nicht alleine, denn keiner um mich herum versteht, was da passiert ist und warum es passierte. Somit sind die Ereignisse in Sachen Fassungslosigkeit auf einem Level wie das, was ich mit Beate erlebte. Nein, eigentlich weit darüber hinaus. Aber der Reihe nach.

Wie befinden uns zeitlich an Weihnachten 2013. Wir waren irgendwie beide mit Diensten zugeknallt und so blieb uns beiden selber wenig von dem Fest. An Heiligabend hatte ich Nachtdienst, sie frei. Und somit war sie zusammen mit ihrer Mutter bei ihrer Oma. An diesem Tag erzählte sie ihrer Mutter noch, dass ich ihr Traummann bin und sie so richtig glücklich mit mir ist. Das muss man sich auf der Zunge zergehen lassen, an Heiligabend bin ich noch ihr absoluter Traummann und neun Tage später beendet sie die Beziehung. Aber das nur so nebenbei. Jedenfalls verlief dieser Abend aus Ihrer Sicht wenig glücklich, recht gedrückte Stimmung im Allgemeinen und das setzte ihr durchaus zu. So kam sie mich auch nach diesem Event im Dienst besuchen, um einfach erzählen zu können. Ich tröstete sie mit den Worten, dass wir ja morgen bei meiner Familie sind und, dass es sicher ein schöner Tag wird. So war es dann auch, es war ein wirklich großartiger Tag. Richtig weihnachtlich und noch am selben Abend sagte sie mir, wie sehr sie das genossen habe,

dieses Gefühl von Familie. Bereits wenige Wochen zuvor waren wir ja gemeinsam bei meiner Mutter um Weihnachtsplätzchen zu backen. Meine Schwester war mit ihren Kindern auch dabei und in einem stillen Moment dachte ich mir noch, wie großartig sie doch in diese Familie passt. In meine Familie und die sollte bald auch ihre Familie werden. Ich erinnere mich noch an einen ganz besonderen Moment am ersten Feiertag. Meine Mutter meinte, dass sie froh ist, wenn das Jahr rum sein, denn 2013 war, kein gutes Jahr für sie gewesen. Da schaute Saskia meine Mutter an, legte ihre Hand auf mein Knie und sagte, dass 2013 für uns ein wirklich wunderschönes Jahr gewesen sei und sie sich sehr auf 2014 freuen würde, denn da hatten wir ja auch einiges geplant.
Weihnachten ging rum und wir näherten uns Silvester. Da wir beide am Neujahr Tagdienst hatten, war fett feiern gehen nicht drin. Da ich aber von Mario wusste, dass seine Frau Anke ebenfalls Dienst haben würde, meinte ich, wir können doch zu viert gemütlich ein wenig feiern. Vielleicht mit Raclette und ein bis zwei Getränken. Nichts Ausschweifendes, denn bis auf Mario mussten wir ja alle am nächsten Tag früh raus. Der Plan stand und so feierten wir diesen Abend bei Saskia in der Wohnung. Es war ein wirklich netter Abend und Saskia erzählte noch mal voller Begeisterung die Geschichte, wie wir uns damals kennenlernten und, dass keiner von uns jemals dachte, was sich daraus entwickelnd würde. Ja, sie schwärmte regelrecht von mir.
Wir alle hatten Spaß, das Essen war super, es wurde viel gelacht und gemeinsam um 0:00 Uhr auf 2014 angestoßen. Es sollte ein ganz besonderes Jahr werden. Selbst an diesem Abend, und ich habe ihn immer und immer

wieder aufgerufen, hat nichts, aber auch rein gar nichts darauf schließen können, was nur drei Tage später passieren sollte. Sie verhielt sich wie immer, wir küssten uns zwischendurch und alles war bestens. Selbst als wir gegen halb zwei Uhr nachts ins Bett fielen, schliefen wir wie gewohnt in Löffelchenstellung ein. Ich zog sie noch fest an mich heran und sagte ihr, dass ich sie liebe. Ihr *ich dich auch* ist mir jetzt noch im Ohr. Am nächsten Morgen stand sie etwas früher auf als ich und als sie die Wohnung verließ weckte sie mich noch, gab mir einen Kuss und verabschiedete sich. Das war der letzte harmonische Kontakt zwischen uns.

Die nächsten drei Tage hatten wir beide parallel Tagdienst. Wir hatten uns zwar nicht konkret über den Neujahrsabend unterhalten, aber ich ging davon aus, dass wir ihn gemütlich bei ihr auf der Couch verbringen würden. Der Tag verlief auch völlig normal wie immer, wir schrieben uns viel übers Handy, so wie wir es immer taten. Gegen Nachmittag schrieb sie dann, dass ihre Laune plötzlich ganz mies sei und sie heute Abend lieber alleine sein wollte. Das war soweit nicht ungewöhnlich, kam im Rahmen ihrer zugrundeliegenden Probleme hin und wieder mal vor und somit war das für mich auch überhaupt gar kein Problem. Ich habe sie an diesem Abend auch nicht angerufen, auch wenn es unser Motto war, zumindest einmal am Tag kurz die Stimme des anderen zu hören. Stattdessen schickte ich ihr ein paar nette Grüße übers Handy, worüber sie sich auch offensichtlich freute. Ein paar Herzchensmilies später ging ich dann ins Bett. Und auch der darauffolgende Tag verlief wie immer. Irgendwann fing einer von uns an dem anderen ein *Guten Morgen Schatz* zu schicken und auch an diesem Tag schickten wir uns unsere normalen Texte hin und her. Sie schrieb dann irgendwann, dass sie ihre Schwimmsachen dabei hätte und nach dem Dienst noch ins gegenüberliegende Hallenbad wollte, um ein paar Bahnen zu schwimmen, sie hätte das mal nötig. Als ich sie fragte, ob sie danach zu mir kommen mag, quittierte sie dies mit einem *Sehr gerne* und einem Smilie. Später am Abend schrieb sie dann, dass es doch schon spät sei und wohl jeder für sich sein sollte, da wir ja beide am nächsten Tag wieder früh raus müssten. Wir würden uns dann Freitag sehen. Ich räume ein, ich war leicht enttäuscht, denn sie hätte ja ebenso gut bei mir schlafen können, außerdem wollte ich meine Freundin bei mir haben. Na gut, kann man nichts machen. Ihre letzte Nachricht an diesem Tag lautete *Gute Nacht Darling*, versehen mit einem Herzchensmilie.

Und dann kam der Freitag, der schwarze Freitag, der Tag, der eine neue Zeit bei mir einläuten sollte. Der Freitag, der ein Wochenende nach sich zog, an dem ich sehr exakt plante, wie ich mir das Leben nehmen würde. Der Freitag, an dem mein Leben zerstört werden sollte.

Aber auch dieser Tag begann zunächst normal, wir schrieben unsere gewohnten Zeilen und zwischendrin fragte ich sie mal, wie denn ihre Stimmungslage so wäre, ob es ihr besser gehen würde. Es kamen recht negative Antworten, es ging ihr scheinbar nicht besonders gut. Das stimmte mich traurig und ich suchte Möglichkeiten, wie ich ihr bloß helfen könnte. Irgendwann schrieb sie dann, dass sie etwas Abstand bräuchte und als ich fragte von was, meinte sie von mir. Das war zunächst ein Schock und ich wusste nicht so ganz, wie ich das einsortieren sollte. Ich antwortete nicht mehr und ging nach meinem Feierabend erstmal eine Runde joggen, um im Anschluss auf meiner Couch liegend auf Nachricht von ihr zu warten. Die kam dann auch sehr spät am Abend und sie wollte wissen, ob ich Zuhause sein. Sie möchte gerne kommen und reden. Ich erwartete eine Art Gespräch, wie wir es vor ein paar Monaten hatten, als wir über unsere Beziehung redeten und entsprechende Pläne fixierten. Es ging ihr offensichtlich nicht gut, irgendetwas stimmte nicht und ich erhoffte mir in einem guten Gespräch Klärung. Vielleicht wollte sie sich aber auch nur mal in aller Ruhe ausheulen und brauchte mich zum Zuhören. Wäre nicht das erste Mal und schließlich bin ich ja auch genau dafür da. Außerdem freute ich mich einfach sie zu sehen, es waren ja jetzt schon drei lange Tage vergangen.

Sie betrat mein Wohnzimmer mit einem wirklich traurigen Gesicht. Ich kannte diesen Gesichtsausdruck und er stimmte mich auch jedes Mal traurig. Oha, hier braucht jemand dringend eine Schulter zum Ausheulen. Sie setzte sich zu mir auf die Couch und ich fragte mit ruhiger aber besorgter Stimme: *Hey Schatz, was ist denn los?* Sie fing an zu weinen, ich nahm sie in den Arm, zog sie an meine Schulter, streichelte ihren Kopf und hauchte Sachen *wie ist ja gut, ich bin ja da, alles ist gut, was ist denn bloß los, ganz ruhig.* Dann schaute sie mich an und sagte diesen unendlich brutalen Satz: *Ich will mich trennen.* Tausend Blitze zuckten durch meinen Körper, ich fing an zu zittern und mir schossen die Tränen in die Augen. Jetzt weinten wir beide. Ich konnte nicht fassen, was ich da gehört habe. Die nächste Zeit, ich habe kein Gefühl dafür, wie viel Zeit verging, kamen von mir nur so Sätze *wie,*

*das kann doch nicht sein, warum denn nur, ich brauch dich doch, ich liebe dich, ich kann nicht ohne dich.* Das alles kam aus dem tiefsten Inneren meiner selbst und alles wirkte plötzlich so surreal. Ich habe niemals gedacht, jemals in so eine Situation mit ihr zu kommen. Wir waren wir, füreinander bestimmt, Seelenverwandte und ein Paar, bis der Tod uns scheiden sollte. Sie meinte dann, dass sie wohl Gefühle für jemand anderen habe, was ich erst recht nicht glauben konnte. An Weihnachten war ich doch noch ihr Traummann, das konnte doch nicht sein. Diese Verzweiflung, die in mir immer weiter und weiter wuchs, überrannte und übermannte mich, damit kam ich nicht klar. Sie weinte auch und von da an war kein rationales Gespräch mehr möglich. Sie sagte, dass sie jetzt wieder geht, bleiben bringe jetzt eh nichts mehr und, dass sie morgen wiederkommen würde, um mit mir in Ruhe zu reden. Sie verließ meine Wohnung und bis heute war das das letzte Mal, dass ich sie gesehen habe.
Was jetzt begann, war so eine Art innerer Zerfall, ich löste mich auf, in mir explodierte alles. Diesen sich hier androhenden Verlust konnte mein Verstand nicht verarbeiten, das war viel zu viel. Ich verließ ebenfalls meine Wohnung, stieg ins Auto und fuhr irgendwo hin. Stieg wieder aus und ich ging ein paar Schritte. In mir Fassungslosigkeit, Leere, Unverständnis, unendliche Traurigkeit, schiere Verzweiflung. Was war denn da passiert? Was zum Teufel ist in den letzten paar Tagen passiert, dass sie ihren Traummann verlassen will? Was ist in den letzten Tagen passiert, dass sie den Mann verlassen will, mit dem sie vor wenigen Tagen noch über das Heiraten geredet hat? Was ist in den letzten Tagen passiert, dass sie den Mann

verlassen will, zu dem sie noch vor drei Tagen *ich liebe dich auch* gesagt hat? Von nun an fehlt mir jedes Zeitgefühl bis zum Sonntagabend und es wirkt alles sehr verschwommen. Ich versuche mal es zu rekapitulieren.

Ich stieg wieder in mein Auto und fuhr nach Hause. Ging in meine Wohnung, holte mein Bettzeug aus dem Schlafzimmer und beschloss die Nacht auf der Couch zu verbringen. Ich konnte nicht in dem Bett schlafen, in dem sie sonst mit mir drinnen liegt. Sie hatte in meinem Bett so einen Stoffhund liegen, den nahm ich auch mit, legte mich drauf und heulte das Teil schonungslos voll. Ich habe verdammt viel geweint und kann wirklich nicht mehr nachvollziehen wie lange. Ich weiß nur, dass ich nicht eine Minute geschlafen hatte. Irgendwann schaute ich auf die Uhr von meinem TV Receiver und es leuchtete mir ein klares 7:13 Uhr entgegen, das weiß ich noch ganz genau.
An diesem Samstag war bei Nadine und Thomas Wintergrillen angesagt, Anke und Mario waren ebenfalls eingeladen und jeder sollte etwas mitbringen. Ich entschloss mich während der Planungen dazu die Brötchen mitzubringen und bestellte zwei Tage zuvor entsprechend viele Brötchen bei meinem Stammbäcker. Also entschloss ich mich dazu aufzustehen und die Dinger abzuholen. Lust auf die Feier hatte ich nicht, aber ich wollte meine Freunde ja nun auch nicht ohne die Brötchen hängen lassen. Mein Plan war, sie abzugeben und dann wieder zu gehen. Nachdem ich vom Bäcker zurück war, legte ich mich wieder auf die Couch und weinte erneut. Und es war wieder sehr viel. Irgendwann schrieb sie mir dann, dass sie nicht kommen würde, weil sie dazu noch nicht in der Lage wäre

und mir nichts anderes als gestern sagen könnte. Es wurde im Anschluss viel Hin und Her geschrieben, ich weiß aber nicht mehr was genau. Gegen Nachmittag fuhr ich dann zu Nadine und Thomas, ich hatte bisher immer noch keine Minute geschlafen. Ich kam bei den beiden an, klingelte an der Tür und gab Thomas die Tüte. Dann murmelte ich so etwas wie, dass wir nicht kommen würden, Saskia will sich trennen, ich kann nicht mehr. Anschließend drehte ich mich um ging einfach wieder. Stieg in mein Auto und fuhr los, ohne Ziel. Kurz darauf meldete sich Nadine und forderte mich auf wieder umzudrehen. Das tat ich dann auch und verzog mich erstmal mit Thomas in deren Arbeitszimmer. Und wieder schossen die Tränen wie ein Fluss aus mir heraus, während ich versuchte die Ereignisse wiederzugeben. Den Rest des Abends war ich mehr oder weniger teilnahmslos und saß einfach nur so dabei. Außer Anke und Mario war noch ein weiteres befreundetes Paar von Nadine und Thomas anwesend, und als die später gingen, drehte sich Anke zu mir und fragte mich, ob ich ihr noch mal erzählen möchte, was denn passiert sei. Und ich erzählte es nochmals und ich weinte wieder und weinte und weinte. Den deutlich spürbaren Schmerz kann ich beim besten Willen nicht in Worte fassen.
Man überredete mich die Nacht dort zu bleiben und ich nahm willenlos aber auch dankbar an. Was sollte ich auch machen? Ich wollte definitiv nicht in meine Wohnung, und da ich reichlich Bier getrunken hatte, durfte ich eh kein Auto mehr fahren. Allerdings schlief ich auch in dieser Nacht so gut wie gar nicht.
Am nächsten Morgen versuchte ich etwas zu frühstücken, aber mehr als zwei bis drei Bissen gingen nicht rein. Anschließend ging ich duschen

und erlitt dabei einen soliden Nervenzusammenbruch. Ich sackte unter der Dusche weinend zusammen und sagte mir immer wieder, dass das alles doch ein böser Traum sei, aus dem ich einfach nicht aufwachen kann. In der Tat ist es so, dass ich eine Woche zuvor genauso einen Traum hatte. Einen Traum, in dem sie mich verließ. Der Traum war so intensiv, dass ich selbst im Traum dachte, dass dies einer sein muss ich doch bitte endlich aufwachen soll. Als ich dann endlich aufwachte, brauchte ich eine ganze Weile, um zu realisieren, dass das bloß ein Albtraum war und meine Welt noch perfekt und in Ordnung sei. Als ich aufstand, mir eine Tasse Kaffee machte und ich mich zum Checken meiner Mails an meinen Schreibtisch hockte, schrieb ich Saskia die übliche *Guten Morgen Schatz* Nachricht, da sie Dienst hatte. Ich berichtete ihr von meinem Traum und sie war ebenfalls schockiert und versprach mir, dass ich mir da keine Sorgen machen müsste. Ich schrieb ihr dann, dass mir in diesem Moment mal wieder klar wurde, wie sehr ich sie liebe und dass ich nie wieder ohne sie leben will. Ihre Antwort: *Ich liebe dich so sehr*.

Fünf Tage später saß sie weinend auf meiner Couch und sprach von Trennung! Fünf lächerliche Tage!!!

Als ich mich dann wieder gefangen und geduscht hatte, verließ ich die beiden. Mein Plan war schnell in meine Wohnung zu fahren, meinen Rucksack mit dem Nötigsten zu packen, was man halt so braucht, um ein paar Tage woanders zu verbringen, und dann ab zu meiner besten Freundin Maja. Ich hatte sie bereits am Vortag grob über die Ereignisse informiert und auch sie konnte es nicht fassen. Bei ihr angekommen erzählte ich ihr alles noch mal. Ich war mittlerweile ein physisches und psychisches Wrack. Seit Freitag nicht mehr geschlafen, kaum etwas gegessen und einfach nur am Ende. Ich erzählte ihr, dass ich nicht weiß, wie es weitergehen sollte und wir redetet und redeten und redeten. Es waren doch insgesamt ein paar Stunden, die ich bei ihr auf der Couch verbrachte. Ich kannte diese Couch schon sehr gut, hab dort schon das eine oder andere Mal gesessen. Meistens haben wir dabei Filme geschaut. Oh, wie sehr ich diese Events liebe, mit ihr zusammen Filme zu sehen und uns dabei zu amüsieren. Oder einfach nur dasitzen und reden. Wir sind in so vielen Dingen auf einer Wellenlänge, ich liebe sie, wie man einen Freund nur lieben kann. Und ich schätze sie als Persönlichkeit sehr, weil sie auch mal über den Tellerrand hinausschaut und sich nicht scheut mir zu sagen, wenn ich Dinge falsch angehe. Und so tat es mir verdammt gut mit ihr zu reden, aber das alles änderte nichts an meinem Zustand, auch nicht Majas Telefonat mit Saskia. Weil auch sie das alles nicht verstand, entschloss sie sich dazu, bei ihr selber nachzufragen. Das Telefonat ging eine ganze Weile, aber es kam nicht sonderlich viel dabei heraus. Sie riet ihr nur, so schnell wie möglich mit mir zu reden, weil ich eben völlig im Arsch sei und es so nicht weitergehen könne. Nach dem Gespräch sagte sie mir, dass Saskia eben selber schwer geweint habe und wenn sie sich gefangen hätte, würde sie mich anrufen. Ich blieb anschließend noch ein paar Minuten und verabschiedete mich dann von ihr. Später erfuhr ich von Maja, dass sie befürchtete mich an diesem Tag zum letzten Mal in ihrem Leben

gesehen zu haben. Und ganz ehrlich, das war nicht von weit hergeholt.
Ich fuhr nach Hause, blieb aber im Auto sitzen und wartete.
Und wartete.
Und wartete.
Machte das Radio an und wartete.
Und während ich da so wartete, wurde mir plötzlich bewusst, dass das kein blödes Gelaber war von mir, dass ich wirklich nicht mehr ohne sie leben wollen würde.
Weiter konnte ich nicht überlegen, weil mein Handy brummte. Aus dem versprochenen Anruf wurde eine Textnachricht, wie feige. Den Inhalt kann ich im Wortlaut nicht mehr komplett rekonstruieren, jedenfalls meinte sie, dass sie sich am Freitag falsch ausgedrückt habe, als sie sagte, sie will sich trennen. Korrekt wäre es gewesen, hätte sie gesagt, sie trennt sich.
Und nun brach alles über mich ein, einfach alles. Dieser unendliche Verlustschmerz, die Unfassbarkeit darüber, dass soeben mein ganzes Leben zerbrach, einfach alles kaputt ging, es zerriss mich innerlich, ich zitterte am ganzen Körper und verurteilte mich selber zum Tod. Das würde ich nicht schaffen, das nicht. Ich habe sehr viel in meinem Leben ausgehalten, diese Situationen damals, 2009, habe ich auch irgendwie gemeistert, aber das hier, das ging nicht. Ich hatte in den letzten Monaten ja auch so einige Probleme bei der Arbeit, konnte das aber sehr gut mit meinem perfekten Privatleben kompensieren, also erschien mir das alles nicht ganz so dramatisch. Aber das perfekte Privatleben war ja jetzt im Arsch und plötzlich wurde alles immer größer und gewaltiger. Hier brach meine Welt auseinander, mein persönliches Armageddon, der Untergang

meines Seins. Ich trommelte auf mein Lenkrad, schrie, weinte, alles zur gleichen Zeit. Das war dann die zweite Panikattacke an diesem Tag. Es dauerte eine Weile, bis ich einigermaßen zur Ruhe kam und dann überlegte ich mir ganz genau, wie ich es heute beenden würde. Denn plötzlich war sie da, diese Todessehnsucht. Sie drängte sich auf, ohne Vorwarnung, kein Anschleichen. Es war, als säße der Sensenmann auf meinem Beifahrersitz und wolle mir mitteilen, dass es an der Zeit wäre. Und verdammt, er hatte recht. Wissen Sie, bis zu diesem Wochenende hatte ich ein erfülltes Leben. Sicher, es ist viel passiert, auch viele schlimme Dinge, aber gerade das vergangene Jahr machte alles wieder gut. Dieses vergangene Jahr war der Höhepunkt meines Lebens und besser kann es nicht mehr werden. Und somit war nun für mich der Punkt erreicht, an dem ich aufhören sollte, an dem ich gehen sollte, winkend zum Abschied. Was sollte denn das Leben noch für mich parat halten können? Nichts, wirklich gar nichts, was auch nur annähernd so toll sein kann wie das vergangene Jahr mit Saskia. Meiner Traumfrau, meiner größten Liebe überhaupt, meinem Engel auf Erden. Da geht nichts mehr drüber, von jetzt an kann es nur noch schlechter werden. Abgesehen davon hatte ich jetzt auch keinen Lebensinhalt mehr. Saskia war mein Leben und nun sollte sie weg sein? Dann kann ich auch gehen. Also überlegte ich mir einen Plan. An dieser Stelle muss ich gestehen, dass ich am Freitag, als ich einfach mit dem Auto irgendwo hingefahren bin, schon sehr nahe an diesem Punkt war. Aber die einzige Möglichkeit wäre ein beherzter Sprung vor einen Zug gewesen. Es ist mir peinlich das zuzugeben, aber ich traute mich einfach nicht. Todsichere Sache, im wahrsten Sinne des

Wortes, aber ich traute mich nicht. Was, wenn ich das irgendwie überleben würde und dann ein Krüppel wäre? Oh nein, unmöglich. Also fuhr ich wieder zurück.

Mein Plan jetzt, ich starte meine Karre und fahre rechts herum in Richtung Arbeit. Ich habe das ja bereits in einem früheren Kapitel kurz angerissen. Dort hole ich mir dann alles, was ich brauche, um mir mit einem schicken Cocktail aus Hypnotika und Sedativa eine satte Überdosis zu verpassen. Ich würde mir dann Zuhause selber einen intravenösen Zugang legen und schon mal eine Infusion einlaufen lassen. Eine ganz normale Infusion, nichts Besonderes. Während die dann läuft und den Zugang in meiner Vene offen hält, würde ich am PC einen schicken Abschiedsbrief schreiben, ein paar letzte Worte an bestimmte Leute richten, mich bei Saskia für ein fantastisches Jahr bedanken und sie dazu beglückwünschen, dass sie es als einziger Mensch überhaupt geschafft hat, mich zu zerbrechen. Das ist verdammt mies, das weiß ich selber, aber sie sollte an ihrem Gewissen zerbrechen und jeder sollte sie für meinen Tod verantwortlich machen. Heute schäme ich mich dafür, dass ich in diesem Moment so dachte. Während ich also diesen Brief schreiben würde, wollte ich mir mit hartem Alkohol den entsprechenden Mut für den allerletzten Gang antrinken. Dann den Brief ausdrucken, unterschreiben, auf den Schreibtisch legen, ins Wohnzimmer gehen und mir eines ihrer Bilder in den Schoß legen. Die Infusion leeren, sie mit allem was ich an Hypnotika gefunden hätte auffüllen und diese im Schnelllauf aufdrehen. Sie müssen wissen, Hypnotika lassen einen nicht nur schlafen, ab einer gewissen Dosis macht das Zeug atemdepressiv und die Atmung wollte ich mir abstellen. Und damit ich davon nichts mehr mitkriege, sicher ist sicher, eine große Spritze voll mit Sedativa so schnell es geht reindrücken. Einschlafen und nicht mitkriegen, wie ich aufhöre zu atmen. Der Körper bekommt dann keinen Sauerstoff mehr und schon bald danach würde mein Herz aufhören zu schlagen. Schnell, schmerzlos, sauber und sicher. Eine runde Sache. Ein ruhiger Abgang in aller Stille. Der Gedanke gefiel mir, auch wenn ich kurz von mir selber erschrocken war.

Wissen Sie, ich habe schon immer die Meinung vertreten, dass man wirklich jeden Menschen an den Punkt bringen kann, an dem er für sich entscheidet, nicht mehr leben zu wollen. Wirklich jeden. In meinem Job habe ich schon oft genug Leute in die psychiatrische Klinik gefahren, die sich umbringen wollten oder sogar einen ernst gemeinten Versuch hinter sich hatten. Und wenn man sich mit denen mal so unterhält, dann merkt man sehr schnell, dass die wenigsten einen an der Murmel haben, um es mal etwas flapsig auszudrücken. Das waren zumeist ganz normale und geistig gesunde Menschen, die mit diversen Schicksalsschlägen einfach nicht mehr umgehen konnten. Da kann man den glücklichsten Menschen dieser Welt nehmen, ihm alles entreißen was ihm etwas bedeutet und früher oder später ist es soweit. Der Mensch kann nicht alles kompensieren, dafür ist er nicht gedacht. Wir sind keine Maschinen, selbst der stärkste oder auch emotionsloseste Mensch gibt irgendwann auf und kündigt seinen Lebensdienst. Und so weit war es jetzt auch bei mir gekommen. Es gibt sicherlich noch wesentlich mehr Dinge in meinem Leben, die mir etwas bedeuten. Sie wissen ja, ich mag eine ganze Menge. Aber all diese Dinge können einem plötzlich absolut wertlos erscheinen, wenn das verschwindet, was einem mit Abstand am meisten bedeutet hat, am wertvollsten war oder ist und einem die Kraft zu leben gab. So wie bei mir.

Aber so würde ich es tun, ja, ganz genauso. Einfach einschlafen, vielleicht mit einem schönen Gedanken und einem Bild von ihr im Schoß. Ich habe mir immer gesagt, man soll das Leben nicht so ernst nehmen, denn man kommt da ja nicht lebend raus. Und jetzt war es soweit. Die Endbarkeit der Dinge wurde mir in diesem Moment ganz deutlich bewusst. Irgendwann ist alles Mal vorbei, auch das Leben. Und warum soll man nicht selber über sein Ende bestimmen können? Unser Weg ist doch von Geburt an vorgegeben, wir können nur die wenigsten Dinge entscheiden. Wir werden geboren, ob wir wollen oder nicht. Da fragt keiner. Dann gehen wir in die Schule, lernen einen Beruf, arbeiten bis zur Rente und sterben irgendwann. Einige Leute sterben vorher an Krankheiten oder bei einem Unfall, aber so läuft das Leben im Groben ab. Das Leben ist unser höchstes Gut und dann sollten wir verdammt nochmal auch darüber bestimmen dürfen, wann es genug ist.
Wissen Sie, wenn Sie die Menschen fragen, was sie so für Ziele im Leben haben, dann bekommt man oft sehr triviale oder materielle Dinge zu hören. Haus bauen, eine dicke Karre zu fahren, erfolgreich im Job sein, blablabla. Jeder, wie er will, aber mein Ziel war immer, in dem Moment, kurz bevor ich den Arsch zukneife, auf mein Leben zurückzublicken und sagen zu können, ja, das hat sich gelohnt. Bedeutet, ist wäre unerträglich in diesem Moment die Erkenntnis zu haben, dass alles für die Füße war. Und vor dieser Entscheidung stand ich ja jetzt, bzw. war

sie bereits gefallen. Ich war am Höhepunkt meines Lebens angekommen, besser ging es nicht mehr. Auf gar keinen Fall. Also ist das genau der Moment, den ich haben wollte.
Dann sprach ich mit mir selber und sagte mir, dass ich jetzt mein Auto starten muss und dann da vorne nach rechts abbiegen. Ich startete mein Auto und für einen ganz kurzen Moment, für eine Millisekunde, wenn es überhaupt so lange war, kam mir meine Mutter in den Sinn und mit ihr die Erkenntnis, wenn ich gehe, dann würde sie mir sehr bald folgen. Das haben mir so einige Gespräche mit ihr ja gezeigt. Ich erwähnte dies ja bereits in einem früheren Kapitel, Sie erinnern sich?
Ich bog also nach links ab.
Erst während meiner Therapie in der Klinik wurde mir bewusst, warum ich es nicht getan habe. Ganz tief in mir drinnen hatte ich Saskia einfach noch nicht abgehakt und dieser winzig kleine Funken Hoffnung hielt mich am Leben.
Heute weiß ich, dass das in diesem Moment eine verdammt knappe Entscheidung war, die auch ebenso gut hätte anders ausfallen können. Um genau zu sein, es war keine Entscheidung in dem Sinne, es war einfach eine unterbewusste Handlung. Hätte ich die Trennung akzeptiert, wäre ich ganz sicher nach rechts abgebogen.
Dieser Weg nach links führte mich also zu Anke und Mario. Plötzlich hatte ich Angst vor mir selbst, eine panische Angst, ich traute mir selber nicht mehr über den Weg. Denn dieser Gedanke, der mich dazu brachte nach links zu fahren, der könnte in der nächsten Situation dieser Art nicht mehr auftauchen und es war für mich nur eine Frage der Zeit, wann dieser Drang nach dem Ende wieder die Oberhand gewann. Alleine die Autofahrt, rund dreißig Minuten, war ein Abenteuer. Ich kam in einem Moment, völlig

verloren in meinen Gedanken, von meiner Spur ab und es hätte fast einen bösen Unfall gegeben. Und wissen Sie was? Es war mir einfach scheißegal. Da saß er wieder auf dem Beifahrersitz, der Sensenmann, grinste mich fett an und ich neigte dazu seinem Grinsen zu verfallen. Irgendwie hatte ich auch die Musik von meinem USB-Stick gewechselt, es lief von *Killswitch Engage* das Album *Alive or just Breathing*. Ist das Ironie? Ebenso gut hätte auch *Don't fear the Reaper* laufen können.

Zur Vorwarnung meldete ich mich via Kurznachricht bei den beiden an, und als ich da eintraf, bat ich um Hilfe. Weinend flehte ich um Hilfe, weil ich Angst vor mir selber hatte. Noch am selben Abend telefonierte Anke mit Nadine, damit Nadine sich um einen Platz hier in der Klinik für mich bemühen würde. Denn so viel war klar, ohne professionelle Hilfe würde ich das hier nicht überstehen, das sah ich selber ein. Ich selber stufte mich als hochgradig labil und suizidgefährdet ein. Können Sie sich vorstellen, was das für ein Gefühl ist?

Es folgte noch ein langer Abend bei den beiden mit mehreren Heulattacken und Quasi-Zusammenbrüchen meinerseits. Ich konnte und wollte einfach nicht mehr, hatte die Lust am Leben verloren und selbst heute, achtzehn Tage später, wäre es mir völlig egal, wenn ich jetzt tot vom Stuhl rutschen würde.

Anke und Mario haben sich wirklich um mich gekümmert und ich versuchte zunächst auf deren Couch etwas Ablenkung vorm Fernseher zu finden und zur Ruhe zu kommen. Anke lag neben mir und las. Irgendwann schlief sie ein und ich nicht. Später verzog ich mich in deren Gästezimmer, denn dort stand ein richtiges Bett und ich konnte mich lang machen. Bei einem späteren Besuch in der Klinik gestand Anke mir,

dass sie in dieser Nacht kaum geschlafen und Blut und Wasser geschwitzt habe. Aus Angst, ich würde abhauen und mir was antun. Ich habe zwar auch in dieser Nacht fast gar nicht geschlafen, aber ich haute nicht ab und tat mir was an. Allerdings dachte ich darüber nach und ganz ehrlich, ich wollte es auch tun, aber ich war viel zu kraftlos.
Als ich am nächsten Morgen aufstand, war ich ein Zombie, diese Beschreibung trifft es wohl am ehesten.
Aber bevor es in die Klinik ging, gab es noch eine schwere Aufgabe zu erledigen, meine Mutter verständigen. Alleine der Gedanke brach mir schon das Herz. Anke bot an, den Anfang zu machen, aber das wollte ich nicht. Zwei Tassen Kaffee und eine kleine Scheibe Nutella Brot gab mir das bisschen Kraft, das ich für den Anruf benötigte. Allerdings versagte mir die Stimme, als ich an den Punkt kam, dass ich mit der Situation nicht alleine umgehen könne und eine andere Hilfe bräuchte als die offenen Ohren meiner Freunde oder auch von ihr um mich auszuheulen. Anke übernahm den Rest des Gesprächs für mich und es brach mir das Herz mir auszumalen, wie es meiner Mutter jetzt wohl gehen würde.

Ich wollte tot sein und meine Mutter erfuhr das jetzt von einer für sie bis zu diesem Zeitpunkt völlig fremden Person.

## Kapitel 18:
## Muttertag – Teil 3
## Die zweite Ehe

Auf seine Mutter sollte man doch eigentlich immer hören. Aber wer dies in seinem Leben stets getan hat, ihr niemals widersprochen und zu allem, was jemals von ihr kam, Ja und Amen gesagt hat, der möge den ersten Stein schmeißen. Keiner? Na das habe ich mir doch gedacht.
So auch meine Mutter, die am Tag vor ihrer zweiten Hochzeit nicht auf ihre Mutter hörte und trotzdem heiratete.
Wir hatten uns alle bereits in unserem neuen Heim eingelebt und auch in der neuen Schule lief es hervorragend. Auch für meine Schwester, jedenfalls habe ich da nie etwas Gegenteiliges erfahren. Zuhause sah die Sache allerdings anders aus und wo zum Teufel soll ich da bloß anfangen zu berichten?
Meine Mutter selber sagt, dass sie alleine über diese Ehe ein komplettes Buch schreiben könnte und ich behaupte mal, dass dies alles ausreichen würde um einem Werk wie *Der Herr der Ringe* in seinem Umfang Konkurrenz zu machen. Ich kann mir hier nicht alle möglichen Details erlauben, das würde tatsächlich den Rahmen sprengen, und so beschränke ich mich auf allgemeine Beschreibungen der Situationen Zuhause. Zumal ich diese Dinge ja aus meiner Sicht wiedergebe und nicht aus der meiner Mutter. Dennoch berufe ich mich, wie auch in den Kapiteln zuvor, zum Teil auf ihre Aussagen.

Wie ich Ihnen bereits berichtete, veränderte sich alles schlagartig mit der Hochzeit. Sein ganzes Verhalten wurde deutlich tyrannischer und lange

Zeit entschuldigte meine Mutter dies mit dem ganzen Renovierungsstress, dem anstehenden Umzug sowie dem Stress, den man so im Rahmen der allgemeinen Vorbereitungen für eine Hochzeit hat. So sollte man meinen, dass sich dies alles so allmählich lösen sollte, wenn die Ereignisse nicht nur zeitlich vorbei waren, sondern auch die Nachwehen allmählich abklingen und eine innerliche Ruhe würde. Kennen Sie das, wenn bestimmte Ereignisse in einem selber noch etwas wüten, etwas nachklingen, auch wenn sie schon vorbei sind? Auch für so etwas hätte meine Mutter Verständnis gehabt und ich natürlich auch. Aber dem war leider nicht so, im Gegenteil, es wurde immer schlimmer.

Insgesamt lässt sich das am besten damit beschreiben, dass wir Zuhause unter der eisernen Hand eines Diktators lebten. Er bestimmte, wo es lang ging, wann was und wie gemacht wurde. Nichts blieb unbeobachtet, nichts blieb unkontrolliert. Es gab strenge Regeln und Pläne und wehe dem, man hielt sich nicht daran. Doch bevor ein etwas falscher Eindruck entsteht, es kam niemals zu körperlichen Attacken, das hätte er sich auch nie getraut. Ebenso tat er alles für uns, steckte seine ganzen Ersparnisse in unser neues Zuhause und sorgte auch weiterhin dafür, dass dies so blieb. Natürlich wurde nach außen hin eine Art Schein gewahrt und so wusste lange Zeit keiner, was innerhalb dieser Wände so alles vor sich ging.

Es wäre sicherlich deutlich übertrieben, würde ich hier von einer Schreckensherrschaft reden. Aber sie müssen sich die Sache aus der Sicht eines 13jährigen Jungen vorstellen, oder eines 11jährigen Mädchens. Wie gesagt, es mangelte uns an nichts, an überhaupt nichts, wenn man

Wert auf materielle Dinge legt. Wir hatten jeder unser eigenes Zimmer, was in unserer Wohnung zuvor nicht der Fall war. Somit darf man hier schon von einem kleinen Luxus reden. Ich hatte sogar einen eigenen kleinen Fernseher in meinem Zimmer. Wir hatten sehr schöne Zimmer, nagelneue Möbel, sehr gute Möbel von hervorragender Qualität. Meinen damaligen Schreibtisch besitze ich heute noch, der hat so einige Umzüge überstanden und ist immer noch wie neu. Hier wurde also nicht gegeizt, auch hatten wir immer ordentliche Kleidung zum Anziehen und konnten uns auch so gerne mal den einen oder anderen Wunsch erfüllen. Was aber fehlte, und das sind die Dinge, die einem Kind unheimlich wichtig sind, die Geborgenheit und das Gefühl geliebt zu werden. Das kann man sich nicht erkaufen, das muss man leben. Meine Mutter tat dies natürlich weiterhin ununterbrochen und vielleicht sogar noch mehr als während unserer Zeit zu dritt.

Ich möchte nun wirklich nicht von einer komplett verkorksten Kindheit reden, aber es war offensichtlich, dass mein Stiefvater mit all diesen Dingen absolut überfordert war. Seine erste Beziehung überhaupt, sein erstes Heim außerhalb seines Elternhauses und dann gleich mit solchen Extras: eine gestandene Frau, die schon so einiges hinter sich hat und genug Lebenserfahrung für zwei bis drei Leben mitbringt. Dazu zwei Kinder auf dem Weg zur Pubertät, ein großes Eigenheim, das ist eine ganze Menge Holz. Nicht nur unser Leben änderte sich schlagartig, auch seines. Ich bin mir sicher, dass er damals nicht erahnen konnte, welch gewaltigen Ausmaße all diese Veränderungen umfassten und wie sie ihn beeinflussen würden. Und ich bin mir ebenfalls sicher, dass er das auch heute noch nicht weiß. Es kam immer wieder zu Streitereien, teilweise wirklich grundlos. In einem Haushalt passieren nun mal gewisse Dinge. Da wird mal hier ein Glas verschüttet und dort eine Tasse fallen gelassen. In solchen Fällen war das Geschrei immer gleich groß, eben so, als würde man diese Dinge mit Absicht machen. Ein Fleck hier, ein Fleck dort und schon wurde rumgebrüllt. Sie können sich sicher vorstellen, dass dies nicht zur allgemeinen Entspannung im Haus führt, im Gegenteil. Jeden Tag gab es Ereignisse dieser Art und die Probleme wurden nie in einem normalen Ton miteinander geklärt, immer nur Gebrülle und Geschreie. Das geht an die Substanz und verängstigt einen selbst so sehr, dass man praktisch die ganze Zeit permanent angespannt ist. Bloß nichts falsch machen, bloß keine Fehler machen, sonst geht das Theater gleich wieder los. Und mich belastete diese Tatsache zweierlei. Zunächst, weil ich sehr oft der Leidtragende war und zum anderen die Tatsache, dass sich meine Mutter dann immer für mich einsetzte und im Anschluss ebenfalls auch ihr Fett abbekam.

Zuhause wurde wegen jeder Kleinigkeit gestritten und häufig in den Momenten, in denen alle beisammen waren. Die Essenszeiten waren dadurch extrem unangenehm für mich, oft herrschte eine peinliche Stille. Beim Essen wird nicht geredet aber nun verbieten Sie Kindern das mal. Man hat ja vielleicht ein paar Dinge loszuwerden, will reden, will sich mitteilen. Zugegeben, diese Tatsache lockerte sich mit der Zeit etwas, was wohl auch daran lag, dass meine Schwester und ich älter und erwachsener wurden. Es gab einfach mehrere Dinge, über die

es sich zu reden lohnte. Dennoch, alles andere blieb unverändert.
Fast jeden Tag Ärger, fast jeden Tag Streit wegen irgendwelcher Kleinigkeiten. Wegen Dingen, über die es sich eigentlich überhaupt gar nicht lohnt zu streiten. So etwas zermürbt und ich habe meine Mutter früher oft weinen gehört. Es gibt kaum schlimmere Dinge für ein Kind, wenn es seine Mutter weinen hört. Und wenn man dann auch noch genau weiß warum, macht es die Sache nicht wirklich besser.
Ich fing in dieser Zeit an eine Schutzmauer um mich herum aufzubauen und bildete mein eigenes Reich. Innerhalb dieses Reiches fühlte ich mich sicher und geborgen. Hier drinnen war ich unverwundbar und es konnte mir nichts passieren, denn es kam ja auch keiner hier rein. Hier war nur Platz für mich und meine Ruhe, für meinen Seelenfrieden. Und immer, wenn Zuhause mal wieder die Situation eskalierte, zog ich mich hierhin zurück.
Dann war ich abgeschottet, nahm die Welt um mich herum kaum noch wahr. Die Stimmen klangen dumpf, fast wie ein Echo und manchmal hatte ich auch einen Tunnelblick. Dabei versuchte ich dann immer an positive Dinge zu denken, was mir auch manchmal gelang.
Ich sah mir damals unheimlich gerne *Die Bill Cosby Show* an, kennen Sie die noch? Nicht, weil ich das besonders witzig fand...um ganz ehrlich zu sein, die Gagdichte war nicht wirklich berauschend...aber in dieser Familie war die Welt in Ordnung. Mir war durchaus bewusst, dass es sich dabei um Fiktion handelte, aber egal was auf diese Familie zukam, es wurden immer Lösungen gefunden. Für jedes Problem und meistens in der Gemeinschaft. Da wurden nie böse Worte gewechselt, da hat der Bill niemals seine Kinder angebrüllt, alles wurde in

Ruhe und mit der nötigen Besonnenheit geklärt. Ich verlor mich in diese Welt, liebte diese Fernsehfamilie und wünschte mir nichts mehr, als selber in einer solchen Familie zu leben. Was ich ebenfalls sehr gerne sah, waren die Wiederholungen der deutschen Serie *Ich heirate eine Familie* mit Peter Weck und Thekla Carola Wied. In dieser Serie ging es darum, dass ein Mann mittleren Alters sich in eine Frau verliebte und später heiratete, die drei Kinder mit in die Ehe brachte. Unsere Situation ja nicht unähnlich. Auch hier hatte der neue Familienvater mit sehr vielen Problemen zu kämpfen und ähnlich wie bei den Cosbys wurden diese Probleme in Ruhe gelöst und am Ende waren immer alle glücklich. Warum zum Teufel ging das bei uns denn nicht, verdammt noch mal? Ist es denn so schwer ein ruhiges, friedliches und glückliches Leben zu führen? Ein Leben ohne Angst, dass es immer gleich den größten Ärger gibt, wenn mal etwas schief läuft, das muss doch möglich sein. Meine Schulfreunde führten doch auch solche Leben. Und so war es denn auch kaum verwunderlich, dass ich mich oft und gerne bei einem Schulfreund aus meiner Klasse aufhielt, dessen Elternhaus unweit von meinem steht. Ich ging dort oft ein und aus und kannte die Familie dadurch sehr gut. Viele Jahre später betrat ich dieses Haus dienstlich, um zu reanimieren.

Es gab allerdings auch gute Tage Zuhause, so ist es ja nicht. Oft kam die Familie abends zusammen und wir spielten diverse Brett- oder Kartenspiele. Auch wenn sich das oft mit meinem Fernsehprogramm überschnitt und ich zeitweise Widerwillens mitspielte, waren es doch ganz nette Momente und ich sog diese Harmonie

förmlich auf. Denn ich wusste ja, das ist nur von kurzer Dauer.
Je älter ich wurde, desto intensiver wurde auch das Verhältnis zwischen mir und meiner Mutter und sie vertraute mir oft Dinge an. Das blieb von meinem Stiefvater nicht unbemerkt und so entwickelte er eine Art Eifersucht gegen mich. Das sollte sich alles noch wesentlich weiter ausbauen, als ich von Zuhause auszog.
Wie gesagt, meine Mutter und ich hatten schon immer sein sehr gutes und spezielles Verhältnis zueinander, welches allerdings für ein paar Jahre auf eine harte Bewährungsprobe gestellt wurde. Ich wurde damals achtzehn Jahre jung. Endlich achtzehn, das war für mich so unendlich wichtig, weil ich jetzt frei war und tun und lassen konnte, was ich wollte. Endlich konnte mir mein Stiefvater keine Vorschriften mehr machen, ich konnte nach Hause kommen, wann ich wollte und das war ein sehr gutes Gefühl. Zu der Zeit steckte ich schon mitten in meiner Ausbildung zum Kfz-Elektriker und wieder änderten sich mein Freundeskreis und mein täglicher Umgang. Um dieses mal kurz zusammenzufassen: Ich hatte als Kind meine Freunde in der Schule bis zur siebten Klasse. Dann kamen der Umzug und eine neue Schule. Neuer Freundeskreis für drei Jahre, dann ging ich auf ein Gymnasium und wieder lernte ich neue Leute kennen, hatte wieder einen anderen täglichen Umgang. Ein sehr guter Freund aus dieser Zeit ist heute noch übrig geblieben und ich bin sehr froh darüber. Ich lasse ihn hier weiterhin unerwähnt, aber wenn er das liest, dann erkennt er sich und weiß, wie sehr ich seine Freundschaft schätze.
Jedenfalls durchlief ich dann diese Ausbildung und hatte vom ersten Lehrjahr an wieder mit anderen Leuten zu tun. Drei Tage pro Woche in der Kfz-Werkstatt und zwei Tage pro Woche in

der Berufsschule. Und gerade die nahm mich durchaus negativ mit. Die folgenden Jahre beschreibe ich als meine Drogenjahre und integriere in dieses Kapitel mal ein kleines Kapitel:

*Ich ziehe was, was du nicht ziehst und das ist weiß*

Ich bin nicht stolz darauf, ganz und gar nicht, aber es ist passiert. Ich probierte einiges, konsumierte aber zumeist Cannabis, gerne auch mal Kokain, aber keine härteren Sachen. Ich war niemals abhängig, aber verdammt oft breit. Zumeist konnte ich das ganz gut verbergen, aber heute weiß ich, dass meine Mutter vieles von dem erahnte, auch wenn ihr das komplette Ausmaß niemals bewusst war.
Ich selber habe diese Zeit nur noch recht vernebelt in meiner Erinnerung, es fehlen viele Dinge. Aber vielleicht ist es auch gut so. Diese Zeit sollte so knapp vier Jahre anhalten, vielleicht etwas weniger.
Prinzipiell fing dies alles mit dem Beginn der Berufsschulzeit an. Wie bereits gesagt, wieder ein anderer Umgang, diesmal aber mit einem komplett anderen Schlag von Leuten. Ich will an dieser Stelle wirklich nicht beleidigend sein, aber der Großteil war schon etwas primitiver veranlagt als die Leute, von denen ich zuvor noch auf dem Gymnasium umgeben war. Und damals war es eben gang und gäbe, dass man gerne mal gekifft hat. Einer von den Jungs hatte immer was zu rauchen dabei und so haben wir gerne die Pausen damit verbracht einen durchzuziehen. Anfangs war ich in der Clique nur so mit dabei und habe lediglich Zigaretten geraucht, aber der Schritt von der Kippe zum

Joint war nur ein ganz kleiner. Da ich mit den Jungs aus meiner Berufsschulklasse auch oft an den Wochenenden unterwegs war, war ich eben auch immer breit zu dieser Zeit. Und an den Wochenenden ging es dann teilweise richtig zur Sache und so kam ich dann auch irgendwann zum Koks. Feine Sache damals, ungeheurer Kick, geiles Gefühl und so konnte ich problemlos die ganze Nacht durchfeiern und war entsprechend locker drauf um Frauen klarzumachen. Hey, wir sind gut drauf und wir haben jede Menge Shit und Koks. Steigt ein, dabei sein, frei sein. Viele Wochenenden waren somit von folgenden Aktivitäten geprägt: Feiern, saufen, kiffen, koksen und ficken.

Und da man ja auch irgendwie an die Drogen rankommen musste, weitete sich mein Umfeld nochmals aus. Ich lernte Leute kennen, die weitaus härtere Sachen konsumierten und teilweise schwer drogenabhängig waren. Da hielt ich mich dann aber von fern und habe lediglich einmal Crack geraucht und einmal LSD und Extasy konsumiert. Dieser Scheiß war aber wirklich nichts für mich. Gerade von diesem chemischen Müll hatte ich mal einen enormen Höllentrip, den ich so nie wieder erleben wollte. Dennoch hatte der regelmäßige Konsum von Cannabis und Kokain seine Nebenwirkungen. Ich wurde total träge, war sehr schnell gereizt und generell desinteressiert. Meine ganze Aufmerksamkeit lag bei den Partywochenenden und meinen damaligen Freunden. Damals dachte ich, dass es meine Freunde wären. Heute weiß ich, dass es sich um eine Gruppe von Leuten handelte, in denen immer mal wieder einer eintritt und andere ausscheiden. Dafür gab es verschiedene Gründe. Während meiner Zeit in diesem Umfeld habe ich einen in den Knast gehen sehen und ein anderer starb an einer Überdosis Heroin. Der berühmte goldene Schuss. Der tragischste Fall war aber der Tod eines Kerls, den ich eigentlich sehr gerne mochte. Lockerer Geselle, meistens gut drauf und mit ihm ließ sich sehr gut Party machen. Eines Tages wurde er abgestochen und verstarb an seinen schweren inneren Verletzungen. Was genau da damals los war, kann ich nicht sagen. Ich weiß weder wann und wo das passiert ist und ob es überhaupt so geschah. Irgendwann war er weg und irgendjemand erzählte diese Geschichte. In einer rosaroten Parallelwelt ist er einfach abgehauen und fand sein Glück. Wahrscheinlich stimmt aber doch eher die erste Variante. Dieses Ereignis ließ mich allerdings erstmals mein damaliges Leben infrage stellen. Wie genau lebe ich gerade eigentlich, was treibe ich hier? Party hin oder her, aber es starb jemand, den ich wirklich gern hatte.

Das alles hielt ich von Zuhause fern. Ich habe niemals ein Wort darüber verloren und so gut es ging versucht mir meinen ständigen Rausch nicht anmerken zu lassen. Damals hatte dieser Zustand einen enormen Vorteil für mich. Der ständige Stress Zuhause belastete mich nur wenig, denn ich hatte diese sehr ausgeprägte leck mich am Arsch Einstellung.

Dennoch hatte ich mich in meinem Verhalten und Wesen verändert, das konnte einfach nicht ausbleiben. Dafür war ich da viel zu tief drin und viel zu oft auf Drogen unterwegs. Rückblickend eine wirklich beschissene Zeit in meinem Leben, aber ich habe es rechtzeitig erkannt und fand einen Ausweg. Das hätte sich auch gut und gerne ganz anders entwickeln können. Ich musste da ausbrechen und zeitlich passend zu dieser Erkenntnis endete auch meine Lehrzeit.

So sah ich die Leute nicht mehr unter der Woche in der Berufsschule und Handys waren damals noch nicht so weit verbreitet und selbstverständlich wie heute. Somit blieb der Kontakt aus und das war auch enorm hilfreich. Ich konnte meine Aktivitäten diesbezüglich deutlich einschränken und irgendwann gelang mir der komplette Ausstieg aus der Szene. Wie gesagt, ich bin nicht stolz auf diese Zeit, aber ich habe es geschafft mich dieser Sache zu entziehen. Und meine Mutter hatte einen gewissen Anteil daran. Zu meinem 22. Geburtstag, ich hatte soeben meinen Zivildienst angetreten, schenkte sie mir lediglich eine Karte. Da meine Lehrzeit bereits seit einigen Monaten beendet war, war ich selber bereits aus diesem Umfeld entkommen und tastete mich langsam wieder in mein altes Leben zurück. Es lag eine wirklich fiese Zeit hinter mir und mit dieser Geburtstagskarte öffnete meine Mutter mir endgültig die Augen. Der Titel zeigte ein herbstliches Motiv mit einer Allee, die am Horizont endete. In diese Allee schrieb meine Mutter die Worte *Wohin führt der Weg?* und in dieser Karte, die wirklich zweiseitig vollgeschrieben war, teilte sie mir all ihre Gedanken und Sorgen um mich mit. Ich glaube, ich habe damals geweint. Sicher bin ich mir nicht mehr, aber eines weiß ich noch ganz genau: Von diesem Punkt an änderte ich mein Leben konsequent. Ich berief mich auf meine alten Tugenden und schaute positiv nach vorne. Es war an der Zeit neue Wege zu gehen und ich tat dies auch, nicht nur beruflich.

---

Ich beendete meinen Zivildienst und arbeitete anschließend direkt hauptberuflich im Rettungsdienst weiter. So kam deutlich mehr

Kohle rein und gut eineinhalb Jahre später zog ich dann in meine erste eigene Wohnung. Ein weiterer wichtiger Punkt in meinem Leben, denn von nun an war ich komplett für mich selbst verantwortlich. Und ich war froh nicht mehr täglich diesem Stress und Ärger Zuhause ausgesetzt zu sein und das tat mir sichtlich gut. Als dann später auch meine Schwester endgültig von Zuhause auszog, dachte ich, dass sich die Situation dort bessern würde. Wir waren beide aus dem Haus und somit waren für meinen Stiefvater ein paar wesentliche Stressfaktoren nicht mehr da. Aber eigentlich wurde die Situation für meine Mutter noch schlimmer. Nicht direkt, aber so nach und nach, ein schleichender Prozess. Ich denke, das lag mit daran, dass ich eben nicht mehr da war. Er hat wohl doch ein wenig Respekt vor mir, denn hin und wieder fing ich auch mal an meine Stimme zu erheben und zu sagen, dass es jetzt gut sei. Dieser Faktor brach nun weg.
Immer und immer wieder berichtet mir meine Mutter, was denn nun alles wieder passiert sei, was er getan oder gesagt habe. Dabei ist er im Grunde kein bösartiger Mensch, das ist ja das komische Element an diesem Kerl. Man könnte ihm glatt eine Art Schizophrenie unterstellen. Beispiele gefällig? Da ist seine Beziehung zu mir, nicht besonders gut, und wie ich Ihnen bereits erzählte, herrscht da eine gewisse Eifersucht. Dennoch kaufte er mir zum Erwerb meines Führerscheins ein Auto. Und nicht irgendeine alte Rostlaube, sondern einen Jahreswagen. Mit so etwas hätte ich niemals gerechnet und ich war auch wirklich dankbar dafür, heute noch. Aber Zuneigung kann man sich eben nicht erkaufen. Dann ist da der Umgang mit meiner Mutter, die für ihn lediglich eine Art Ersatzmutter darstellt. Dieser Mann ist von

Grund auf unselbstständig, meine Mutter kümmert sich komplett um den Papierkram und alle anderen wichtigen Dinge, er kann es schlichtweg nicht. Er braucht sie primär zum Putzen, für die Wäsche zu machen und die Bude in Ordnung zu halten. Zwischenmenschlich läuft da sonst gar nichts. Aber immer wenn meine Mutter im Krankenhaus lag, und das kam ja öfters mal vor, dann war er jeden Tag da und tat alles für sie.

Er ist der friedlichste Mensch solange alles nach seinen Vorstellungen und Plänen läuft, die er aber keinem mitteilt. Sobald mal etwas anders läuft, etwas spontan dazwischenkommt und sei es noch so eine Kleinigkeit, dekompensiert er und es kommt nicht selten zur Eskalation. Ich habe meiner Psychiaterin hier im Haus gesagt, dass sie sich an diesem Kerl wohl die Zähne ausbeißen würde.

All diese Um- und Zustände haben sich in keiner Weise geändert, meine Mutter wird im Prinzip rund um die Uhr überwacht. Er durchsucht die Mülltonen, passt genau auf, was sie wann isst und wenn sie etwas zu sich nimmt, was er bis dato nicht mochte, futtert er trotzdem mit. Als ob er ihr gewisse Dinge einfach nicht gönnt. Er bestimmt, was abends im Fernsehen geschaut wird, kontrolliert die Post und auch sonst muss immer alles an seinem Platz sein. Und wehe dem, wenn das nicht so ist.

Mit all den Jahren ist er bei seinen Ausrastern auch immer hemmungsloser geworden. Da wird hinterm Haus im Garten rumgebrüllt und die ganze Nachbarschaft bekommt das mit. Aber das ist ihm wohl egal. Ich denke, dass er gar nicht realisiert welches Bild er dadurch nach außen abgibt. Früher hat er sich in der

Öffentlichkeit ja noch zurückgehalten, aber heute lange nicht mehr. Ich habe schon so oft zu meiner Mutter gesagt, dass sie doch einfach gehen soll. Auch wenn sie kein richtiges Einkommen hat, wir leben in einem Sozialstaat, da muss keiner auf der Straße leben und sie schon gar nicht. Sie tut es einfach nicht, und da ich dies schon vor über zehn Jahren predigte, ist davon auszugehen, dass es auch nicht mehr so weit kommen wird. Alternativ habe ich ihr mindestens ebenso oft angeboten mich anzurufen, wenn die Luft Zuhause unerträglich dick wird. Wenn ich nicht arbeiten muss, komme ich sie abholen. Ich habe eine Gästecouch und gut ist es. Meine Schwester hat das auch schon mehrmals angeboten, aber leider nimmt sie es niemals an. Sie sagt, sie will keinem zur Last fallen, so ein Quatsch. Wenn wir das anbieten, dann ist es keine Last. Außerdem hat sich unsere Mutter für uns damals den Arsch aufgerissen, das wäre jetzt das Mindeste, was wir für sie tun könnten. Stattdessen höre ich oft die Worte *stell dir vor, was gestern wieder hier los war*.
Können Sie sich vorstellen, wie belastend so etwas auf die Dauer sein kann? Meine Mutter sagt immer, dass ich der einzige Mensch bin, mit dem sie seit dem Tod ihrer Mutter über alle ihre Sorgen und Probleme reden kann. Dafür bin ich ja auch da und ich höre mir das auch immer alles an, das ist doch selbstverständlich. Aber irgendwann brauche auch ich dafür ein Ventil, denn viele Dinge sind auch für mich äußerst belastend.
Ich habe ihr das einmal im Rahmen eines Besuchs von ihr hier in der Klinik erzählt. Natürlich machte sie sich dann wieder Vorwürfe und fühlt sich nun mitverantwortlich für meine Situation, aber auch das ist natürlich Quatsch.

Sie soll das auch weiterhin tun, ich erschaffe mir hier ein Ventil für diese Dinge und im weiteren Verlauf bei einer späteren ambulanten Therapie werde ich dieses Ventil auch weiterhin haben. Irgendwo muss der ganze Kram ja auch mal hin. Das gilt gleichermaßen für mich als auch für meine Mutter.

Sie sprach schon oft davon, dass sie alles satthat und sich irgendwann selber ein Ende setzen werde. Für sie als Diabetikerin ist das auch denkbar einfach. Sie muss sich bloß ein paar Einheiten Insulin mehr spritzen und kann dann in aller Ruhe dahinscheiden. Können Sie sich, vorstellen wie das ist solche Worte von seiner eigenen Mutter zu hören? Das ist alles andere als einfach und man weiß selber gar nicht so genau, was man darauf antworten soll. Dann sagt sie aber immer, dass sie so eine enorme Freude daran hat, ihre Enkelkinder aufwachsen zu sehen und unbedingt noch erleben will wie ihr Sohn, ihr sogenanntes Sorgenkind, auch mal heiratet. Nun, ich dachte eigentlich, dass das nicht mehr allzu lange dauern kann, aber dieser Gedanke liegt heute in weiter Ferne, auch wenn ich ihn vor vierundzwanzig Tagen noch hatte.
Vierundzwanzig Tage, in denen sich mein Leben von Grund auf geändert hat.

## Kapitel 19:
## Twelve Monkeys – Teil 4
## Der schlimmste Tag

Heute ist ein ganz schlechter Tag für mich. Ich bin in einer wirklich miesen Verfassung, sitze auf demselben Stuhl vor demselben Tisch, der unter demselben Fenster steht. Der Ausblick ist natürlich wieder derselbe, sogar was Wetter ist identisch zu dem Zeitpunkt, an dem ich anfing zu tippen. Meine Stimmung ist heute ganz furchtbar, ständig habe ich ihre Worte im Ohr: *Ich will mich trennen*. Ständig muss ich anfangen zu weinen und auch jetzt, genau in diesem Moment tippe ich mit Tränen in den Augen. Seitdem ich hier bin, habe ich knapp fünf Kilogramm abgenommen und ich habe noch immer diese schlimmen Schlafstörungen. Ich schlafe zwar schnell ein, wache aber jede Nacht zwischen drei und vier Uhr wieder auf und kann dann nicht mehr einschlafen. Das hebt nicht wirklich die Stimmung, ganz im Gegenteil. Das geht mir so, seitdem ich hier bin, wurde zwischenzeitlich aber ein klein wenig besser. Allerdings wurde es vor zwei Tagen wieder schlechter, als ich in meiner Wohnung war und Saskias Sachen in den Keller räumte.
Jedenfalls dachte ich, dass das mein Tiefpunkt gewesen sei. Bis heute. Vor dem heutigen Tag hatte ich die ganze Zeit schon Angst, aber ich dachte nicht, dass es so schlimm werden würde. Heute ist ihr Geburtstag und den hatte ich ursprünglich ganz anders geplant. Es sollte ein schöner und romantischer Abend werden, stattdessen sitze ich in einer psychiatrischen Klinik und habe den ganzen Tag schon wieder diese fiese Gedanken im Kopf: Ich will nicht mehr leben!

Nach einem kurzen Zwischenhoch am Nachmittag zuvor sank meine Laune gegen Abend, wahrscheinlich in böser Vorahnung. Auch in der vergangenen Nacht habe ich fast gar nicht geschlafen und am Morgen des heutigen Tages war es dann ganz aus mit mir. Wieder bin ich gegen halb vier dann endgültig aufgewacht und lag seitdem eigentlich kontinuierlich weinend im Bett. Fassungslos, geplagt von unendlicher Traurigkeit und Trauer, Leere und Schmerz, tiefer und brennender Schmerz. Dementsprechend begann ich dann auch diesen Tag und schleppte mich zur Morgenrunde. Was sollte ich schon groß zu berichten haben heute früh? Ich wollte eigentlich nicht ein Wort reden, also nuschelte ich ganz kurz und knapp heraus, dass ich fast gar nicht geschlafen habe und meine Stimmung im Keller sei. Dann ein kurzes Frühstück, welches mangels Appetit lediglich aus zwei Tassen Kaffee und einem Joghurt bestand. Scheißtag, das wird einfach nur ein ganz beschissener Scheißtag und irgendwie musste ich den rumkriegen.

Sicherlich stand auch heute wieder das eine oder andere Therapieprogramm an und den Vormittag habe ich mit der Stationsarztvisite und etwas Sporttherapie ganz gut gemeistert. Aber seit dem Mittagessen ist Leerlauf und seitdem geht es mit mir stetig bergab. Ich bin jetzt ein psychisches Wrack und erkenne eindeutige Parallelen zum Tag meiner Einlieferung.

Da ich nicht weiß wohin mit mir, schleiche ich ohne Ziel über den Flur, durch den Aufenthaltsraum und wieder zurück. Setze ich mich in mein Zimmer auf den Stuhl, fange an zu grübeln und stehe wieder auf. Die Runde beginnt von vorne und endet an der gleichen

Stelle. Und noch einmal und noch einmal und noch einmal. Meinen Zustand bekommen auch die anderen Patienten hier mit und fragen mich, ob alles gut sei. Ist es natürlich nicht und ich sage nur, dass es mir heute besonders schlecht geht. Mir wurden sogar schon Gespräche von anderen depressiven Patienten angeboten, das muss man sich mal vorstellen!

Jedenfalls hocke ich nun am Nachmittag hier alleine in meinem Zimmer, in mir herrscht wieder diese extreme Unruhe, ich kann kaum stillsitzen und möchte am liebsten einfach meinen ganzen Schmerz hinausschreien. Ich habe das dringende Bedürfnis etwas kaputt zu machen, stehe alle zwei Minuten auf und laufe im Zimmer hin und her, was bei meiner Größe allerdings auch nur zwei Schritte in jede Richtung sind.

Und da ist er wieder, dieser unendliche Schmerz, der mich zu zerreißen droht. Ich habe das Gefühl innerlich zu verbrennen und alles, was ich mir in diesem Moment wünsche ist, es tot zu sein. Tot, damit alles vorbei ist, damit ich diesen Schmerz nicht mehr spüre. Ich brauche eine Dusche.

Die Dusche war lang und heiß, ich dusche gerne lange und heiß und ich habe mich gefragt, ob man sich zu Tode duschen kann? Das wäre ein angenehmer Tod, aber so würde das nicht funktionieren. Die Dusche hat mir nicht wirklich geholfen, aber ich weiß nicht, was ich sonst noch tun könnte. Ich bin in einer solch depressiven Stimmung, dass ich mich zu nichts aufraffen kann, ans Joggen ist gar nicht erst zu denken. Um Ihnen das klar zu verdeutlichen, ich bin definitiv in dem psychischen Zustand, den ich bei meiner Einweisung aufwies. Nur bin ich körperlich einigermaßen fit, etwas müde, aber

lange nicht so übermüdet und ausgehungert. Ich bin wieder in diesem schwarzen Nichts gefangen, Leere umnebelt meinen Verstand und lässt mich nicht klar denken. Ich spüre diese unendliche Trauer, diese Traurigkeit und die Ausweglosigkeit. Meine Machtlosigkeit ob dieser Situation macht mich schier wahnsinnig.
Mein Blick fällt auf das Paar Chucks, welches neben meinem Bett auf dem Fußboden steht und ich frage mich, ob die Schnürsenkel mein Gewicht tragen können. Kann ich mich damit an der Türklinke der Nasszelle aufhängen? So, wie der Junge in diesem furchtbaren Einsatz damals. Ich schreibe lieber weiter, aus Angst ich würde es ausprobieren und dieser Versuch kläglich scheitern. Dann würde man mich dabei ertappen und mich wieder eine Etage tiefer bringen, zur geschlossenen Station, zu den ganz kranken Menschen. Das will ich auf gar keinen Fall, nie wieder dahin.
Ich fange an zu weinen...nicht zum ersten Mal heute, ich weine ständig, kann kaum aufhören. Heute ist ihr Geburtstag und der sollte ganz anders aussehen.
Eigentlich hätte ich heute Tagdienst gehabt und hatte bereits vor geraumer Zeit für heute Überstundenfrei beantragt. Schließlich ist ja der Geburtstag von meinem Rauscheengel und den wollte ich natürlich mit ihr verbringen. Zwei Tage, bevor Saskia auf meiner Couch weinend von Trennung sprach, habe ich gesehen, dass mein Antrag genehmigt wurde und sie hat sich so unglaublich darüber gefreut, fast wie ein kleines Kind, ZWEI VERDAMMTE TAGE VOHER!!!!!!
Mein Plan war eigentlich heute Abend mit ihr genau in die Lokalität zu gehen, in der wir seinerzeit unser erstes Date hatten und ich hatte dort bereits exakt den Tisch reserviert, an dem

wir damals saßen. Damals, vor einem guten Jahr. Ich frage Sie, geht es noch romantischer? Nichts, wirklich nichts ist mir für diese Frau zu wertvoll. Und dann erst das Geschenk, ein wahrer Kracher. Ich habe es seit September des Vorjahres und freute mich seitdem wie ein Schneekönig auf ihr Gesicht, wenn sie es auspacken und bemerken würde, was das eigentlich ist. Es gibt nur sehr wenige Menschen, die davon wissen und ich werde es jetzt auch nicht verraten. Das mag für Sie jetzt fies erscheinen, aber es sollte ihr persönliches Highlight werden. Es ist schlichtweg nicht möglich einem geliebten Menschen ein Geschenk zu machen, das mehr sagt, wie sehr man diesen Menschen liebt, wie sehr man diesen Menschen vergöttert und anhimmelt, wie unglaublich glücklich man mit diesem Menschen ist. Nur ein Heiratsantrag kann das noch überbieten, aber der sollte ja dann wahrscheinlich noch in diesem Jahr folgen. Sollte.
Und was ist jetzt? Ich sitze hier in der Klinik und Verzweiflung macht sich in mir breit und ich stelle mir ernsthaft die Frage, ob ich nicht einfach rausgehen und mich vor einen Zug werfen soll? Aber selbst dazu fehlt mir der Antrieb. Was ich da erstmal für einen Weg auf mich nehmen müsste, um zu den passenden Bahnschienen zu gelangen. Ne, das schaffe ich jetzt nicht. Und ich merke wie sich genau in diesem Moment der Wahnsinn in mir breitmacht, wie irgendetwas aus mir herausplatzen will wie das Alien in dem gleichnamigen Film. Es brennt in mir, alles spannt sich an, wird unerträglich, gleich wird die Hölle aus mir ausbrechen. Jetzt ist es soweit, ich drehe durch, schaukle sitzend im Stuhl vor und zurück, immer schneller und schneller, ich

zerplatze gleich, spüre meine Haut einreißen wie ein perforiertes Blatt Papier aus einem Schreibblock, schaukle noch schneller, stöhne auf…

Ich habe die Schreiberei für einige Zeit unterbrochen, denn was eben passierte muss ich wohl als eine Art Panikattacke beschreiben. Es kam urplötzlich über mich und ich habe mich vom Stuhl auf mein Bett geworfen, fing an zu weinen, aber nicht einfach nur weinen. Ich habe mir diesen Schmerz förmlich herausgepresst und dabei Geräusche gemacht, die ich nicht beschreiben kann. Dabei habe ich mir mit beiden Fäusten wie bekloppt auf meine Brust geboxt und mich selber angebrüllt, dass ich das alles nicht mehr aushalte…dass das vorbei sein muss…jetzt sofort…dass ich nicht mehr kann…dass ich am Ende bin und nicht mehr will…gar nichts mehr will. Ich kann das nicht mehr, es muss aufhören, jetzt. Ich muss aufhören zu leben, der Tod ist genau jetzt die Erlösung von all der Qual. Ich bin kraftlos, lustlos und ohne Hoffnung. Ich habe nicht nur geweint, ich habe geschrien und dabei so viele Tränen vergossen, dass mein komplettes Kopfkissen nass wurde. Und ich hämmerte und hämmerte auf meine Brust ein und sagte mir immer wieder die gleichen Worte auf. Dabei habe ich am ganzen Körper gezittert und mich überkam urplötzlich eine gewaltige Zukunftsangst. Wie sollte das bloß mit mir weitergehen? Es kann gar nicht mehr mit mir weitergehen, mein Leben ist im Arsch, meine Zukunft existiert nicht mehr. Ich hatte eine panische Angst davor und hämmerte und hämmerte immer weiter, rief die an mich selbst gerichteten Worte immer lauter und hörte einfach nicht auf zu weinen und plötzlich merkte ich, dass ich anfing zu hyperventilieren. Nicht doch auch das noch, das gibt es doch gar nicht. In mir wuchs das Gefühl keine Luft mehr zu bekommen und mein Körper reagierte, indem er schneller atmete. Ich kenne diesen Mechanismus, ich weiß ganz genau was passiert, schließlich sind das in meinem Job Routineeinsätze. Aber ich kann mich nicht dagegen wehren, meine Finger sind verkrampft. Keine Luft, Panik macht sich breit, alles beherrschende Panik, mein Verstand schaltet sich ab, keine Kontrolle mehr über meinem Körper. Es flimmert, mir wird schwarz vor Augen, heftiger Schwindel, es wird dunkel...sterbe ich jetzt endlich?

Als ich damit fertig war, war ich auch körperlich fertig, fix und fertig. Mir ist es schleierhaft, wie das außerhalb meines Zimmers niemand hören konnte. Oder war ich dabei doch leiser als es mir selber vorkam?

Mein Verstand klarte auf, der Nebel lichtete sich und ich fixierte einen bestimmten Punkt im Raum. Nein, kein Schwindel mehr und ich sehe klar und deutlich. Wo bin ich? Ach ja, in meinem Zimmer der Klinik. Ich liege auf dem Bett, ich bin wach, ich spüre meinen Körper, ich lebe...Scheiße!

Das war eine verdammte Panikattacke. Ich habe mich während einer extrem heftigen depressiven Phase zuerst der unheimlichen Angst ergeben und daraus entwuchs dann eine Panikattacke wie die Ranke aus der Zauberbohne. Nur gab es an deren Ende kein Geflügel, welches goldene Eier legt.

Ich blieb noch eine Weile liegen und lauschte in meinen Körper hinein. Atmung flach und normal, Puls erhöht und sehr kräftig spürbar. Wahrscheinlich leicht erhöhter Blutdruck. Ich fühlte mich schlapp, total erschöpft, aber dennoch von einem psychischen Erregungszustand ergriffen. Dagegen galt es jetzt erstmal etwas zu unternehmen. Denn wenn mein Körper wieder genug Energie in Form von Glucose und Sauerstoff aufgetankt hat, könnte der ganze Zirkus ja wieder von vorne beginnen. Schließlich hat sich nichts verändert, meine Stimmung ist immer noch ganz unten und meine Angst und Perspektivlosigkeit ist so intensiv spürbar wie ein Tritt in die Weichteile. Als ich also das sichere Gefühl hatte mich wieder auf den Beinen halten zu können, stand ich auf und verlies mein Zimmer. Ich bat beim Pflegepersonal um eine Tablette zur Beruhigung und erklärte grob warum und wie ich fühle.

Nun, eine Tablette Tavor und eine gute Stunde später, bin ich in der Lage Ihnen diesen Vorfall zu beschreiben. Besser geht es mir natürlich immer noch nicht, aber ich habe mich etwas beruhigt. Allerdings muss ich dazu sagen, dass ich auch überhaupt keine Kraft mehr für jegliche Form der Aufregung in mir habe.
Unruhig bin ich immer noch, der Schmerz wütet noch immer ungemindert in mir, die Trauer über diesen nicht zu beschreibenden Verlust ist nach wie vor ungebrochen intensiv und schier unerträglich. Ich hasse mein Leben und will es nicht mehr, ich verschenke es. Will es jemand haben? Freiwillige mögen vortreten. Keiner? Verdammt! Vielleicht sollte ich auf einer bekannten Auktionsseite im Internet eine Anzeige aufgeben:

*Verschenke hier ein Leben. Unikat, Youngtimer. 38 ½ Jahre lang gefühlter Topzustand, checkheftgepflegt, ist immer zuverlässig und* ohne größere Aussetzer gelaufen, allerdings bei überdurchschnittlich hohem Verbrauch. Reichlich Sonderausstattung und Speziallackierung. Zuletzt allerdings schwere Schäden, wahrscheinlich Kopfdichtung hinüber. Überhitzt schnell und läuft fast gar nicht mehr rund. Äußerlich aber neuwertig, keine Kratzer oder Beulen. Nichtraucher und keine Haustiere. Aufgrund der Größe kein Versand möglich und nur an Selbstabholer abzugeben. Keine Garantie und Rücknahme.

Ja, das klingt doch gut. Ob sich da ein Abnehmer findet? Wahrscheinlich nicht. Wer will denn auch schon so etwas haben? Selbst ich, der ursprüngliche Besitzer will es ja nicht mehr haben. Ich habe einfach die Schnauze voll davon.

Auch heute Abend werde ich wieder einschlafen und mir wünschen einfach nicht mehr aufzuwachen, aber nur um morgen früh festzustellen, dass mich diese ganze Scheiße einfach nicht loslässt.

Es ist ein wenig so, als wäre ich Bill Murray in einer düsteren Variante von *...und täglich grüßt das Murmeltier*. Jeden Tag der gleiche Scheiß, die gleiche beschissene Stimmung, der gleiche beschissene Wunsch nicht mehr zu leben. Einfach friedlich einzuschlafen und nicht mehr aufzuwachen. Und jeden beschissenen Tag werde ich wieder wach und stelle fest, ich lebe immer noch mein beschissenes Leben.

Ich bin so hochgradig depressiv, das ist einfach nur erschütternd. Heute denke ich ständig an Selbstmord in irgendeiner Form. Ich verfluche es, am Abend vor meiner Einlieferung nach links anstatt nach rechts gefahren zu sein. Verdammt, ich könnte tot sein und alles hinter

mir haben. Stattdessen bin ich nun hier und frage mich, ob ich nicht vielleicht doch das mit den Schnürsenkeln versuchen sollte. Oder doch rausgehen und Bahngleise aufsuchen. Ich könnte auch auf die Dachterrasse hoch und mich runterstürzen. Die ist aber nicht so hoch, als das mir das sicher erscheint. Die Schnürsenkel könnten reißen und ich habe keine Ahnung, wie ich hier zu Bahngleisen kommen soll.
Suche ich nach Ausreden oder spricht das wirklich alles dagegen? Habe ich nicht den Mut dazu? Warum zögere ich jetzt, warum bin ich nach links gefahren? Sind das die gleichen Gründe? Habe ich vielleicht doch nicht abgeschlossen? Glimmt tief in mir drinnen vielleicht doch ein Funke Hoffnung? Und wenn ja, Hoffnung nach was?
So viele Fragen. Keine Antworten. Hat das was zu bedeuten und wenn ja, was? Oder ist das einfach so, weil ich eben krank bin?
Ich will, dass dieser Tag bald vorbei ist. Und mehr als das, ich will ihn vergessen, aus meinem Gedächtnis streichen, ihn vergraben und nie wieder hervorholen. Aber das geht nicht, das ist nicht möglich, denn auch dieser Tag gehört zu meinem Leben. Schlimmer kann es ja jetzt eigentlich nicht mehr werden...hoffentlich. Denn für einen schlimmeren Zustand fehlt mir die Vorstellungskraft, und wie ich das dann überstehen könnte, ist ebenfalls undenkbar. Ich habe ja noch nicht einmal eine Ahnung, wie ich den Tag heute überstehen konnte. Manchmal ist man scheinbar stärker als man es sich selber zutraut. Man weiß nie, wie stark man wirklich ist, bis stark sein die einzige Möglichkeit ist, die einem bleibt. Dieser Satz wird mich ab jetzt begleiten. Heute wird er mir noch nicht helfen,

aber irgendwann kommt die Zeit. Nur jetzt noch nicht, denn ich will immer noch tot sein. In der Abendrunde habe ich berichtet, dass ich heute meinen für mich persönlichen Tiefpunkt habe, seit ich hier im Haus bin. Und während ich in dieser Runde saß und den anderen Patienten zuhörte, drifteten meine Gedanken plötzlich ab. Ich weiß nicht wieso, aber plötzlich fielen mir Zeilen für ein Gedicht ein. Ein Gedicht, mit dem ich meine Stimmung ausdrücken möchte. Ich nenne es Leben in der Schattenwelt und jetzt, wo ich wieder in meinem Zimmer sitze, schreibe ich es nieder:

*Ich lebe ein Leben in der Schattenwelt*
*vom Schicksal geprellt*
*nichts mehr da was mir gefällt*
*kein Geld der Welt mein Gesicht erhellt*
*Freude lediglich gestellt*
*mein Leben in der Schattenwelt*

*Ich weiß nicht wo es herkam, auf einmal war es da*
*dieses schwarze Nichts, was so plötzlich geschah*
*es krallte sich meine Seele, mein Herz, meinen Verstand*
*und ehe ich es merkte war ich innerlich verbrannt*
*ich fühlte mich alleine, einsam und kalt*
*wie in diesem Kinderlied, das Männlein im Wald*
*keinen Schlaf, keinen Hunger, kein sozialer Kontakt*
*sich selbst isoliert, verwundbar und nackt*
*wo wird das enden und wo führt das hin?*
*Fragen ohne Antwort, ein Leben ohne Sinn*
*der Sturz in Tiefe, ohne Halt ins schwarze Loch*
*der stumme Schrei nach Hilfe, bitte erhört mich doch*

dieser Schmerz in meiner Brust, er brennt so sehr
ist unerträglich, ich kann einfach nicht mehr
Das Schicksal hat es wohl nicht gut mit mir gemeint
die Dunkelheit und Leere ist jetzt mein bester Freund
nur noch Einsamkeit und Trauer, Sehnsucht und Leid
der Wahnsinn in meinem Kopf, zu allem bereit
alles mich davon befreit, völlig egal was es ist
wünsche ich mir herbei, auch wenn es mein Ende ist
bringt der Tod mir die Erlösung, dann soll es so sein
dann schreite ich ihm entgegen, kraftlos und allein
plötzlich spüre ich Erleichterung, es fällt mir so leicht
von meinem Leben loszulassen, mir hat es gereicht
ich hatte wunderbare Jahre, Freunde und Glück
das alles hat keinen Wert mehr, nur noch ein kleines Stück
und finde ich im Tod die Ruhe und den Frieden
dann hat es sich gelohnt dem Leben zu entfliehen

Ja, so sieht es in mir aus. Poesie, dunkle und depressive Poesie.
Ruhe und Frieden, das ist alles, was ich will.

## Kapitel 20
## Blaues Licht – Teil 6
## Abgründe der Menschheit

Kennen Sie diesen Gedanken, wenn Sie Nachrichten sehen oder Zeitungen lesen und sich bei grausigen Berichten fragen, welche Menschen denn bloß zu so etwas in der Lage sind? In meinem beruflichen Alltag begegnen mir solche Dinge so gut wie nie. Zwar erlebe ich oft furchtbare Szenarien, aber da geht es dann weniger um die Taten einzelner Menschen. In dem kommenden Beispiel sieht das aber anders aus. Ganz anders.

Auch bei diesem Einsatz muss ich mich natürlich aus datenschutzrechtlichen Gründen zurückhalten, aber ich kann ihn unmöglich unerwähnt lassen, dazu hat er sich einfach zu sehr in meinem Gedächtnis verankert. Diesmal aber nicht aufgrund eines besonderen Drucks, oder wegen Todesängsten, sondern einfach weil es sich hierbei um ein Paradebeispiel für die abgrundtiefe Hässlichkeit der Menschheit handelt. Weil es so unfassbar ist, zu was manche Menschen in der Lage sind.

Ein früherer guter Freund von mir sagte einmal: *Stell dir das schlimmste Szenario vor das, in deine Birne geht, das gibt es schon...und noch viel schlimmer.* Wahre Worte.

Keine Sorge, es folgt jetzt keine Gewaltorgie in dem Sinne, es geht hier auch nicht um massenweise Tote oder dergleichen. Es geht hier um eine Geschichte, die einem die Nackenhaare aufstellen lässt.

Es war mal wieder ein Nachtdienst und ich hatte mit einer Kollegin Dienst, mit der ich sehr selten beruflich das Vergnügen habe. Und da ich sie sehr mag, freute ich mich entsprechend auf diese Schicht, was auch auf Gegenseitigkeit beruhte. Natürlich konnte keiner von uns ahnen, welcher Schrecken uns in dieser Nacht begegnen sollte. Jetzt muss ich gerade über meine eigenen Worte schmunzeln, denn das klingt ja wie ein Beitrag in der Sendung *Aktenzeichen XY ungelöst...*, meinen Sie nicht auch? Da hieß es dann auch immer: *Gegen 22:30 Uhr verlässt Herr D. das Haus, noch ahnt er nicht, dass ihm gleich etwas passieren wird.* Oder so ähnlich. Hallo? Natürlich ahnte er das nicht, sonst wäre er ja Zuhause geblieben. So wie ich. Denn hätte ich geahnt, von welch schrecklicher Untat wir in dieser Nacht Zeugen werden würden, wäre ich auch Zuhause geblieben.

Wir befanden uns auf dem Rückweg vom Krankenhaus in Richtung Rettungswache, als wir den Einsatz bekamen. Unsere Stimmung war bis dahin ausgezeichnet, wir hatten Spaß und unsere bisherigen Aufgaben bestanden im Großen und Ganzen lediglich aus dem alltäglichen Wahnsinn. Hier ein Wehwehchen und dort ein bisschen Bluthochdruck. Aber das sollte sich nun schlagartig ändern, auch wenn die Einsatzmeldung *Erhängte Person* war. An die genaue Uhrzeit kann ich mich nicht mehr erinnern, wir befanden uns aber so ungefähr in der Hälfte der Schicht, also Mitternacht. Wir erhielten zur Einsatzmeldung noch die Information, dass die Polizei bereits vor Ort wäre und von der Streife auch die Alarmierung kam. Auch wenn das Einsatzstichwort jetzt keine Seltenheit darstellt und ich schon jede Menge erhängte Menschen gesehen habe, so empfinde ich diesen Anblick immer wieder als sehr skurril und plötzlich schwand auch unsere gute Stimmung. Das wird jetzt ein ernster

Einsatz werden, aber wir konnten nicht erahnen wie ernst. Auch hier das gleiche Spiel, kurze Absprache zwischen uns und dann mal schauen, was wir vorfinden werden. Vor Ort erwartete uns dann auch die angekündigte Polizeistreife und eine Polizistin empfing uns mit einem Satz, an dem ich mich nicht mehr erinnern kann. Schade, denn ich weiß noch ganz genau, dass exakt dieser Satz mir sagte, dass hier irgendetwas ganz anders sein wird als bei allen vorherigen Einsätzen dieser Art.
Sie führte uns in die Wohnung und wies uns den Weg in ein Zimmer. Die Wohnung machte einen sehr aufgeräumten und sauberen Eindruck, es brannte lediglich Licht im Flur und in einem Zimmer, welches von diesem Flur abging. Der Rest der Wohnung lag im Dunkeln. Vor der geöffneten Zimmertür stand ein weiterer Polizist und suggerierte uns mit einer Armbewegung, dass in diesem Raum die Person hängen würde. Als ich um die Ecke bog und in das Zimmer blickte, sah ich direkt den Mann in der Ecke hängen. Ich trat für einen genaueren Blick einen Schritt näher heran und stellt eine bereits manifestierte Kiefernstarre fest. Und somit war klar, dass hier nichts mehr zu gewinnen war. Hier mussten wir gar nicht erst antreten, um einen Elfmeter zu parieren.
Ich ließ meinen Blick durch das Zimmer schweifen und entdeckte ein Etagenbett. In einer Ecke lag eine Hängematte auf dem Fußboden und an einem der beiden dafür vorgesehenen Haken hing die Person. Dann wurde mir schlagartig klar, dass wir uns in einem Kinderzimmer befanden und ich schaute die Polizistin fassungslos an. Ein Kinderzimmer verdammt! Offensichtlich hat sich hier ein Familienvater im Kinderzimmer das Leben

genommen, in dem er sich an einem der beiden für die Hängematte vorgesehenen Haken aufgehängt hat. Wahrscheinlich hat er die Haken dort oben selber noch montiert, um die Hängematte für sein Kind aufzuhängen. Verflucht, hier sollte die beschissene Hängematte baumeln und nicht ein Familienvater.
Meine Worte *das ist ein Kinderzimmer, wer zum Teufel macht denn so was?* waren wohl eher laut gedacht und so gar nicht beabsichtigt. Ich geriet kurzzeitig gedanklich aus der Spur, anders kann ich die Situation nicht beschreiben. Ich befand mich urplötzlich in einem stockdunklen Tunnel und musste erstmal wieder den Ausgang suchen. Irgendwo war das Licht und ich taumelte etwas schwindelig und arg unsicheren Ganges darauf zu. Während ich mich auf diesem Weg befand, blitzten immer wieder Bilder in meinem Kopf auf. Bilder von diesem Mann, wie er noch lebt und die Löcher für die Haken in die Decke bohrt. Bilder, in denen er die Hängematte seinen Kindern (aufgrund des Etagenbettes ging ich zunächst von zwei Kindern aus) zeigte und Bilder, in denen sich die Kinder freuen und ihren Papa dafür liebten. Eben Bilder, die ein liebevolles und gutes Familienleben widerspiegeln. Aber es war hier wohl doch alles ganz anders, denn hier zog sich offenbar ein Drama zu, welches für mich nicht greifbar erschien.
Und urplötzlich kam mir die Frage in den Sinn, was denn mit den Kindern sein möge, in deren Zimmer wir uns befanden. Haben die das hier gesehen? Oh mein Gott. Alleine diese Vorstellung lies mich erschaudern. Meine Frage, wer ihn gefunden habe, beantwortete die Polizistin mit *die Ehefrau*. Das einzige Kind, ein kleiner Junge, sei wohl im elterlichen

Schlafzimmer und hat hiervon nichts mitbekommen. Na Gott sei Dank! Welch ein Albtraum wäre das auch? Stellen Sie sich vor, Sie wären ein Kind und würden ihren Vater tot an der Decke hängend in Ihrem Kinderzimmer auffinden.
Ich befand mich noch immer in diesem Tunnel und meine Gedanken taumelten zu meinem Vater. Warum auch immer, denn dieser lebt ja noch…vermute ich einfach mal. Aber er ist halt weg, ebenso wie dieser Vater hier ab jetzt für seinen Sohn fehlen wird. Auch wenn der Junge von diesem Drama hier nichts mitbekam, ab jetzt wird ihm eine wichtige Bezugsperson fehlen. Allerdings wusste ich zu diesem Zeitpunkt noch nichts von dem Ausmaß des Dramas, welches sich an diesem Abend hier abgespielt hatte.

Dennoch fehlt dem Jungen jetzt ein Vater und eine Vaterfigur ist wichtig für die Kinder. Ich war mir dessen nie so bewusst, aber das hat sich mittlerweile doch deutlich verändert. Wie gesagt, meine Mutter hat einen Riesenjob gemacht, aber ein Kind braucht beide Elternteile. Und jeder der beiden Elternteile hat Aufgaben, die der andere nicht kompensieren kann.
In den ersten Lebensjahren eines Kindes sind die Rollen zwischen Vater und Mutter kaum differenziert. Beide sind hauptsächlich mit der Versorgung des Kindes beschäftigt, um es zu beschützen und die Grenzen aufzuzeigen.
Ab dem Kindergartenalter ändert sich die Rolle des Vaters dann zunehmend. Das Kind fängt an Beziehungen zu anderen Kindern aufzunehmen und entwickelt eine geschlechtliche Identität. Jetzt fangen Jungen an sich am Vater zu orientieren und ahmen seine Verhaltensweisen

nach. Hier ist der Vater nun gefragt, denn nun kann er gewissen Lebensweisen vorleben, zum Beispiel wie man mit anderen Menschen Kontakt aufnimmt. Hier beginnt auch langsam die Abnabelung zur Mutter und der Vater wird eine klare zweite Bezugsperson.

Ab der Schulzeit fangen die Kinder dann an sich ganz klar von den Eltern abzugrenzen. Sie vergleichen sich untereinander, wollen somit anders als die Eltern sein und eigene Interessen verfolgen. Zusätzlich setzen sie sich in der Schule intensiv mit beiden Geschlechtern auseinander. Gerade Mädchen haben hier einen klaren Vorteil, da sie bereits durch den Vater gelernt haben, wie sich Jungs verhalten.

Ab der Pubertät wird es dann recht anstrengend für den Vater. Mädchen testen am Vater gerne ihre Wirkung auf das andere Geschlecht. Natürlich eher unterbewusst, aber sie üben im Rahmen der schützenden Vater-Tochter-Beziehung.

Jungs hingegen gehen auf Konfrontationskurs und üben Machtkämpfe aus. Darüber hinaus fungiert der Vater im Idealfall dann auch als Vertrauensperson und es werden erste *Männergespräche* geführt. Gespräche über das andere Geschlecht und Probleme, die die Mutter so niemals verstehen würde.

Während der kompletten Kindheit steht der Vater für Anerkennung und Autoritäten. Somit fehlen einem Kind diese Werte, insofern es ohne Vaterfigur aufwächst. Und im fortgeschrittenen Alter fällt es dem Kind schwer Autoritäten zu akzeptieren. Das kann später auch zu Komplikationen im Beruf führen. Es gibt Studien, in denen sogenannte Experten eine Kausalität zwischen den heutigen Jugendlichen, die sich in der Schule oder der Ausbildung schwer tun und der hohen Anzahl alleinerziehender Mütter und / oder den vielen *schwachen* Vaterfiguren erkennen wollen. Ich entdecke da durchaus die eine oder andere Parallele zu meinem Leben, gerade was Pubertät und junges Erwachsensein angeht. Dennoch ist aus mir etwas geworden. Aber was wird aus dem Jungen, der heute Nacht seinen Vater auf eine tragische Art und Weise verloren hat? Denn dessen Vater hängt, während ich langsam wieder aus meinem Tunnel komme, noch immer an dem Haken, an dem eigentlich eine Hängematte montiert sein sollte.

Mittlerweile war auch unser Notarzt eingetroffen und stellte offiziell den Tod fest. Währenddessen unterhielt sich ein Polizist mit der Ehefrau im Wohnzimmer, die ich bisher gar nicht wahrgenommen hatte, um zu erfahren, was denn heute Abend eigentlich vorgefallen sei. Und das machte er richtig gut, mit sehr viel Empathie und der nötigen Ruhe. Das habe ich auch schon anders erlebt.

Ich habe die Geschichte zunächst nicht mitbekommen, aber als ich das erschrockene Gesicht meiner Kollegin sah und ich sie fragte, ob es ihr gut ginge, meinte sie nur, dass ich mir das mal anhören müsse. Die Geschichte der Ehefrau machte mich in der Tat fassungslos und zeigte mir mal wieder auf, zu was das Tier Mensch so alles in der Lage sein kann.

Es klang zunächst wie die typische Geschichte einer unterdrückten Ehefrau, deren Mann herrschsüchtig in der Familie regiert, trinkt, betrügt und gerne mal seine Frau schlägt und vergewaltigt. Ich empfinde so etwas stets als äußerst tragisch und frage mich, wie man so nur leben kann. Noch tragischer ist allerdings die Tatsache, dass so etwas leider kein Einzelfall ist. Sie musste dieses Leben bereits seit längerer

Zeit ertragen haben, denn sie erzählte dies mit einer stoischen Ruhe und in einer monotonen Tonlage, dass es einem alleine davon hätte bereits eiskalt den Rücken runter laufen können. Aber die Geschichte ging ja noch weiter. Nachdem die Frau also im groben über das Schreckensregime (mein Wort, nicht das ihre) ihres Mannes berichtet hatte, kam sie dann auf den Vorfall vom heutigen Abend zu sprechen. Da sei dann mal wieder ein Streit eskaliert und ihr Mann, dem bereits vor längerer Zeit eine psychische Grunderkrankung attestiert wurde, schrie sie wütend an, dass sie es jetzt geschafft hätte und er sich umbringen würde. Bis zu diesem Zeitpunkt, so sagte sie, sei es nichts Neues gewesen.

An diesem Punkt schüttelte ich abermals innerlich den Kopf, denn solche Ereignisse sind für mich viel zu schrecklich um sie als Alltag einstufen zu können. Sie konnte das.

Dann allerdings bereitete er im Kinderzimmer alles vor, hängte die Hängematte ab, warf diese in eine Ecke des Zimmers und knüpfte sich ein Seil an den freien Haken. Seine Frau versuchte irgendwie ihn davon abzuhalten, war körperlich aber deutlich unterlegen und hatte somit diesbezüglich keine Chance. Als sie schließlich die Polizei zur Hilfe rufen wollte, griff er sich beide Telefone, also Festnetz und Handy, hielt sie so fest er konnte und erhängte sich dann vor den Augen seiner panischen Frau. Sie musste den Todeskampf ihres Mannes mit ansehen, und erst als er diesen Kampf wie zu erwarten verloren hatte, lies er die Telefone fallen und sie konnte die Polizei informieren.

Es liegt jenseits meiner Vorstellungskraft, wie schlimm und hässlich es sein muss, sich so etwas mit ansehen zu müssen. Wenn die Leute

sich erhängen, machen sie immer den gleichen Fehler und ersticken qualvoll in ihrer Schlinge. Kaum einer stürzt sich mit der Schlinge um den Hals so in die Tiefe, dass er sich das Genick bricht. Die meisten Selbstmörder verrecken auf diese Art recht elendig und ein solcher Todeskampf, in dem da einer zappelnd und gurgelnd vor einem hängt, muss so unendlich grausam anzusehen sein, das kann kaum ein menschliches Gehirn erfassen.
Nachdem unsere Arbeit in der Wohnung gemacht war, verließen wir diese wortlos. Noch bevor wir die Einsatzstelle hinter uns ließen, waren wir uns einig, dass wir am liebsten jetzt alle Feierabend machen würden.
Auch dieser Nachtdienst war im Prinzip gelaufen und meine Kollegin und ich unterhielten uns noch die ganze Nacht über alle möglichen Dinge. Natürlich um uns von dieser Geschichte abzulenken, trotzdem kamen wir immer wieder mal darauf zurück, so abartig und abstrakt war diese ganze Situation.

Auch wenn dieser Einsatz jetzt schon eine ganze Weile her ist, muss ich mir doch eingestehen, dass mich dieses Ereignis noch immer mitnimmt. Und dabei geht es mir nicht um einen toten Menschen, der in irgendeiner Ecke eines Raumes hing. Bilder dieser Art habe ich leider Gottes schon verdammt oft gesehen. Es wirkt zwar immer wieder befremdlich, aber man gewöhnt sich an diesen Anblick durchaus, beziehungsweise weiß man bei dem entsprechenden Einsatzstichwort, was einen erwartet.
Aber ich versuche mir noch immer vorzustellen, was diese arme Frau in besagter Nacht mit ansehen musste, wie dieser Mann so etwas Grausames nur tun konnte und wie die Frau

denn nun ihr Leben durchstehen würde…zusammen mit ihrem Sohn.
Und was hat sie dabei gefühlt oder gedacht? Nun kann man sich denken, dass sie doch froh sein sollte, dass er den Freitod wählte und sie nun von der Tyrannei befreit ist. Aber dürfen wir uns so ein Urteil überhaupt erlauben? Ich sage Nein. Auch wenn sie unter ihm litt und wahrscheinlich aufgrund mangelnder Perspektiven oder Unterwürfigkeit, oder vielleicht sogar beides, nicht längst gegangen ist, dürfen wir uns noch lange nicht Urteile dieser Art erlauben. Wir haben nur eine Seite mitbekommen und hatte keine Chance die Situation umfassend aufzunehmen. Und so ist ein objektives Urteil schlicht und ergreifend nicht möglich.
Fakt ist aber, das Leben dieser Frau wird sich von nun an dramatisch ändern, so oder so. Ob es ihr irgendwann besser geht und sie sieht, dass sie nun eine erneute Chance hat, ein gutes und schönes Leben zu führen, kann ich ihr nur wünschen.
Ich bin nur froh darüber, dass der Junge von dieser ganzen Aktion wirklich gar nichts mitbekommen hat. Väter können furchtbar sein und schlimme Dinge tun, das habe ich auf einer anderen Ebene selber erlebt, ohne beide Geschichten gleichsetzen zu wollen.
Hoffentlich werde ich mal ein besserer Vater sein.

## Kapitel 21:
## Zuhause – Teil 2
## Der erste Wochenendurlaub

Mein drittes Wochenende wollte ich nicht hier in der Klinik verbringen, auch nicht zum Teil. Das hat ja auch keinen Sinn, ich muss nach Hause, muss schauen, wie das klappt und vor allem muss und will ich Dinge tun, die ich sonst auch an einem freien Wochenende tun würde. Schließlich will ich ja irgendwann mal wieder hier raus und da muss das ja auch alles funktionieren. Ich arbeite mit meiner Therapeutin hier drinnen primär auf diese Zeit hin, sprich, in den Gesprächsstunden werden nicht nur Ereignisse meiner Vergangenheit aufgearbeitet, sondern sie versucht mich so gut es geht auf die Zeit nach der Klinik vorzubereiten. Sicherlich reden wir auch über mein bisheriges Leben, weil sie, so wie sie es ausdrückt, schließlich wissen muss, woher ich komme und wo sie mich abzuholen hat. Aber meine Vergangenheit wird wohl primär Bestandteil der ambulanten Therapie nach dem Klinikaufenthalt sein, der sogenannten Tiefenpsychologie. Dieser sehe ich mit einer angespannten Neugier entgegen, aber jetzt konzentriere ich mich erstmal auf die aktuellen und somit wichtigeren Dinge. Und der nächste Schritt ist eben mein erster Wochenendurlaub mit Übernachtung. Sie können mir glauben, wenn ich Ihnen sage, dass das bei Weitem nicht so einfach ist, wie es für Sie erscheinen mag, das ist ein enormer Schritt für mich.
Ich hatte im Vorfeld mit meiner Therapeutin dieses Wochenende besprochen, von meinen Plänen berichtet und im Prinzip alles mit ihr abgestimmt. Mein Plan sollte mich zuerst in

meine Wohnung führen, alleine. Dort wollte ich die Atmosphäre aufsaugen und mal schauen, wie es sich anfühlt. Aufgeräumt war sie bereits vom Sonntag zuvor und ich wollte einen dienstfreien Samstag simulieren. Also das tun, was ich tun würde, wenn ich gerade erst aus dem Bett gefallen wäre. Anschließend wollte ich zu einem großen und bekannten Elektrofachmarkt (ich bin doch nicht blöd) unweit meiner Wohnung fahren und mir ein paar Filme kaufen.

Ich liebe Filme und es ist eine Leidenschaft von mir Filme zu sammeln. Und so besitze ich eine enorme Sammlung, für die ich ein eigenes Zimmer benötige. Ich kaufe mir oft Filme blind, das bedeutet, dass ich diese Filme vorher nicht kenne. Und hin und wieder ist da echter Schund bei, aber ich trenne mich trotzdem nicht davon. Es gibt so viele Filme in meiner Sammlung, die ich mir sehr wahrscheinlich nie wieder ansehen werde, aber ich behalte sie trotzdem. Das nennt man dann wohl Sammlerleidenschaft.

Jedenfalls bereitet es mir stets enorme Freude, wenn ich mir ein paar neue Filme zulege und dieses Gefühl wollte ich mir am Samstag abholen. Für den Nachmittag war dann Fußball gucken mit meinen Fußball Jungs angesagt, denn schließlich ging an diesem Wochenende die Rückrunde der Bundesliga los. Am Abend wollte ich dann zu meinen Eltern fahren und dort schlafen. Alleine in meiner Wohnung zu schlafen traute ich mir noch nicht zu. Den Sonntag hielt ich mir offen, da ich vorher nicht abschätzen konnte, wie der Samstag bei mir nachwirken würde und abends sollte es dann wieder zurück in die Klinik gehen.

Im Großen und Ganzen kann ich Ihnen vorab schon sagen, dass meine Pläne weitestgehend aufgingen.

Als ich am Samstag nach dem Frühstück die Klinik verließ, spürte ich wieder dieses Unwohlsein. Ich kehrte für zwei Tage meinem sicheren Nest den Rücken zu und stürzte mich abermals in eine Welt, in der ich mittlerweile zu einem Fremdkörper mutiert war. Hier fühlte ich mich so falsch platziert wie *Florian Silbereisen* auf einem *Slayer* Konzert. Aber ich muss da durch...ich will da durch.

Meine Schwester holte mich wieder ab und so gegen elf Uhr erreichten wir meine Wohnung. Ich fühlte mich besser als am Sonntag zuvor, aber eine gewisse Anspannung war deutlich spürbar. Wieder war es so, je näher wir meinem Zuhause kamen, desto unruhiger wurde ich. Außerdem beginne ich meine Tage stets mit einer unterirdischen Stimmung, aber mir wurde im Rahmen einer Visite erklärt, dass man dies Morgendepression nennt und das auch völlig normal sei. Nun denn.

Wieder betrat ich meine Wohnung mit gemischten Gefühlen, diesmal alleine. Meine Schwester bot mir zwar an mit hochzukommen, aber ich lehnte dankend ab, ich wollte das alleine schaffen. Ich betrat das Treppenhaus und schlich auffällig langsam die knarrenden Stufen des Altbaus hinauf. Jede Stufe gab ihr mir bekanntes Knarren wieder, aber es schien, als warfen sie mir eine dunkle Bedrohung entgegen. Als ich oben ankam und meine Wohnung betrat, saugte diese mich förmlich auf. Ich stand im Flur, schloss die Augen und atmete einmal tief ein und aus. Ja, ich spürte tatsächlich ein leichtes Gefühl von Geborgenheit, aber auch ein erdrückendes Gefühl von Einsamkeit. Okay, so weit, so gut.

Als ich meine Küche betrat, fand ich auf dem Tisch einen Bilderrahmen, gefüllt mit lauter

Fotos meiner besten Freunde, Bilder von den Leuten, die mich bisher unterstützten, mich hier besucht haben und mir beistanden. Darunter stand mit der Handschrift meiner Schwester geschrieben *Du bist nicht alleine!* Ich trat näher heran, schaute mir das Bild genau an und es war, als hörte ich all diese Leute reden. Ich sah in deren strahlende Gesichter und sie wollten mit mir lachen, mit mir den gewohnten Spaß haben. Aber ich war nicht in der Lage das zu liefern und so fing ich zu weinen an. Zunächst vor Freude und ich konnte einfach nicht mehr an mich halten, es schoss aus mir heraus. Da ich spürte, wie meine Knie weich wurden, ging ich nach nebenan in mein Schlafzimmer und warf mich auf mein Bett. Dort weinte ich weiter und weinte und weinte und weinte. Doch dann verschwand die Freude über das, was meine Schwester für mich getan hat und mich überkamen fiese Schuldgefühle. Schuldgefühle dafür, dass ich meinen Freunden und meiner Familie so unglaublich viele Sorgen bereite. Natürlich sagt jeder, dafür muss ich mich auf gar keinen Fall schuldig fühlen und ich würde das ebenso für jeden Einzelnen von ihnen tun. Das stimmt ja auch, aber solche Gefühle lassen sich nicht durch das bloße Wissen abstellen. Ich weinte bitterlich und drohte wie schon die Tage zuvor darin so tief zu versinken, dass ich wieder anfangen würde zu hyperventilieren. Wieder schrie ich meinen Schmerz aus mir heraus, wieder spürte ich dieses Gefühl einer zerdrückenden Enge in meiner Brust und wieder wünschte ich mir, ich wäre vor ein paar Wochen nach rechts abgebogen. Der Tod als Erlösung, welch wunderschöner Gedanke. Diesmal kriegte ich allerdings die Kurve und beruhigte mich wieder.

Ich machte mir eine Tasse Kaffee und setzte mich an meinen Rechner um meine Mails zu checken und die aktuellen Nachrichten zu lesen. Ganz so, wie ich es auch sonst machen würde. Für meine Exkursion zum Elektrofachmarkt sicherte ich mir am Tag zuvor bereits Unterstützung in Form meiner besten Freundin Maja. Wir waren für die Mittagszeit verabredet und so war ich gar nicht so lange in meiner Wohnung, ich würde sagen so etwas mehr als eine gute Stunde. Aber ich denke, ich hätte es auch noch etwas länger ausgehalten. Maja traf ich auf dem Parkplatz, denn zufällig parkte sie nicht nur zur gleichen Zeit wie ich ein, sondern auch noch direkt hinter mir. Sehr schön, so musste ich nicht lange vor der Tür warten. Nachdem wir uns zur Begrüßung umarmt hatten und auf den Eingang zusteuerten, überkam mich plötzlich so eine seltsame Unsicherheit. Ich hatte wieder das Gefühl wie ein Fremdkörper in meiner eigenen Welt zu sein, ich hatte das Gefühl, dass mich jeder beobachtete. Auf meiner Stirn steht ganz groß *Bekloppt*. Oder meine Haut ist ganz grün. Oder ich habe einen enormen Wasserkopf. Oder meine Augen leuchten feuerrot. Ein wirklich unschönes Gefühl und ich versuchte mir einzureden, dass dem nicht so ist. Keiner schaut dich an, keiner registriert dich und dieser Laden ist quasi eine Art zweites Zuhause für dich. Also rein da.

Wenn ich mir Filme kaufen gehe, sieht das in der Regel so aus, dass ich stundenlang durch die Regale wandere, hier mal gucke, da mal gucke, dann wieder zurück und noch mal vor. Das Eine in der Hand, dann doch lieber etwas anderes, wieder etwas zurücklegen und dann doch wieder neu zugreifen. Und ich habe normalerweise eine enorme Freude dabei, ich könnte das den ganzen Tag lang tun. Aber nicht so an diesem Tag. Zwar schaute ich hier und da und konnte mich zunächst auch nicht entscheiden, so wie immer. Aber schnell wurde mir das alles zu viel, und nachdem ich mich für zwei Blu-rays entschieden hatte, durchsuchten Maja und ich noch die CD Regale, da sie sich unbedingt neue Musik zulegen wollte. An der Kasse standen wir ewig in der Schlange und anstatt mich darüber aufzuregen, wie sonst auch, ließ ich das einfach über mich ergehen und stand dort nur wartend rum. Ich kann es ja eh nicht ändern, Aufregung hin oder her, dadurch geht es nicht schneller.

Leider hatte ich nach diesem Einkauf nicht dieses tolle Gefühl wie sonst, wenn ich mir neue Filme zugelegt habe. Das gewisse Etwas fehlte mir. Schade. Außerdem war ich heilfroh aus dem Laden draußen zu sein, auch sehr ungewöhnlich für mich. Und von der Uhrzeit her war es auch noch viel zu früh, um zu den Jungs zu fahren. Da Manja aber noch in die Tierhandlung nebenan musste, begleitete ich sie und um ehrlich zu sein, es kam mir gelegen. Aber in diesem Laden hatte ich erst recht ein ungutes Gefühl und jetzt wusste ich auch, was das vorher war. Ich hatte einfach Angst Saskia zu begegnen, denn sie wohnt ja bei mir um die Ecke. Zwar hat sie keine Haustiere und muss somit nicht in diesen Laden rein, aber als ich zuletzt hier drinnen war, war es eben mit ihr zusammen, einfach nur um Tiere anzugucken. Diese Erinnerung holte mich ein und zog mich dramatisch runter. Ich versuchte es mir nicht anmerken zu lassen und wanderte geduldig durch den Laden. Im Prinzip auch keine schlechte Übung für mich. Dennoch war ich wieder froh, als ich bei meinem Auto war. Ich verabschiedete mich von Maja und bedankte mich für ihre Begleitung.

Da ich immer noch Zeit hatte bis zur Verabredung mit den Jungs, entschloss ich mich kurz bei meinen Eltern anzuhalten, um meine Tasche dort abzustellen und um noch ein wenig Zeit totzuschlagen. Anschließend folgte dann mein Highlight des Tages, Fußball schauen bei Sabine und Peter. Peter ist einer meiner Jungs, mit denen ich immer ins Stadion gehe, Anke und Mario waren auch dort. Wir schauten gemeinsam Fußball, es gab alkoholfreies Weizenbier und Peter haute auf dem Balkon ein paar Würstchen auf den Grill. Ich muss meinen Freunden wirklich zugutehalten, dass sie mich nach wie vor behandeln wie sonst auch. Da werde ich nicht ständig gefragt, wie es mir geht, ob ich schon weiß, wann ich entlassen werden kann und lauter solche Sachen. Es war ein ganz gewöhnlicher Nachmittag mit Fußball. Und genau so soll es auch sein, genauso sollte man mit Leuten wie mir umgehen, ganz normal. Nichts, wirklich nichts ist schlimmer, als ständig nach dem Wohlbefinden gefragt zu werden, ständig umsorgt oder gar mitleidig angeguckt zu werden. Dann kommt man sich nämlich erst recht stigmatisiert und ausgegliedert vor. Ein Gefühl, das Menschen wie mich ja sowieso zeitweise begleitet und man permanent versucht es abzulegen. Aber meine Freunde hatten an diesem Nachmittag das Verhalten an den Tag gelegt, welches ich von ihnen auch gewohnt bin.

Leider driftete ich aber allzu oft mit meinen Gedanken ab und erinnerte mich ständig an das letzte Ereignis dieser Art, als wir bei Sabine und Peter Fußball schauten…und da war eben Saskia dabei. Plötzlich sah ich sie hier bei mir, wie sie voller Begeisterung mit Sabine und Peters Sohn spielt und dabei eine enorme Freude hat. So wie beim letzten Mal. Sie fehlt mir so unendlich sehr, ich kann es nicht oft genug betonen, geschweige denn in Worte fassen. Und so kam auch bei dieser Aktion, wie schon zuvor beim Filmekaufen, nicht so ganz die Stimmung bei mir auf, wie ich es von mir kenne. Zwar freute ich mich wirklich meine Freunde zu sehen, das Fußballspiel verlief auch erfolgreich für unser Team, aber trotzdem, es fehlte einfach diese Zufriedenheit in mir. Dadurch kam wieder die Angst in mir hoch, dass dies nie wieder so sein wird wie zuvor. Ein ganz schlechtes Gefühl. Dennoch bin ich meinen Freunden sehr dankbar für diesen Nachmittag, auch wenn ich die meiste Zeit eher ruhig war und in Gedanken verloren wirkte...was ich ja genau genommen auch war. Trotzdem, das haben sie ganz toll gemacht und dafür liebe ich sie.

Gegen zwanzig Uhr traf ich dann seltsam erschöpft bei meinen Eltern ein. Seltsam deshalb, weil ich ja den ganzen Nachmittag nur auf meinem Hintern saß, trotzdem fühlte ich mich richtig platt. Jetzt machte sich wohl auch die kurze Nacht bemerkbar, denn auch die Nacht zuvor schlief ich wieder nicht gut. Nichts Neues, so langsam gewöhnt man sich daran. Mein früheres Zimmer dient heute als Gästezimmer und sollte für diese Nacht wieder mein Zimmer sein. Ich verabschiedete mich für die Nacht bei meinen Eltern und verzog mich in mein altes Zimmer. Meine Stimmung sank wieder dramatisch, so wie fast jeden Abend und ich legte mich ins Bett. Noch kurz den Fernseher angemacht, es lief *Das Leben des Brian*, doch noch nicht einmal dieser Film rang mir ein müdes Lächeln ab. Was habe ich dabei aber doch schon für Tränen vor Lachen vergossen: *zur Kreuzigung hier entlang, jeder nur ein Kreuz* oder *Werfet den Purschen zu Poden* oder

*Schwanzus Longus*...aber diesmal nicht. Ich weinte, aber nicht weil ich lachen musste, ganz im Gegenteil. Ich hatte noch ein wenig Textkontakt mittels Handy mit einer Freundin und noch vor zweiundzwanzig Uhr fielen mir die Augen zu.

Als ich erwachte und auf meinem Handy die Uhrzeit checkte, war ich wirklich überrascht. Sieben Uhr morgens und ich hatte tatsächlich bis dahin durchgeschlafen. Das war mein längster Schlaf seit diesem dramatischen Wochenende und ich fühlte mich körperlich fit. Allerdings nur körperlich, denn es war früh am Morgen und morgens, so habe ich gelernt, ist meine Stimmung immer schlecht. So hatte ich keinen Antrieb, und selbst als ich irgendwann später meine Eltern hörte, blieb ich im Bett liegen. Lust oder gar Hunger auf ein Frühstück hatte ich eh nicht und mir fehlte jegliche Motivation aufzustehen. Also lag ich einfach nur da und meine Gedanken kreisten immer um das gleiche Thema, Saskia.

Irgendwann so gegen elf oder halb zwölf Uhr quälte ich mich dann doch mal aus dem Bett und begab mich runter in die Küche um einen Kaffee zu trinken. Gegen halb eins sollte es Mittagessen geben und meine Schwester samt Familie war ebenfalls auf dem Weg. Leider schaffte ich es an diesem Tag nicht meine Negativstimmung vom Vormittag abzulegen. Ich saß beim Mittagessen ähnlich teilnahmslos am Tisch wie am vergangenen Sonntag und erinnerte mich an Weihnachten, als wir alle auch an diesem Tisch saßen und ich sogar am gleichen Platz. Nur vor ein paar Wochen war Saskia noch an meiner Seite und sagte, ihre Hand auf meinem Knie liegend, dass wir ein wunderschönes Jahr 2013 hinter uns haben und uns auf das neue Jahr

freuen würden.
Wir, uns, alles Worte, die wenige Tage später keinen Wert mehr haben sollten. Und wieder machte sich die Fassungslosigkeit und unendliche Traurigkeit in mir breit. Ich weiß doch, wie sehr sie die Gesellschaft bei meiner Familie genoss, so auch die Gesellschaft vom Vortag mit Sabine und Peter sowie Anke und Mario. Vermisste sie denn gar nichts davon? Gerade der kleine Sohn von Sabine und Peter, mit dem sie beim letzten Besuch doch so viel Spaß hatte. Ist das denn wirklich alles plötzlich vorbei und nichts mehr wert? Ich hätte direkt wieder anfangen können zu weinen, konnte es mir aber irgendwie verkneifen.

Gegen siebzehn Uhr verabschiedete ich mich von meiner Familie und fuhr nach Hause. Dort wartete bereits Nicole auf mich, mit der ich verabredet war, um mich wieder zurück in die Klinik zu fahren. Da wir noch genügend Zeit hatten, fuhr sie nicht den direkten und schnellen Weg über die Autobahn, sondern den gemütlichen und deutlich langsameren durch die Stadt. So hatten wir Zeit ein wenig zu quatschen und das tat mir in diesem Moment so verdammt gut. Ebenso wie Maja ist auch Nicole ein sehr wichtiger Teil meines Lebens. Das sind natürlich alle meine Freunde, da führe ich keine Rangliste. Aber auch wir beide haben schon verdammt viel zusammen durchgestanden, und wenn man bedenkt, dass wir erst vergleichsweise wenige Jahre so gut miteinander befreundet sind, ist das schon bemerkenswert.

Nicole setzte mich so gegen halb sieben vor der Klinik ab, wir verabschiedeten uns voneinander und weiteres Mal betrat ich das Haus nach meinem Ausflug durch den Haupteingang und weiteres Mal überkam mich wieder dieses

wohlige Gefühl von Sicherheit. Ich betrat mein mich beschützendes Nest, meine Höhle, meine Heimat. Sicherheit, pure Sicherheit und eine innere Ruhe erwärmten mich.
Dieses Gefühl hätte ich verdammt gerne mal, wenn ich die Klinik verlasse.

## Kapitel 22:
## Blaues Licht – Teil 7
## Die Degeneration der Menschheit

Dieses wird das vorletzte Kapitel sein, in dem ich Ihnen aus meinem Berufsleben berichten werde und ich werde Ihnen dabei erstaunlich wenig aus meinem beruflichen Alltag erzählen. Hier werde ich auch den düsteren Pfad der furchtbaren Einsätze verlassen, derer sind genug erzählt.
Mein Beruf bringt es mit sich, dass ich jeden Tag den verschiedensten Menschen begegne, aus allen sozialen Schichten, Religionen, Rassen und so weiter. Und in meinen bisher fünfzehn Berufsjahren habe ich da eine für mich sehr beunruhigende Entdeckung gemacht. Alles, was ich Ihnen nun schildern werde, sind meine rein subjektiven Eindrücke und Sie können mich auch gerne dafür verurteilen.

Der Titel dieses Kapitels ist sicherlich ein wenig überspitzt, das gebe ich gerne zu, aber wenn es mir mal wieder zu viel wird, dann denke ich genau das. Ich glaube zu beobachten, dass die Menschheit immer mehr und mehr verblödet, so langsam aber sicher. Wir haben unseren Zenit erreicht, sind zum Mond geflogen, haben

Sonden über den Rand unseres Universums hinaus geschickt, wissen so gut wie alles über unsere Evolution, wo wir herkommen und sind in der Lage die kompliziertesten Maschinen zu konstruieren. Aber die einfachen Dinge, wie gesunder Menschenverstand, gehen uns so nach und nach flöten. Auch klafft die Schlucht zwischen klugen und weniger klugen Menschen immer weiter auf, sodass ich denke, dass es hier in einigen Generationen keine Grauzonen mehr gibt. Das sind alles Resultate meiner Beobachtungen, die ich unter anderem in meinem Job alltäglich so mache.

Als ich damals anfing war es sicherlich auch schon so, dass der eine oder andere Einsatz für ein Kopfschütteln des Rettungsdienstpersonals sorgte, aber Einsätze dieser Art sind gerade in den letzten Jahren immer häufiger geworden. Die Menschen wissen sich teilweise nicht mehr selber zu helfen. Und ich rede nicht von einem Herzinfarkt, denn genau dafür sind wir ja da. Es geht um ganz andere Dinge. Sie glauben ja gar nicht, wie oft wir mit Blaulicht zu Leuten fahren, die uns letzten Endes lediglich eine Erkältung präsentieren können. Und dann werden von uns Wunder erwartet, als ob wir in der Lage wären, diese Erkältung mit einer Spritze zu beenden. *Ja haben Sie denn nicht eine Spritze für mich?* ist sehr oft die Frage. Ich habe diese Frage einmal mit Ja beantwortet und der Dame eine eingepackte Spritze in die Hand gedrückt, begleitet von einem freundlichen Bitteschön meinerseits. *Wollen Sie mich jetzt verarschen?* war dann ihre Reaktion. Ich sagte, *ja, aber Sie haben damit angefangen*.

Es gibt Leute, die sich in den Finger schneiden und dann den Rettungsdienst anrufen, anstatt sich ein Pflaster um den Finger zu wickeln. Immer mehr Leute sind mit ihren Kindern völlig überfordert. Der kleinste Husten und schon wird die 112 gewählt, etwas Bauchweh hier und der Rettungsdienst muss her. Fieber ist ganz schlimm, das kann ich Ihnen sagen. Wenn ich dann den Vorschlag von Wadenwickeln in den Raum werfe, ernte ich oft nur ratlose Blicke. Die Leute sind in der Lage zu ficken und Kinder in die Welt zu setzen, aber nicht, um sich um sie zu kümmern.

Wenn auf einer Party unter Jugendlichen jemand zu tief ins Glas geschaut hat und sich übergeben muss, bricht Panik aus und es muss ein Rettungswagen her. Zu meiner Zeit hat man das Opfer in eine sichere Position gebracht und hin und wieder geschaut, ob alles gut ist. Dazu ist heute scheinbar keiner mehr in der Lage. Oder es interessiert einfach keinen mehr, jeder ist sich selbst der Nächste.

Ich könnte Ihnen jetzt Hunderte von Beispielen aufzählen, aber ich denke, Sie merken auch so, was ich Ihnen mitteilen möchte. Glauben Sie mir, das sind alles keine Einzelfälle und kommen in fast jedem Dienst vor.

Aber woran liegt das? Warum hat das in den letzten Jahren so dramatisch zugenommen? Liegt das nur an der erhöhten Population? Ich glaube nicht. Ich denke, wir befinden uns auf einem dramatischen Weg bergab.

Ich rede von der zivilisierten Menschheit und ich denke, dass uns genau diese Zivilisation so langsam aber sicher zum Verhängnis wird. Wir haben uns Dinge erschaffen, die uns unser Leben erleichtern, das ist sicherlich schön und bringt uns natürlich jede Menge Vorteile. Alleine die Fortschritte in der Medizin sind für uns Menschen durchaus hilfreich. Wer will denn heute schon noch an einer schnöden Grippe versterben? Ich jedenfalls nicht. Wir haben auch

Dinge erschaffen, die uns Erleichterung verschaffen, denken Sie doch nur einmal an die Fernbedienung. Ich bin ganz früher als Kind noch aufgestanden und musste am Fernseher das Programm wechseln. Heute bleiben wir auf unserer Couch sitzen und werden immer fetter. Und das ist nur ein einfaches Beispiel, aber sehr gut dazu geeignet um zu beschreiben, in welchem Teufelskreislauf wir uns mittlerweile befinden. Wir werden immer degenerierter, stellen uns aber darauf ein und entwickeln Dinge, die uns unser degeneriertes Leben erleichtern, anstatt eben dieser Degeneration entgegen zu wirken.

Unsere Welt wird immer schnelllebiger, living life in a fast lane ist die Devise. Wir sind für uns selber viel zu schnell geworden und haben uns selbst überholt. Und als ob das nicht reicht, wir sind eine Wegwerfgesellschaft geworden, geboren aus dem teilweise blinden Konsum. Ist etwas kaputt, wird es weggeworfen. Warum nicht reparieren? Weil sich der Scheiß nicht mehr lohnt. Gut, das sehe ich ein, aber welche Gefahr resultiert daraus? Wir gewöhnen uns daran und geben zu schnell zu viele Dinge auf. Dieses Verhalten hat sich auf unser gesamtes Leben übertragen und wir wissen bestimmte Dinge nicht mehr zu schätzen. Dazu gehören eben auch Verhältnisse zu Freunden, Familie und dem Partner. Ist da mal etwas kaputt, weg damit. Aber was tun wir uns denn bloß damit an? Wir entsorgen den wichtigsten Besitz, den wir neben dem eigenen Leben haben. Weiß denn keiner mehr den Luxus einer funktionierenden Familie, einer guten Freundschaft oder Partnerschaft zu schätzen? Wie überall kann es auch hier immer mal wieder zu Problemen kommen. Aber diese „Defekte" lassen sich doch beheben. Vielleicht nicht immer, aber man muss

es doch zumindest mal versuchen, anstatt gleich alles wegzuwerfen. Fragen Sie doch heute mal ein Ehepaar, welches seit fünfzig oder mehr Jahren verheiratet ist, wie sie es so lange miteinander ausgehalten haben. Die Antwort wird sein, dass sie noch aus einer Generation entstammen, in der man eben nicht direkt alles weggeschmissen hat. Diese Paare haben sicherlich mehr durchgemacht, als so manch anderes Paar als Trennungsgrund angibt. Vielleicht sind nicht alle alten Paare zu hundert Prozent glücklich, aber die meisten sicherlich. Und das auch zu Recht, denn sie haben Dinge durchgestanden, vor denen heute jeder lieber wegrennt. Und das möglichst weit und vor allen Dingen direkt und schnell. Da sind wir wieder an diesem Punkt. Wir sind viel zu schnell geworden, aber keiner kommt auf die Idee auf die Bremse zu treten, wir können es uns einfach nicht erlauben. Dafür entwickelten wir Fast Food und Mikrowellen und man kann heute nirgendwo mehr etwas bestellen, ohne gefragt zu werden, ob es to go sein soll:
*Einen Kaffee bitte.*
*To go?*
*Ne, to stolper und verschütt over the T-Shirt...mit Milch!*
Alles Mögliche ist heute to go und wir werden dadurch immer schneller und schneller und letzten Endes immer kranker und kranker. Entweder psychisch krank oder physisch oder, wenn es ganz schlecht läuft, beides, denn ein Leben to go gibt noch nicht.

Heute ist unsere Welt miteinander vernetzt, Distanzen scheinen nicht mehr zu existieren und man erhält jede Information, die man eben will. Und es gibt eine Menge an Informationen, mehr als wir in der Lage sind zu filtern. Und hier liegt das nächste Problem unserer neuen, ach so tollen Generation. Zuviel Informationen und leider Gottes zu viele falsche Informationen und wir können kaum noch filtern, was davon sinnvoll ist und was nicht. Was stimmt und was nicht? Wer kann das noch beantworten? Manchmal komme ich mir vor, als wäre jeder Tag der erste April. Wir müssen uns aber auch nicht mehr bemühen, um etwas zu bekommen, sei es eine Information oder irgendwelche materiellen Dinge. Wir sind von allem lediglich ein paar Mausklicke entfernt, es werden kaum noch kognitive Fähigkeiten abgerufen, unser Verstand schläft ein. Wir werden einfach nicht mehr gefordert und das lähmt uns immer mehr und mehr. Die Folge dessen, die Menschheit wird langsam aber sicher immer...nun ja, wir machen Rückschritte. Und wir passen uns einfach an, weil der Mensch sich immer angepasst hat. Schauen sie sich doch nur einmal das heutige Fernsehprogramm an, Fernsehen von Idioten für Idioten. Primär das Nachmittagsprogramm der Privatsender ist bestens dafür geeignet, um allmählich zu verblöden. Da könnte man sich denken, das ist fast schon gewollt. Aber warum ist das so? Medien brauchen Resonanz, sie passen sich lediglich an, und da der ganze Scheiß von den Leuten angenommen wird, wird es auch immer mehr und mehr von diesem Scheiß geben. Oder haben Sie eine andere Erklärung dafür, warum es fast nur noch Pseudodokumentationen gibt, Sendungen, die als Reality-TV getarnt sind, in denen uns ganz miese Darsteller noch miesere Geschichten erzählen? Was angenommen wird und gut ankommt, wird von anderen kopiert und so gibt es immer mehr und mehr von diesem Müll. Zuerst waren es diese elendigen Talkshows mit Themen wie *Hilfe, mein Nachbar wohnt*

*nebenan*, dann gab es fast nur noch Richtershows und heute sind diese angeblichen Realityshows. Nein danke. Ich will das einfach nicht alles so hinnehmen, ich kann keine Castingshows mehr sehen und will keine B oder C Promis beim Kochen oder in irgendeinem Dschungel rumhüpfen sehen. Ein halbwegs intelligenter Mensch mag das durchaus als leichte Unterhaltung sehen und kann das auch entsprechend einstufen. Solange man sich auch noch mit anderen Dingen beschäftigt ist das auch in Ordnung. Ich will dies ja auch nicht alles verteufeln oder alle Zuschauer von solchen Sendungen über einen Kamm scheren. Aber ich halte viele dieser Sendungen für gefährlich. Gefährlich für den Verstand, wenn man nichts anderes mehr konsumiert oder kaum noch.
Wer liest denn heute noch ein Buch? Wer schaut denn heute noch die Tagesschau, wenn es doch die viel leichter zu konsumierenden RTL 2 News gibt, deren Nachrichten unter anderem aus dem Zahnarztbesuch von *Lady Gaga* bestehen?

Verstehen Sie mich bitte auch hier nicht falsch, ich bin kein Misanthrop oder kurz davor einer zu werden. Ich will hier weder arrogant noch besser als der Rest der Menschheit wirken, ganz im Gegenteil. Ich teile Ihnen lediglich meine Beobachtungen mit, und wenn Sie mal in einer ruhigen Minute darüber nachdenken, kommen Sie vielleicht zu dem Schluss, dass da etwas dran sein könnte. Falls Sie sich nicht sicher sind, dann schalten Sie doch mal am Nachmittag einen Privatsender Ihrer Wahl ein, schauen ein paar Minuten zu und erinnern sich an meine Worte. Aber auch dann haben Sie natürlich immer noch Ihre eigene Meinung. Ich sagte ja, das ist alles rein subjektiv und ich verurteile beim besten Willen nicht die Leute, die sich durch solche Sendungen gut unterhalten fühlen. Mein Gott, meine Mutter sieht sich auch gerne *Das Dschungelcamp* an, meine Schwester schaut gerne *Deutschland sucht den Superstar* und beide sind nicht bekloppt oder dumm oder dergleichen. Das Fernsehprogramm selber stellt ja auch nur einen Bruchteil dessen dar, was uns beeinflusst, was uns verändert. Selbst die Medien generell, die uns ja gerne eine Meinung aufdrängen und uns erzählen wollen, was wichtig ist und was nicht, sind nur ein kleiner Teil der gesamten Problematik. Das größte Problem sind wir selbst, wir stehen uns im Weg, weil das Wort Selbstreflektion immer mehr in den Hintergrund gerät, weil wir uns nach der Meinung anderer richten, weil wir viel mehr Wert darauf legen, was andere von uns halten und denken.

Ich sage, steht auf, bildet euch eure eigene Meinung, schaut über den Tellerrand hinaus und lasst euch nicht vorschreiben, was euch zu interessieren hat und was nicht. Öffnet eure Augen und Ohren, schärft eure Sinne und alleine damit wäre schon eine ganze Menge getan.

Erhebt eure Stimme, denn ihr habt eine. Wie? Geht wählen, denn wir leben in einer Demokratie und können wählen gehen. Und wer denkt, dass eine einzelne Stimme nichts bewirken kann, dem gebe ich recht. Aber in unserem Land leben über achtzig Millionen Menschen, von denen vielleicht die Hälfte wahlberechtigt ist. Und wenn es nur ein Viertel ist, das macht dann immer noch zwanzig Millionen Stimmen, die können sehr wohl etwas erreichen. Überall auf dieser Welt sterben tagtäglich Menschen im Kampf für eine Demokratie, für die Freiheit und für ein Wahlrecht. Und ein jeder, der auf sein Wahlrecht

pfeift tritt meiner Meinung nach mit seinen Füßen auf den Gräbern dieser Opfer.
So, das wollte ich einfach mal loswerden. Und falls Sie sich fragen, was das mit meinem Beruf zu tun hat, eigentlich nichts. Es ist nur so, wie ich eingangs des Kapitels erwähnte, ich begegne jeden Tag so vielen Menschen und leider Gottes somit auch sehr viel Hilflosigkeit und Dummheit, die genau aus den von mir beschriebenen Dingen entstanden ist und wie ein Krebsgeschwür weiter wächst.
Noch einmal, ich bin auch nur ein Mensch und ich bin nicht besser oder mehr wert als jeder andere Mensch auf dieser Welt. Das habe ich gerade hier gelernt, aber ich nutze meine stärkste Waffe, meinen Verstand. Nur leider erscheinen mir einige Menschen diesbezüglich unbewaffnet zu sein und das macht mich traurig. Aber nicht nur traurig. Als ich für mich feststellte, dass ich eben immer öfter mit solchen Leuten zu tun habe, fand ich das teilweise sogar noch komisch. Dann irgendwann kam ein weiterer Faktor dazu, es fing an mich gewaltig zu nerven, ständig diese unsinnigen Einsätze bei Menschen, die irgendwo kognitiv zu früh abgebogen sind. Und in letzter Zeit belastete mich das einfach nur noch. Ich hatte ja schon teilweise keinen Bock mehr zur Einsatzstelle zur düsen, wenn im Vorfeld aufgrund der Meldung fast schon klar war, dass uns da wieder mal nur Nonsens erwarten würde. Leider Gottes sind das auch viele junge Menschen, die in ihrer Entwicklung einfach an einem gewissen Punkt stehen geblieben sind und stagnieren. Ich persönlich finde das tragisch und beunruhigend, denn wenn ich mir vorstelle, wie die Welt in vier bis fünf Generationen aussehen mag, oha, keine schöne Vorstellung.

Bewegt euch, Stagnation ist psychosozialer Selbstmord auf Raten.

### Kapitel 23:
### Zuhause – Teil 3
### Der zweite Wochenendurlaub

Mein zweites Wochenende außerhalb der Klinik stand an und in mir wuchs bereits am Freitag wieder diese gewisse Nervosität. Die Woche in der Klinik verlief recht ereignislos und so kann ich nicht sagen, ob ich für das zweite komplette Wochenende Zuhause besser gewappnet bin oder nicht. Eigentlich hatte ich nicht sehr viel geplant, erstmal alleine in meine Wohnung gehen, anschließend zu meinen Eltern zum Mittagessen und dann wollte ich, wie bei jedem Heimspiel meiner 05er, nach Mainz fahren, um mit meinen Fußball Jungs ins Stadion zu gehen. Da mir aber mein innerer Sturm vom letzten Wochenende noch allzu präsent war, und das, obwohl ich nur einkaufen war, machte mir das schon ein wenig Sorge. Aber ich wollte das ja unbedingt tun. Nicht nur, weil ich liebend gerne ins Stadion gehe, sondern auch, weil ich Fortschritte machen wollte und diese auch spüren will. Soweit so gut, aber ich hatte keine Ahnung, wie mir der Stadionbesuch bekommen würde und so sank gegen Freitagabend meine Stimmung dramatisch ab. Aber ich habe ja Maja und ein wenig Kommunikation mit ihr tat mir ganz gut. Hoffentlich wird unsere Freundschaft ewig erhalten bleiben.

Jedenfalls war die Nacht mal wieder sehr unruhig für mich, ich drehte mich vor lauter Nervosität lediglich hin und her und meine Gedanken flogen allzu oft wieder nur in Richtung Saskia. Allerdings, und das kann ich als Fortschritt bezeichnen, nicht mehr ganz so schlimm, wie die letzten beiden Nächte bevor es nach Hause ging. Und so begann ich auch diesen Samstag alles andere als ausgeschlafen, aber wissen Sie was? Man gewöhnt sich allmählich an daran.
Und so verließ ich erneut an einem Samstagvormittag die Klinik und das Gelände mit dem allzu bekannten Gefühl der Schutzlosigkeit. Ich fühlte mich wie ein Alien, gestrandet auf diesem Planeten. Kennen Sie den Song *Englishman in New York* von *Sting*? Um mich ein wenig zu beruhigen, summte ich den Song vor mich her und dichtete ihn gleichzeitig um. Also sang ich dann innerlich...oder doch laut? Ich weiß es nicht mehr...vor mir her: I'm an Alien, I'm an legal Alien, I'm a Psychoman in this world. Auweia, am besten sollte ich sofort umdrehen und mich in meinem Zimmer über das Wochenende verkriechen.
Wie gewöhnlich holte mich meine Schwester wieder so gegen halb elf Uhr morgens ab und so ging die Fahrt wieder einmal gen Heimat. Und wie gewöhnlich beschlich mich wieder dieses leichte Unwohlsein, die Anspannung in mir, diese Unruhe. Aber es fühlte sich nicht mehr ganz so intensiv an wie an dem Wochenende zuvor. Auch das verbuchte ich mal als kleinen Fortschritt. Zuhause angekommen hatte ich gar nicht so sehr die Zeit mir darüber Gedanken zu machen, wie ich mich fühlen würde, denn im ersten Stockwerk begegnete mir der neue Mieter der Wohnung unter mir. Er ist mit seiner Frau im Januar dort eingezogen, was ich zwar

wusste, aber wegen meines Klinikaufenthaltes bisher völlig an mir vorbeiging. Ein kurzer Smalltalk und ich muss sagen, ein netter Kerl. Ich denke, das wird eine gute Nachbarschaft.
Tja, und dann ging es noch einen Stock höher in meine Wohnung und ich betrat sie mit einer neutralen, eher nüchternen Stimmung. Zuvor hatte ich mich bei meiner Schwester versichert, dass mich nicht wieder eine Überraschung erwarten würde. Natürlich hatte ich mich letztes Wochenende sehr darüber gefreut, aber im Nachhinein wäre ich lieber darauf vorbereitet gewesen. Diesmal war meine Bude aber unverändert.
Ich sammelte erst ein paar Klamotten ein, die ich noch mitnehmen wollte, und hockte mich dann wieder an meinen Rechner, so wie immer. Mails gecheckt, eine Onlineüberweisung getätigt und ein wenig im Netz gesurft, der übliche Kram eben. Viel mehr Zeit hatte ich auch gar nicht, denn es war Essenszeit bei meinen Eltern. Aber ich bin mir sicher, ich hätte es auch noch länger alleine in meiner Wohnung ausgehalten. Auch das verbuchte ich als Fortschritt. Aber eines wurde mir in der kurzen Zeit in meiner Wohnung bewusst, ich werde in jedem Raum etwas verändern, Kleinigkeiten nur, aber es müssen ein paar Veränderungen her, sobald ich entlassen werde. Dafür werde ich mir noch ein paar Pläne machen, wohl erst, wenn ich endgültig Zuhause bin, aber genau das werde ich tun. Das wird so eine Art Neustart in meinem Habitat.
Ich fuhr dann rüber zu meinen Eltern, wir aßen gemeinsam zu Mittag und redeten über völlig alltägliche Dinge. Was gibt es an Neuigkeiten hier und dort und lauter solche Dinge. Ich war auch einfach zu müde, um von Dingen aus der Klinik zu berichten, außerdem verlief die letzte

Woche, wie bereits erwähnt, ziemlich unspektakulär.

Nach dem Essen fuhr ich dann mit der Bahn nach Mainz um meine Freunde am Bahnhof zu treffen. Auch hier verspürte ich wieder diese Anspannung und nicht so die Vorfreude wie sonst, wenn ich zum Fußball ins Stadion gehe. Als ich dann die Jungs traf, schien für einen kurzen Moment alles so wie immer zu sein. Wir begrüßten uns, redeten über Fußball, was das Spiel bringen würde und was es für Neuigkeiten in der Bundesliga gibt. Alles fast so wie immer, abgesehen von der Tatsache, dass ich lediglich alkoholfreies Bier trank.

Richtig deutlich wurde für mich der Unterschied zu meinem früheren Leben dann im Stadion. Zwar betrat ich das Stadion wie sonst auch, aber noch, bevor wir unseren Block ansteuerten, merkte ich bereits, wie die Menschenmenge erdrückend auf mich wirkte. Als wir dann in unserem Block standen und sich die Arena immer mehr und mehr füllte, es langsam enger in unserem Stehplatzblock wurde, spürte ich deutlich, wie sich meine innere Unruhe von ganz unten nach oben vorarbeitete. Es ist sehr schwer dieses Gefühl zu beschreiben, aber der plötzliche Gedanke, dass ich, wenn die Hütte voll ist, einer von 34000 Tausend Leuten bin, ist sehr erdrückend. Auch wenn es am Ende nur knapp 28000 Menschen waren, es hat mir durchaus gereicht zuzusehen, wie es immer voller wurde. Es hat gereicht zu spüren, wie man von vorne und von hinten angerempelt wird. Normal eben, so wie immer, alles nicht ungewohnt, aber dennoch eine für mich ganz besondere Ausnahmesituation. Dazu der Lärmpegel der Musik aus den Lautsprechern, die optischen

Reize der Einspieler auf den Videoleinwänden, das war sehr beklemmend. Ich bin ganz ehrlich, ich habe kurz mit dem Gedanken gespielt wieder zu gehen. Aber ich bin geblieben und das war auch gut so. Denn es wurde langsam besser. Beim Aufwärmen der Mannschaft diskutierten wir wie wild über das mögliche Spielsystem, ganz so, wie wir es immer tun. Als dann das Spiel losging, wurde ich langsam entspannter und konnte mich auf die Ereignisse dort unten auf dem Rasen konzentrieren. Eben genau so, wie ich es gelernt habe: wenn die Stimmung sinkt oder äußere Reize überhandnehmen, dann den Fokus verschieben, sich auf etwas konzentrieren und dadurch Ablenkung finden. Und die fand ich dann, indem ich dem Spiel folgte. Ich konnte mitfiebern, aber mit den sonst üblichen Fangesängen, dem rhythmischen Mitklatschen und diesen Dingen, klappte es überhaupt noch nicht. So stand ich halt einfach nur da und schaute dem Treiben unten auf dem Rasen zu. Aber wie sagte mein Freund Mario an diesem Tag so schön? *Es muss ja auch noch Luft nach oben sein*. Nun, da hat er wohl recht. Über die Tore und den Sieg freute mich natürlich, wenn auch noch mit stark angezogener Handbremse. Ebenso wollte ich nicht nach dem Sieg noch länger im Stadion bleiben und die Mannschaft feiern, was vor unserer Fantribüne sonst üblich ist, sondern schnell weg. Nicht, weil es mir reichte, ich wollte einfach nicht in das Gedränge geraten. Also sind wir direkt nach Abpfiff weg und entkamen so, Gott sei Dank, dem größten Andrang auf dem Weg vom Stadion zur Bushaltestelle.
Auch der Bus war bis auf den letzten Stehplatz gefüllt und fing erst nach dem Verlassen der Stadt an sich zu leeren. Von Haltestelle zu

Haltestelle leerte sich nicht nur der Bus, sondern es ließ auch das erdrückende Gefühl in mir nach. Ein Abbau der Beklemmung auf Raten. Das alles empfand ich als äußerst anstrengend und ich war heilfroh, als ich dann um kurz nach halb sieben Uhr wieder bei meinen Eltern eintrudelte. Es war zwar eigentlich ein gemeinsames Abendessen geplant, aber ich entschuldigte mich. Ich brauchte dringend Ruhe und verzog mich ins Gästezimmer um etwas abschalten zu können, einfach ganz entspannt und alleine die Sportschau ansehen und den Tag ausklingen lassen.
An diesem Abend hatte ich noch ein wenig Kontakt mit Maja, die mir zu meiner Verwunderung verriet, dass sich Saskia bei ihr gemeldet hatte und was sie dabei so von sich gab. Am Tag danach schrieb sie mich dann selber an und es kam zu einer sehr beunruhigenden Kommunikation, die mich noch eine Weile beschäftigen sollte. Aber dazu komme ich in einem anderen Kapitel.
Jedenfalls war aufgrund dieser Information die Nacht durch einen recht unruhigen Schlaf geprägt und diese Unruhe zog sich durch den gesamten Sonntag. Verdammt, ich liebe diese Frau immer noch so sehr und fühle mich für sie verantwortlich. Ich bin ihr Mann, ich bin der, der sie beschützt und sich um sie kümmert. Sie hat mich weggeschoben und nun geht alles den Bach runter und scheinbar auch bei ihr. Ich möchte nicht vorgreifen, aber ich sollte recht behalten. Ich muss sie einfach wieder an meine Seite holen, egal wie. Es geht ihr nicht gut und sie hatte bereits überlegt wieder zu mir zu kommen, so viel sei an dieser Stelle verraten. Sie braucht mich und mit dem Vogel, den sie da jetzt an ihrer Seite hat, geht es ihr eben ganz und gar nicht gut. Sie ist im Begriff ihr

komplettes Leben einfach mal so wegzuwerfen und mit Füßen zu treten. Ebenso wie mich. Und was sagt mir das? Ich bin ihr Leben, ihr Leben bin ich! Oder bin ich einfach nur bescheuert und die Depression vernebelt meinen Verstand?

Nach dem Frühstück habe ich mich bestimmt eine gute Stunde mit meiner Mutter unterhalten. Es ging um meine Situation so im Allgemeinen, wie die Woche in der Klinik so verlief und über Saskia. Sie konnte durchaus meine Gefühle für sie verstehen und so war es ein sehr befreiendes Gespräch für mich.

Mittags kam dann wieder meine Schwester samt kompletter Familie zum Essen, was sich jetzt wohl zu einer Art Tradition entwickelt hat. Ich habe da nichts gegen, wirklich nicht. Aber ich merkte, dass mir das gegen Nachmittag alles einfach zu viel wurde und so verzog ich mich ins Wohnzimmer um Fußball zu schauen. Zwischendurch schaute meine Schwester rein und auch mit ihr unterhielt ich mich über meine Gefühle. Auch sie konnte viele meiner Wünsche und Bedürfnisse, Gefühle und Begehren nachvollziehen und verstehen. Schließlich ist sie eine verheiratete Frau mit Familie und würde wohl bis ans Ende der Welt wandern, um sich all das zu erhalten, was sie hat. Und genau diesen Support meiner Familie brauche ich. Ich bin wirklich sehr froh darüber, dass ich ihn auch habe. Zwar tun all diese Gespräche sehr gut, aber trotzdem brauche ich zwischendurch meine Ruhe. Im Großen und Ganzen hat meine Familie aber wohl diesen von mir unausgesprochenen Wunsch nach Ruhe verstanden und ließ mich am Nachmittag weitestgehend dann auch zur Ruhe kommen.

Ich war zwar lose mit Nicole verabredet, aber ich musste ihr leider absagen. Ich wollte einfach nur meine Ruhe und für mich sein.
Gegen 18:00 Uhr holte mich dann mein Freund Dirk ab und fuhr mich zurück in die Klinik. Unterwegs haben wir uns noch kurz über meinen Zustand und meine private Situation unterhalten. Ich freute mich wirklich ihn zu sehen. Es tat halt einfach auch mal gut sich mit einem Kerl zu unterhalten. Frauen haben zwar wesentlich mehr Empathie, aber so hin und wieder kann ein rein pragmatischer Gedanke maskuliner Genese nun wirklich nicht schaden.
Und so trat ich dann mit meiner Tasche bewaffnet den Weg Richtung Haupteingang an, der mittlerweile seinen Schrecken komplett verloren hatte. Ganz im Gegenteil, er wirkte freundlich und einladend, wies er mir doch den Weg in mein sicheres Zuhause. Und so folgte ich der Einladung und betrat die Klinik mit dem Gefühl der Sicherheit. Hier war ich unantastbar, hier konnte mir jetzt nichts mehr passieren. Hier fühle ich mich wohl, hier bin ich richtig.
Hört das denn niemals auf?


## Kapitel 24:
## Muttertag – Teil 4
## Die liebe Familie

Im letzten Kapitel bezüglich meiner familiären Situation möchte ich lediglich ein paar Worte über meine Familie im Allgemeinen verlieren. Auch wenn es da viele spannende Geschichten zu erzählen gäbe, insgesamt tut die allerdings nichts zu meiner Situation bei und somit reicht

es völlig aus, wenn ich meine Familie ganz kurz skizziere. Somit bleibt das hier ein winziges Kapitel.
Eigentlich möchte ich nur mit ein paar Worten zum Ausdruck bringen, wie sehr mir meine Familie hier am Herzen liegt. Warum hier? Nun, unsere Familie ist geographisch aufgeteilt. Der eine Teil lebt in NRW, dort bin auch ich geboren. Und der andere Teil lebt in der Schweiz, nachdem meine Großeltern damals dorthin ausgewandert sind. Meine Mutter, als älteste dreier Kinder ist als einziges Kind nicht mit in die Schweiz gegangen, da sie damals bereits mit meinem Vater liiert war. Der ergatterte ein Jahr nach meiner Geburt einen Job hier in der Nähe und seitdem leben wir hier. Und mir wir meine ich meine Eltern, meine Schwester mit Familie und ich.
Wir haben hier unser eigenes kleines Familienuniversum und das funktioniert wunderbar. Das Verhältnis zu meiner Mutter ist ununterbrochen großartig, ebenso wie das zu der wunderbaren Familie meiner Schwester.
Aber je weiter ich in die Peripherie unserer Familie schaue, desto schräger wird es, und leider auch kaputter. Ich könnte Ihnen eine Menge haarsträubender Geschichten erzählen, aber muss nun wirklich nicht sein. Ich möchte niemanden diffamieren und wie eingangs des Kapitels erwähnt, tangiert mich das alles wenig. Dieser Teil der Familie ist weit weg.
Aber hier ist es eben nur dieser kleine Mikrokosmos an Familie. Kaum Kontakt zu dem Rest, und wenn meine Mutter irgendwann mal nicht mehr unter uns weilt, dann gibt hier nur noch mich und die Familie meiner Schwester. Ich beneide meine Schwester für ihre Familie, aber dann gäbe es nur noch uns. Wie traurig. Die Familie meiner Schwester und ich. Ich und

die Familie meiner Schwester. Ich, alleine. Kein wirklich schöner Gedanke.

Ich wünsche mir nichts sehnlicher, als auch irgendwann eine solche Familie haben zu können.

## Kapitel 25:
## Stefan und die Frauen meets Twelve Monkeys – Teil 1
## Die Chronologie der Ereignisse in Sachen Saskia

Die beiden Kapitel mit dieser Überschrift fixieren keinen bestimmten Zeitpunkt oder beschreiben ein bestimmtes Ereignis, sondern erstrecken sich eigentlich über den kompletten Zeitraum meines Aufenthaltes hier in der Klinik. Inhaltlich geht es aber ausschließlich um Saskia und meine teilweise verzweifelte Versuche von hier aus irgendetwas zu bewirken. Aber was denn genau eigentlich?

Ich habe Ihnen alles zu dieser Trennung geschildert, was ich diesbezüglich von ihr zu dem Thema erfahren habe…was ja nun echt nicht wirklich viel ist. Nur kapiere ich das einfach nicht, es geht mir nicht in die Birne. Das ist nicht subjektiv, denn niemand aus meinem Umfeld kann nachvollziehen, was da passiert ist. Selbst Maja und Carina, die beide lange und intensiv mit ihr geredet haben, können so viele Dinge nicht nachvollziehen, geschweige denn verstehen.

Und wie zum Geier soll ich dann eine solche Trennung akzeptieren? Ich verstehe einfach nicht warum, ich verstehe nicht wieso all dies so urplötzlich passieren konnte. Und selbst wenn sie es wirklich längere Zeit in sich trug, dann hat sie mich verdammt gut angelogen und sehr gut geschauspielert. Aber sie ist keine gute Lügnerin, das hat sie immer von sich selber gesagt. Wenn ich meine Beziehung infrage stelle, dann verhalte ich mich unwillkürlich distanzierter. Aber ich habe die letzten gemeinsamen Wochen immer und immer wieder abgerufen und wiederholt, da war nichts dergleichen. Ist sie denn wirklich so kaltblütig, so abgebrüht? Das wäre ganz und gar nicht die Saskia, die ich ein Jahr lang an meiner Seite hatte.

Wie können sich innerhalb so kurzer Zeit die Gefühle für einen Menschen so derart verändern? Jedenfalls sagte sie mir das so, ihre Gefühle für mich hätten sich verändert. So viele Fragen und Ungereimtheiten und es gibt keine Antworten für mich. Aber ich brauche diese Antworten, denn sonst kann ich diese für mich unwirkliche Trennung nicht verstehen. Und wenn ich sie nicht verstehen kann, kann ich sie auch nicht akzeptieren, und wenn ich sie nicht akzeptieren kann, kann ich das alles auch nicht abschließen und somit verarbeiten. Und das alles ist auch nicht gerade dienlich, wenn ich versuche mit meiner Depression umzugehen. Ganz im Gegenteil, mich zieht das immer und immer wieder ganz gewaltig nach unten.

Generell habe ich bei mir selber festgestellt, dass ich im Laufe unserer Beziehung immer sensibler geworden bin und wesentlich empfänglicher für Emotionen aller Art wurde. Das war privat so, aber auch beruflich. So entwickelte ich in meinem Job eine noch

intensivere Empathie gegenüber meinen Patienten, was allerdings auch zur Folge hatte, dass mir gewisse Dinge einfach wesentlich länger im Gedächtnis blieben. Loslassen fiel mir plötzlich wesentlich schwerer. Es ist sicherlich mühselig sich darüber Gedanken zu machen, ob der Einsatz mit dem Mann, der sich vor seiner Frau erhängte, anders von mir verarbeitet worden wäre, hätte ich diese Beziehung nicht geführt und somit nicht diese intensive emotionale Erfahrung gemacht. Das käme einem orakeln gleich. Ähnlich sieht es auch bei dem noch kommenden Einsatz aus, denen ich Ihnen ein paar Seiten später erzählen werde. Dennoch ist mir das besonders aufgefallen. Aber auch Zuhause erging es mir zuletzt sehr oft so. Wenn ich mal alleine abends in meiner Wohnung war und mein Blick auf ihre Bilder in meinem Wohnzimmer fiel, dann wurden manchmal meine Augen feucht ob des unglaublichen Glückes meinerseits eine solch wunderbare Frau als Partnerin zu haben. Emotionen, die ich bisher so in dieser ausgeprägten Form gar nicht von mir kannte. Ich will nicht sagen, dass ich ein Weichei geworden bin, aber meine emotionale Mauer bröckelte, sie bekam Risse und drohte einzustürzen...endlich. Scheinbar bin ich also doch kein Emotionskrüppel, kein Gefühlslegastheniker.
Seitdem sie an diesem Freitagabend bei mir war, habe ich sie nicht mehr gesehen. Dabei wäre ein klärendes Gespräch unter vier Augen so unendlich wichtig. Wir haben zwar telefoniert und das hat uns beiden gut getan, aber das alles ersetzt kein Gespräch von Angesicht zu Angesicht. Ich will, dass sie mir das ins Gesicht sagt, dass sie mich nicht mehr will und verdammt noch mal, ich will eine vernünftige

Erklärung dafür. Das alles ergibt vorne und hinten keinen Sinn und ich habe das Gefühl ihre Unsicherheit diesbezüglich bis hierher zu spüren. Wir hatten zwar noch etwas Textkontakt übers Handy, aber das war alles wenig erfreulich.

---

Ich schrieb ihr in der Woche vor ihrem Geburtstag einen Brief, einen sehr langen Brief. Vierzehn Seiten lang. Vierzehn Seiten, auf denen ich alle meine Gedanken zum Thema niederschrieb, ihr mitteilte, was hier so mit mir passiert und ihr natürlich eine mehr als umfangreiche Liebeserklärung machte.
Sie fragte mich ein paar Tage später via Textnachricht, warum ich sie denn nicht hassen würde. Meine Antwort war eine weitere Liebeserklärung, für die mich so manch andere Frau direkt geheiratet hätte. Und was passierte? Zunächst nichts und am nächsten Tag eine Nachricht, dass sie so nicht mehr weitermachen könne, dass sie es nicht mehr aushält und lauter solche Dinge. Hallo? Nicht mehr aushalten? Wer hockt denn hier in der Klapsmühle, wer wollte sich umbringen, wer bekommt nun Medikamente ohne Ende und braucht eine Therapie aufgrund der Ereignisse? Natürlich war sie nur der Auslöser und nicht der Verursacher, aber trotzdem. Es geht mir richtig mies, ich bin nicht ohne Grund hier und dann schreibt sie mir, dass sie das alles nicht mehr aushält. Also bitte! Ich habe sie aufgefordert hierher zu kommen. Es reicht mir einfach nicht, dass sie weiß, was mit mir los ist und wo ich bin. Sie soll es sehen. Sie soll mich sehen, wie ich jetzt aussehe, nachdem ich seit meiner Aufnahme neun Kilogramm abgenommen habe. Sie soll diese Atmosphäre hier aufsaugen, soll sehen, was sie

angerichtet hat. Nicht einfach nur von Maja oder Carina hören, wie schlecht es mir geht und sich dann wieder in ihrer heilen Welt vor dieser Wahrheit verstecken. Das ist alles andere als fair, das habe ich nicht verdient. Ich habe mir nichts, rein gar nichts zuschulden kommen lassen. Ich habe in dieser Beziehung nicht die entscheidenden Fehler gemacht, das war sie, als sie nicht mit mir sprach.
Ich bin bitterlich enttäuscht, denn das alles hätte ich nicht erwartet. Ich liebe sie nach wie vor, meine Gefühle haben sich absolut nicht verändert und ja, ich will sie wieder an meiner Seite haben. Man kann aus einer solchen Situation gestärkt und noch gefestigter hervorgehen und immer voller Stolz darauf zurückblicken.
Ich kämpfe für die Liebe meines Lebens, weil sie es einfach wert ist, trotz allem. Ich kämpfe bis zum letzten Tropfen Blut, aber genau genommen bin ich unbewaffnet, denn ich sitze hier und kann sonst nichts weiter tun. Mit meinem Brief habe ich meine letzte Kugel abfeuert und habe nun eine enorme Angst davor in Vergessenheit zu geraten. Der Kontakt ist nach meiner letzten Nachricht, in der ich sie aufforderte hierher zu kommen, nun komplett abgebrochen. Ich bin hier, sie ist Zuhause und ich habe keine Ahnung, was in ihr vorgeht. In mir sieht es beschissen aus, keine Frage. Diese ganze Situation hängt über mir wie eine dunkle Wolke. Sie können sich das so vorstellen, dass ich hier an drei Fronten gleichzeitig kämpfe. An der ersten Front kämpfe ich gegen meine Depressionen an und das ist schon schwer genug. Dabei sollen mir aber Medikamente helfen, doch das dauert knapp zwei Wochen, bis die ihre Wirkung entfalten. An der zweiten Front kämpfe ich gegen meine Zukunftsängste an.

Und meine dritte Front ist eben die Tatsache, dass ich das alles nicht verstehen, nicht nachvollziehen, nicht akzeptieren und somit nicht verarbeiten kann. Sie fehlt mir so sehr.

---

Heute schreibe ich an diesem Kapitel weiter und meine vierte Woche hier neigt sich dem Ende zu. Morgen fahre ich wieder übers Wochenende nach Hause (und obwohl ich dieses Wochenende noch gar nicht erlebt habe, haben Sie bereits davon gelesen, verwirrend, oder?) und Saskia war immer noch nicht hier, ich habe nichts von ihr gehört. Ich weiß, dass sie zurzeit krankgeschrieben ist, aber trotzdem. Geändert hat sich für mich rein gar nichts, ich empfinde weiterhin unverändert für sie und wünsche mir nichts mehr auf dieser Welt als ihre Rückkehr. Wissen Sie, bei so etwas ist es meiner Meinung nach völlig egal, ob man zehn Jahre verheiratet ist und drei Kinder hat, oder nur ein Jahr zusammen war. Es geht hier um Gefühle, um wahre Liebe und dafür bin ich bereit alles zu ertragen, alles zu erdulden und alles zu tun, was eben nötig und möglich ist. Am liebsten würde ich einfach zu ihr hinfahren und ihr mal gehörig den Kopf waschen, sie durchschütteln und fragen, ob sie denn noch alle Latten am Zaun hat, was der ganze Scheiß eigentlich soll? Es reicht jetzt, genug mit dem Spiel.
Natürlich ist der Zug, in dem wir unsere Beziehung einfach wieder aufnehmen und so tun können als wäre nie etwas passiert schon längst abgefahren. Den sieht man gar nicht mehr, der ist wahrscheinlich sogar entgleist. Aber der Zug, in dem ich sitze und auf sie warte, in dem sie zusteigen und mit mir über alles reden kann, der steht noch im Bahnhof. Und der wird da noch

eine ganze Weile stehen. Ich befürchte gar, der wird ohne sie nie losfahren. Wieder und wieder denke ich über die Ereignisse nach, komme aber zu keinem Ergebnis. Jeden Tag hoffe ich auf Nachricht von ihr, dass irgendein Signal kommt, aber es passiert nichts. Sie hat mal gesagt, dass sie Distanz braucht, um sich über ihre Gefühle in Ruhe Gedanken zu machen, um einen klaren Kopf zu bekommen. Gut, das kann ich sogar nachvollziehen, aber sie hat diese Distanz nur zu mir, nicht in die andere Richtung. Einen wichtigen Punkt habe ich Ihnen noch nicht erzählt, lediglich kurz angedeutet. Sie sagte an diesem schwarzen Freitag, dass sich ihre Gefühle für mich verändert hätten, weil sie welche für jemand anderen haben würde. Und dieser Kerl ist ein Arbeitskollege von ihr. Wie soll da denn die Distanz entstehen, wenn sie ständig in Kontakt zu ihm ist? Natürlich muss sie arbeiten gehen, aber ich sitze hier und habe das Gefühl, dass das einigen Leuten im Moment sehr gut in die Karten spielt. Ich komme mir dadurch so mies und verraten vor, hoch gewürgt und ausgespuckt. Aber warum denn nur, was habe ich denn bloß getan, um so behandelt zu werden?
Und trotzdem steht meine Tür weiterhin offen. Halten Sie mich für bekloppt? Wahrscheinlich, würde ich auch tun. Aber ich habe Ihnen ja bereits ausführlich über unsere Beziehung berichtet und wie einzigartig diese Frau für mich ist. Das ändert sich nicht nach vier Wochen psychiatrische Klinik, Sedativa und Antidepressiva. Manche mögen es dumm nennen, ich nenne es Mut. Mut auf sein Herz zu hören und danach zu handeln, obwohl der Verstand etwas anderes zu sagen hat.
Und so warte ich weiter und harre der Dinge, die da vielleicht noch geschehen werden. Carina hat

mir versprochen sie hierher zu schleppen, ich bin gespannt. Denn wie gesagt, sie soll sehen, was sie angestellt hat. Und in einer Sache können Sie sich sicher sein, ich habe ihr verdammt viel zu sagen.

---

Heute beginnt meine fünfte Woche hier in der Klinik. Exakt heute vor fünf Wochen brachte mich Anke in einem äußerst desolaten Zustand hierher und ich bin gestern Abend nach meinem zweiten Wochenendurlaub wieder hier eingetrudelt. Nur damit Sie wissen, in welchem Zeitraum wir uns jetzt bewegen.
Und das vergangene Wochenende hatte es durchaus in sich, denn ich hatte am Sonntag Kontakt zu Saskia, wirklich beunruhigenden Kontakt.
Was ist passiert? Als ich mich am Samstagabend bei meinen Eltern ins Gästezimmer zurückgezogen hatte, erhielt ich eine Nachricht von Maja. Sie erzählte mir, dass sich Saskia eben bei ihr gemeldet hätte und diese Nachricht war alles andere als beruhigend. Nun, ich habe mit vielem gerechnet, aber nicht damit. Saskia geht es alles andere als gut, sie befindet sich keineswegs in einer heilen Welt. Sie textete Maja, dass ihr klargeworden sei, welch verachtungswürdige Person sie doch wäre und, dass ich doch froh sein soll, jemanden wie sie los zu sein. Tatsächlich habe ich sehr oft versucht mir einzureden, dass sie den ganzen Ärger nicht wert sein, dass sie jemanden wie mich doch gar nicht verdient hat. Klingt gut, geht aber nicht. Nur ganz kurz flammt in mir die Überzeugung dessen auf und verpufft ebenso schnell wieder. Ich schrieb Maja zurück und sie leitete meine Nachricht unaufgefordert und

ungefiltert weiter, das sollte es zunächst gewesen sein.
Wie gesagt, meine Nacht war unruhig und als ich gegen sechs Uhr in der Früh aufwachte und auf mein Handy schaute, war dort tatsächlich eine Nachricht von ihr. Inhaltsgetreu wiedergegeben, schrieb sie, dass sie getrunken habe, wie momentan so oft, dass sie an mich denke müsse und obwohl sie glaubt, dass es eine schlechte Idee sei, mir zu schreiben, müsse sie es trotzdem tun. Meine kurze Antwort lautete, dass wir uns treffen und mal von Angesicht zu Angesicht miteinander reden müssen, alles andere hat keinen Sinn. Das war es...zunächst.
Am Mittag ging das Spiel dann weiter und sie schrieb, dass sie seit Tagen trinkt und völlig verwirrt im Kopf sei. Mehrfach forderte ich sie zu einem Gespräch auf, aber bisher ohne Erfolg.
Sie hat es zwar nicht gesagt, aber ich bin mir ziemlich sicher, dass sie sich durchaus bewusst ist, welchen Bockmist sie verzapft hat und, dass sie da nun in einer Situation steckt, aus der sie keinen Ausweg sehen würde. Ich gehe sogar weit zu sagen, dass sie, wenn sie so weitermacht, bald an den Punkt kommt, an dem ich war, als ich in die Klinik kam.
Sie sagte, dass sie wohl eine massive Störung hat, wenn es darum geht, Beziehungen zu führen. Sie braucht aus Gründen, die ich hier nicht preisgeben werde, das intensive Gefühl eines Triumphes, was für sie eine Bestätigung darstellt. Und das holt sie sich mit Männern. Nicht in Form von One-Night-Stands, sie wollte immer das volle Programm, einen Mann für sich alleine ergattern. Bei mir war der Triumph für sie dann aber äußerst gigantisch, war ich doch der große und starke und selbstbewusste Stefan, der sich anfangs ja so gar nicht für sie

interessiert hat. Nur war unsere folgende Beziehung eben nicht von dem Charakter, wie es bei ihr zuletzt immer war, also kurz und durchaus emotional überschaubar. Ihre Empfindungen für mich waren durchaus authentisch, ganz sicher. All diese Dinge seien ihr jetzt wohl klargeworden und seitdem ist auch sie ein psychisches Wrack. Das kommt mir sehr gut bekannt vor, denn so ein Wrack war ich vor ein paar Wochen auch und so fies es klingen mag, ich gönnte ich ihr in diesem Moment von ganzem Herzen. Ich teilte ihr mit, dass sich weder meine Gefühle noch mein Bild von ihr geändert haben, dass ich sie nach wie vor liebe und sie jederzeit zurück kann. Wieso? Nun, wir sitzen gewissermaßen im selben Boot. Auch ich habe durch meine Emotionsbremse in der Vergangenheit immer wieder die gleichen Probleme gehabt Beziehungen zu führen. Aber sowohl meine als auch ihre Probleme lassen sich mittels einer Therapie in den Griff bekommen. Ich bin bereits auf dem besten Weg und habe einen Anfang gemacht. Sicherlich ist diese Situation nicht einfach, aber erinnern Sie sich an meine Metapher mit dem Zug. Das hat alles nach wie vor Gültigkeit. Das Leben, in dem sie sich jetzt befindet, ist nicht das Leben, welches sie führen will. Ich weiß, welches Leben sie führen will. Sie will einfach nur glücklich sein, mit einem Mann an ihrer Seite, der sie liebt und der zuverlässig ist. Sie will mit diesem Mann zusammenleben und heiraten und Kinder haben. All das kann sie mit mir und gerade mit mir. Denn ich weiß um ihre Probleme, um ihren Kummer und ihre Sorgen im kompletten Ausmaß. Wer kann das denn schon von sich behaupten? Besser geht es doch eigentlich gar nicht.

Ich teilte ihr jedenfalls diese Dinge mit und machte ihr noch einmal das Angebot, dass sie mich hier besuchen und mit mir über alles zu reden sollte. Sie möchte doch bitte darüber nachdenken, was sie mir dann auch versicherte zu tun. Ich verabschiedete mich mit den Worten *Santa Muerte, mein Rauscheengel*. Wissen Sie um die Bedeutung von Santa Muerte? Das bedeutet übersetzt *Heiliger Tod*. Klingt zunächst nicht besonders positiv, ist es aber durchaus. Denn diese heilige Figur wird gerufen um Schutz und Liebe über den Ersuchenden zu bringen und um verloren gegangene Dinge wiederzubringen.
Und seit heute ziert ein Bild dieser heiligen Figur ihr Profilbild, interessant, nicht wahr?

## Kapitel 26:
### Twelve Monkeys – Teil 5
### Meine Entwicklung

Ich bin jetzt seit viereinhalb Wochen hier in der Klinik und zwischen meinem jetzigen Zustand und dem meiner Einlieferung liegen Welten. Es ist ja mittlerweile auch eine ganze Menge passiert. Im Rahmen diverser Stunden Gesprächstherapie sind mir bereits so viele Dinge klargeworden, Erkenntnisse, die ich Ihnen in den jeweiligen Kapiteln zuvor bereits schilderte: warum ich emotional so verschlossen war und woher meine oft aufdringliche Überheblichkeit und Arroganz kommen. Ich benutze hierbei bewusst die Vergangenheitsform, da ich dies für den Moment ganz gut abgelegt habe. Seit ich hier bin, mache ich quasi nichts anderes als über meine Gefühle zu reden, ein recht passables Training. Auch dadurch, dass man hier sehr schnell lernt einer von allen anderen zu sein, hat sich weitestgehend auch meine Arroganz verzogen. Natürlich sind das alles Momentaufnahmen, das weiß ich auch. Wenn ich diese Klinik verlasse, würde es höchstens ein paar Monate dauern, bis ich mich wieder den alten Verhaltensweisen ergeben müsste. Hier soll dann die kommende ambulante Therapie greifen. Im Rahmen dieser Therapie habe ich die Ziele, dass ich mir meine jetzigen Verbesserungen auf die Dauer bewahren kann und, dass mir ein solcher Absturz nicht noch einmal passieren wird. Was ist dazu alles nötig? Nun, ich weiß mittlerweile woher viele Dinge kommen, es müssen somit bestimmte Ereignisse, Erlebnisse und Eindrücke aus meinem bisherigen Leben aufgegriffen und verarbeitet werden. Ich muss lernen mich zu öffnen, was eine wahnsinnig schwere Aufgabe wird, um anschließend die bösen Dämonen in mir austreiben zu können. Weiterhin brauche in Handwerkzeuge, um in Zukunft mit Schicksalsschlägen und Rückschlägen besser umgehen zu können. Deswegen ist eine weiterführende Verhaltenstherapie ungemein wichtig.

Aber bereits hier in der Klinik ist viel passiert. Prinzipiell begegnet man einer solchen Depression auf zwei Ebenen, der Gesprächstherapie und der medikamentösen Therapie. In der Akutphase, so wie in meinen ersten Tagen hier, helfen einfach nur Medikamente. Ich wurde ruhiggestellt, was aber nicht bedeutet, dass man mich förmlich abgeschossen hat. Nein, es gab eher Medikamente, die mir etwas die Unruhe und die

innere Anspannung nahmen. Wenn ich bedenke, wie extrem unruhig und angespannt ich trotzdem oft war, und manchmal noch bin, möchte ich nicht wissen, wie es ohne Pillen ausgesehen hätte. Am wichtigsten aber sind die Antidepressiva, von denen ich aber nur ein Präparat bekomme. Dieses vertrage ich zum Glück auch recht gut, denn ein Wechsel der Medikamente zögert eine Wirkung nur wesentlich weiter nach hinten raus. Denn schließlich bedarf bei diesen Medikamenten einen gewissen Spiegel im Organismus und den erreichen sie erst nach ein bis zwei Wochen täglicher Einnahme. Bei mir dauerte es knapp zwei Wochen, bis etwas passierte. Es ist nicht so, dass man eine Wirkung spürbar wahrnimmt. Es ist eher so, dass man das Gefühl bekommt, dass einem alles ein wenig leichter fällt, bzw., dass man von seinen Problemen nicht so sehr erdrückt wird. Die Folge, die Stimmung steigt im Allgemeinen deutlich an. Das ist ein schleichender Prozess, den man erst gar nicht so deutlich wahrnimmt. Bei mir war es so, dass die Tage stets beschissen anfingen. Wenig Schlaf, die Stimmung morgens im Arsch, immer nur grübeln ohne Ergebnisse. Aber im Laufe des Tages stieg die Laune dann an, zunächst so gegen Mittag. Zum Abend hin ging es dann wieder bergab. Im weiteren Verlauf wurde die Tageszeit, zu der meine Stimmung anfing zu steigen, dann immer früher, bis zu dem Zeitpunkt, dass ich dann morgens teilweise schon recht gut in den Tag startete. Das änderte aber nichts daran, dass die Stimmung gegen Abend öfters wieder abfiel. Aber auch in diesem Punkt erwarte ich noch eine Besserung.
Ich habe früher oft gehört, dass Leute Angst vor Antidepressiva haben, weil sie denken, dass sich deren Wesen durch die Wirkungsweise

verändern würde. Das ist natürlich ganz großer Humbug. Wie die Medikamente wirken und was sie im Organismus anstellen, habe ich Ihnen ja bereits geschildert. Und aus eigener Erfahrung kann ich Ihnen sagen, mein Wesen hat sich nicht verändert und auch sonst hatte ich nur sehr wenige Nebenwirkungen, die sich aber auch recht zügig wieder einstellten. So hatte ich abends zeitweise deutlichen Schwindel und kurzzeitig eine verschwommene Sicht. Nach ein paar Minuten war das dann auch wieder vorbei. Ebenfalls auffällig ist eine erhöhte Transpiration in der Nacht, das hat sich bis heute nicht erledigt. Aber dieser Effekt stört mich nun wirklich nicht. Dann bezieht man halt sein Bett etwas öfters als sonst üblich...kann ja auch nicht schaden. Aber insgesamt, und das bleibt unterm Strich festzuhalten, erfüllen Antidepressiva ihren Zweck, ohne geht es einfach nicht und sie machen aus dem Konsumenten nun wirklich keinen anderen Menschen.

Nun dürfen Sie aber nicht glauben, dass plötzlich alles Gold ist, was glänzt. Ganz und gar nicht. Wie gesagt, das sind alles Momentaufnahmen, ohne Langzeittherapie geht da auf die Dauer gar nichts. Es ist aber auch so, dass es trotz der tollen Medikamente immer wieder zu unerklärlichen Stimmungsschwankungen kommt. Die kommen urplötzlich und scheinbar aus dem Nichts, es braucht keine Auslöser. Aber oft sind die Auslöser auch kaum als solche auszumachen. Ein kleiner und schräger Gedanke reicht, eine Erinnerung, ein bestimmtes Gefühl oder lediglich irgendein Eindruck oder Reiz und zack, alles ist plötzlich anders. Ich habe noch nicht alle dieser sogenannten Trigger bei mir ausmachen können. Ob ich das jemals werde, steht in den

Sternen. Diese Schwankungen funktionieren aber in beide Richtungen, von positiv nach negativ und auch anders herum. Meistens allerdings, und das ist so unheimlich anstrengend, geht es von positiv nach negativ. Im Rahmen der ganzen anderen Therapien hier im Haus gibt es die sogenannte Psychoedukation Depression. Hier lernt man sehr viel über seine Krankheit, das nimmt sie einem zwar nicht weg, hilft aber ungemein bei dem Verständnis für die Dinge, die mit und in einem passieren. Und so geht es auch mir hier, ich habe die Depression als meine Krankheit akzeptiert und weiß, dass es eben keine Charakterschwäche ist, und weiß auch, was sie mit mir macht.

Da gibt es zum Beispiel das sogenannte Depressionsdreieck, sagt Ihnen das etwas? Ich erkläre es ganz kurz. Denken, Fühlen und Handeln sind die Pfeiler dieses Dreiecks. Unser Denken hat Einfluss auf unsere Gefühle, die wiederum unser Handeln beeinflussen. Denken wir also negativ, dann empfinden wir auch negativ und das hat zur Folge, dass wir negativ handeln. Das kann auch komplett in die andere Richtung funktionieren. Ebenso auch positiv. Bedeutet, ersetzen Sie in diesem Satz das Wort negativ durch positiv und schon sieht die Welt ganz anders aus. Bei mir ist es eben meist negativ, aber wenn ich es schaffe mich an diesem Dreieck zu orientieren und mich aufzuraffen etwas Positives zu tun, dann fühle ich mich auch besser und denke positiver. Aber glaube Sie mir, das klingt einfacher als es ist. Man braucht sehr viel Kraft und Stärke und vor allen Dingen Willen, um sich im Rahmen einer depressiven Stimmung nicht zurückzuziehen und sich seiner Antriebslosigkeit zu ergeben. Sehr viel. Es gelingt auch nicht immer, ganz und gar nicht. Und dann steckt man sehr schnell in der sogenannten Depressionsspirale. Um Ihnen das an einem anderen Beispiel zu erörtern, möchte ich für Sie *Die Geschichte vom Hammer* von Paul Watzlawick aus seinem Werk *Anleitung zum Unglücklichsein* zitieren:

*Ein Mann will ein Bild aufhängen. Den Nagel hat er, nicht aber den Hammer. Der Nachbar hat einen. Also beschließt unser Mann, hinüberzugehen und ihn sich auszuborgen. Doch da kommt ihm ein Zweifel: Was, wenn der Nachbar mir den Hammer nicht leihen will? Gestern schon grüßte er mich nur flüchtig. Vielleicht war er in Eile. Aber vielleicht war die Eile nur vorgeschützt, und er hat etwas gegen mich. Und was? Ich habe ihm nichts getan; der bildet sich da etwas ein. Wenn jemand von mir ein Werkzeug borgen wollte, ich gäbe es ihm sofort. Und warum er nicht? Wie kann man einem Mitmenschen einen so einfachen Gefallen abschlagen? Leute wie dieser Kerl vergiften einem das Leben. Und dann bildet er sich noch ein, ich sei auf ihn angewiesen. Bloß weil er einen Hammer hat. Jetzt reicht's mir wirklich. – Und so stürmt er hinüber, läutet, der Nachbar öffnet, doch bevor er „Guten Tag" sagen kann, schreit ihn unser Mann an: „Behalten Sie ihren Hammer, Sie Rüpel!"*
*Wieder in seiner Wohnung sitzt er da mit seinem Bild in der Hand – enttäuscht und verzweifelt über seine Mitmenschen. Und er beschließt ganz fest: „Nie wieder sprech ich einen an!"*

Und wenn er so weiter macht, ist das wie eine Selbsthypnose. Ohne es zu merken, verstrickt er sich immer tiefer in seine Problemsicht. Das bezieht alle Ebenen mit ein: Das Denken und Fühlen, das Handeln, die körperlichen Empfindungen und Prozesse. Und das Ergebnis sieht dann etwa so aus:

Sein **Körper**: kraftlos, schlaff, ermattet.
Seine **Haltung**: in sich versunken und geschlossen.
Seine **Bewegung**: eher reglos, langsam, zäh.
Seine **Atmung**: flach und kaum zu spüren.
Sein **Blick**: gesenkt, nach innen gekehrt.
Seine **Ohren**: sind als wären sie verschlossen.

Seine **Stimme**: - wenn er denn was zu sagen hätte – tonlos, leise, ohne Klang.

Alles ist schwer und zieht nach unten – immer weiter.

Hier ist im Beispiel nur ein Weg beschrieben, wie man in eine Depressionsspirale hineinkommt. Jeder macht es aber auf seine eigene Art und Weise. Es ist hilfreich, den eigenen Weg in die Depression zu kennen, damit man frühzeitig umkehren kann, ehe man von selber nicht mehr zurückfindet.

Mein Weg in die Depression war ein ganz anderer, wie Sie ja bereits wissen. All diese Erlebnisse aus meinem Beruf, die kindlichen und jugendlichen Erfahrungen und Ereignisse, kläglich gescheiterte Beziehungen, das waren meine Wege hinein in die Depression.
Rückblickend sehe ich viele Dinge aus meinem Leben sehr kritisch. Ich habe viele Fehler gemacht, habe Menschen aus meinem direkten Umfeld enttäuscht, einschließlich mich selbst.
Man sagt zwar immer, dass eben das die Dinge sind, die uns zu dem Menschen machen, der wir gegenwärtig sind. Das klingt zwar plausibel und toll, ist aber auch geschönt. Denn was bin ich im Moment für ein Mensch? Ein depressiver Mensch. Das geht besser. Ich habe in meinem Leben viele falsche Entscheidungen getroffen, nur leider erkennt man so etwas erst wesentlich später. Oder auch zu spät. Das kennt sicherlich jeder von Ihnen, dennoch sollte man auch diese vermeintlich falschen Entscheidungen nicht gleich verteufeln. Man sollte stattdessen an diesen falschen Entscheidungen festhalten und sich diese gedanklich heranziehen, wenn wieder eine ähnliche Entscheidung im Raum steht. Ob die andere Wahl dann richtig oder besser ist, ist und bleibt natürlich fraglich. Man darf sich nicht in „was wäre, wenn" Fragen verlieren, die führen zu nichts. Wichtig ist, dass man sich im Vorfeld

wichtiger Entscheidungen genau Gedanken über die möglichen Folgen und Konsequenzen macht. Es kann nicht schaden, sich ein Worst Case Szenario auszumalen. Und wenn man sich dann über das mögliche Ausmaß voll und ganz im Klaren ist, sollte man die Entscheidung treffen. Bleibt ein Unsicherheitsfaktor, und ist er auch noch so klein, erscheint es sinnvoll die Entscheidung zu vertagen, denn sie kann das komplette weitere Leben beeinflussen. Aber einfach ist das nun wirklich nicht, ganz im Gegenteil. Sich zu entscheiden ist eine Kunst, aber noch viel mehr.

Es gibt da diese Geschichte eines Mannes aus Portugal, der sich bei einem Psychologen vorstellte. Wir befinden uns jetzt Anfang der 80er Jahre. Dieser Patient hatte erfolgreich die Entfernung eines Gehirntumors überstanden, wurde dadurch aber unfähig Entscheidungen zu treffen. Er wurde zu einem chronischen Zögerer, weiterhin intelligent, aber alltagsuntauglich. Sobald mehr als eine Option bestand, verwirrte es den armen Mann hochgradig. Man spricht hier auch von der Tyrannei der Wahl. Stundenlang saß er im Auto vorm Radio, weil er sich nicht für einen Sender entscheiden konnte. Er konnte nicht schreiben, wenn zwei verschiedene Stifte zur Verfügung standen. Können Sie sich so etwas vorstellen?

Unsere Entscheidungen werden von vielen Faktoren beeinflusst, von den Hormonen, den Tricks von Verkäufern, der eigenen Herkunft, der Familie, des Freundeskreises und natürlich von unseren spontanen Gefühlen. Sie zeigen aber auch, warum es so schwierig ist, sich bewusst gegen gesellschaftliche Konventionen zu entscheiden und wie wir mit unseren Fehlentscheidungen umgehen. Der Psychologe machte mit dem Patienten viele Tests und fand heraus, dass dieser emotional erkaltet war. Er war weder traurig, noch fröhlich, noch ungeduldig, noch frustriert oder verärgert. Er konnte sich einfach nicht entscheiden, weil sich für ihn alles gleich anfühlte. Diese Entdeckung war damals revolutionär, da man bis dahin davon ausging, dass der Mensch sich ausschließlich rational entscheidet. Ein Irrtum, denn ohne Gefühl ist der Verstand hilflos. Nun kann man aber nicht den Verstand abschalten und alleine den Bauch entscheiden lassen, denn auf diesen alleine ist auch kein Verlass. Schließlich lassen wir uns allzu leicht von Vorurteilen, Ängsten und Assoziationen leiten und beeinflussen. Ich kenne das nur zu gut aus meinem beruflichen Leben, Stichwort Intuitionen. Viele Jahre Erfahrung und man entwickelt dieses Bauchgefühl, lässt sich davon leiten. Aber es ist nicht immer richtig. Der Mensch besitzt also zwei Säulen, den Verstand und das Gefühl. Die Kunst besteht darin, bei Entscheidungen beide mitreden zu lassen. Es ist nicht immer einfach und fängt schon bei leichten Dingen an. Jeder hat mal Lust auf Schokolade, obwohl sie dick macht. Der Verstand sagt: Finger weg, das macht dick! Das Gefühl sagt: das ist lecker, hau rein! Und bei diesem Beispiel geht es nur um eine vergleichsweise harmlose Entscheidung. Wie sieht es mit Entscheidungen aus, die das Leben verändern können? Schaffen Sie also Frieden zwischen Verstand und Gefühl, werden Sie sich über alle Konsequenzen bewusst und wählen Sie möglichst weise. Fragen Sie sich, ob Sie auch mit den daraus resultierenden Konsequenzen ganz sicher leben können. Ich habe die Erfahrungen gemacht, dass es vielen Menschen an Konfliktfähigkeit und geistiger Unabhängigkeit mangelt. Sie suchen ihr ganzes Leben nach Bestätigungen von anderen und vielleicht auch von sich selbst. Davon gilt es sich zu lösen, denn die Konsequenzen der getroffenen Entscheidungen trägt der Entscheider alleine und nicht die, die ihm Zuspruch gegeben haben. Denn das sind meistens die Leute, die sich dann ganz schnell verziehen, wenn es dem Entscheider droht, mit den Konsequenzen abzustürzen.

Und nun stecke ich mitten in einer Major Depression, oder sie in mir, wie man will. Plötzlich sieht alles ganz anders aus, mein ganzes Leben scheint auf dem Kopf gestellt zu sein. Aber so ist es halt, nichts ändert sich, bis man sich selbst verändert…und plötzlich verändert sich alles. Ich stecke in einer Welt, aus der ich zurzeit versuche zu entrinnen. Und wie gesagt, so allmählich stellen sich Erfolgserlebnisse ein, und da ich die auch langsam bei mir selber wahrnehme, bin ich auf jedes Erfolgserlebnis stolz. Ich kann mich daran festhalten und dadurch meine immer öfter auftretende positive Stimmung weiter in den Tag hinein transportieren. Man spricht dann von einer seelischen Gesundheit und dafür gibt es auch so eine Art Basisprogramm. Zusammengefasst auf einem DIN-A4 Blatt bekommt das hier jeder Patient in die Hand gedruckt, mit dem Hinweis, doch zu versuchen an jedem Tag diese Dinge zu erreichen. Vielleicht nicht alles, aber doch zumindest den einen oder anderen Punkt. Dieses Programm nach *Jacobson* besteht aus sechs Punkten:

**Bewegung**: 180 – 240 Minuten / Woche auf mindestens 4x verteilt.
**Ernährung**: naturnah, Gemüse, Obst, Fisch, Vollkorn, Nüsse, Rohkost…

**Entspannung und Achtsamkeit:** Jacobson, autogenes Training, Yoga, Meditation, Achtsamkeitstraining, Eigenzeit, „aktiv nichts tun"...tägl. Mindestens 30 – 40 Minuten.
**Soziale Kontakte:** harmonisch, auch außerhalb der eigenen Pflichten (Arbeit / Haushalt / Familie / Freunde), kümmern z.b. um Enkel, Hobbies pflegen, Chor, Tanzen...
**Kognitive Stimulation:** Tages / Wochenzeitung, Nachrichten, Diskussionen über Tagesthemen, Sachbücher, selbst etwas schreiben, Themen vertiefen, Sprachen oder Instrument lernen und benutzen, Reisen, VHS...
**Rhythmen und Rituale:** Tag / Woche / Quartale – auf Schlaf achten – regelmäßige Termine.

Das sind dann auch gerne die Punkte, über denen man manchmal in der Abendrunde berichtet, bzw. wird man öfters gefragt, ob man etwas aus diesem Programm den Tag über für sich umsetzen konnte. Ich für meinen Teil kann das eigentlich fast immer, zwar nicht jeden Punkt, aber irgendwas davon schon. Zum Thema Bewegung brauch ich ja gar nichts mehr zu sagen, hier gehe ich ständig joggen, mache jeden Tag meine 120 Situps und dann ist da ja noch das MTT. Das passt also. Zur Ernährung braucht man auch nicht viele Worte zu machen, hier wird man ganz gut versorgt und es gibt ständig frisches Obst. Da ich Yoga und progressive Muskelentspannung in meinem Therapieplan habe, gibt es auch beim Thema Entspannung und Achtsamkeit keine Probleme. Soziale Kontakte eh, da ich oft Besuch von Familie oder Freunden bekomme und hin und wieder mit den Leuten hier quatsche...was dann auch manchmal zum Thema kognitive Stimulation passt, wenn man über ein bestimmtes Thema diskutiert. Außerdem schreibe ich hier diese Zeilen, das ist genug kognitive Stimulation. Auf Schlaf wird hier sehr penibel geachtet und somit kann man auch hinter dem letzten Punkt einen Haken machen. Aber wie wird es außerhalb der Klinik aussehen?

Und diese Frage ist durchaus interessant, denn nach dem Gespräch mit meiner Therapeutin gestern, könnte es gut sein, dass ich nächste Woche entlassen werden kann...aber warten wir erstmal den dritten Wochenendurlaub ab.

### Kapitel 27
### Blaues Licht – Teil 8
### Verloren

Zum Abschluss meiner Exkursionen rund um meine Arbeit habe ich noch ein recht kurzes, dafür aber für mich persönlich sehr trauriges Kapitel.
Wie Sie bereits gemerkt haben, gab es viele tragische Momente in meinem Beruf, immer und immer wieder. Und das wird sich auch nicht ändern, da mache ich mir gar keine Illusionen. Solange ich diesen Beruf ausübe, besteht stets die potentielle Gefahr, dass es wieder zu ähnlichen Ereignissen kommen kann. Theoretisch ist das in jedem Dienst möglich. Momentan bin ich zwar weit davon entfernt wieder arbeiten zu gehen, aber der Tag wird kommen und damit dann auch wieder die Gefahr solcher Einsätze. Die Kunst wird sein, dies ganz weit nach hinten zu schieben, irgendwo im Hirn

zu verstecken, damit es so schnell nicht mehr gefunden wird.
Jeder definiert Tragik für sich persönlich anders. Die von mir bereits geschilderten Ereignisse waren allesamt äußerst tragisch, gar keine Frage. Aber sie betrafen mich nicht in meiner Person, auch wenn ich bei den Reanimationen emotional persönlich betroffen war. Aber es gibt ein Ereignis, welches mich direkt betrifft, bei dem es um meine Arbeit und meine Kompetenz als Rettungsassistent geht.
Folgendes Ereignis ist noch gar nicht so lange her und belastet mich dementsprechend immer noch.

Es war ein Sonntag, ich hatte Tagdienst und der plätscherte so vor sich hin. Typisch Wochenende bzw. für einen Sonntag Tagdienst. Da passiert manchmal nicht wirklich viel und so war es auch an diesem Tag. Ich hatte mit einem noch recht unerfahrenen, dafür aber blitzgescheiten jungen Kollegen Dienst.
Irgendwann am späten Vormittag erhielten wir dann einen Einsatz, den man getrost als Routine bezeichnen kann.
Ein älterer Herr beklagte sich über einen seit Tagen zu hohen Blutzuckerwert, der ihn aber sonst nicht weiter beeinträchtigt. Er fühlte sich schwach, räumte aber auch ein seit mehreren Tagen nicht ordentlich gegessen zu haben. In der Tat war sein Blutzucker leicht erhöht, aber noch weit von alarmierenden Werten entfernt und seit mehreren Tagen eben konstant auf diesem Niveau. Aber sonst ging es ihm wirklich gut. Auch die Stimmung in dem Haus war ausgezeichnet, es waren noch seine Ehefrau und eine Betreuerin vor Ort. Der Umgangston war allgemein sehr locker und auch alle weiteren von uns ermittelten Vitalparameter waren im

Normbereich. Es bot sich uns kein Grund diesen Patienten jetzt ins Krankenhaus zu bringen. Alles im grünen Bereich, er selber beschwerdefrei und alleine ist er auch nicht. Also schlug ich vor, dass der Patient doch besser am Tag darauf zu seinem Hausarzt gehen und er ihm sein Problem schildern möge. Der Hausarzt kennt seine Patienten besser als wir oder jeder Klinikarzt, und da nichts, wirklich gar nichts auf eine ernsthafte oder akute Erkrankung hingewiesen hatte, ließen wir den Mann dort, wo er war, in seinem Haus. Ich schrieb das Protokoll noch im Haus fertig und lies einen Durchschlag vor Ort, welches er denn mit zu seinem Hausarzt nehmen könne.

So sieht unser Alltag aus, das war ein typischer Einsatz unter der Überschrift Routine. Viele Patienten müssen wirklich nicht zwingend in die Notaufnahme eines Krankenhauses gebracht werden. Oft reicht eine Untersuchung vor Ort aus, um festzustellen, dass hier der Hausarzt definitiv die sinnvollere Alternative ist. Ich räume ein, dass ich das manchmal mit einem seltsamen Gefühl im Bauch tue, wobei das auch schon wieder zu dramatisch klingt. Aber manchmal denke ich noch darüber nach und lasse mir alles nochmals durch den Kopf gehen, um dann festzustellen, dass das durchaus Okay so war. Aber in diesem Fall nicht einmal das. Raus und weg und zurück zur Wache und nicht weiter über diesen Einsatz nachgedacht. Das sollte sich am Tag darauf ändern, denn so um die Mittagszeit klingelte mein Handy und mein Kollege, der mich nach dem Tagdienst zu seiner Nachtschicht ablöste, rief mich an. Er fragte, ob ich mich an den Herrn Soundso vom Vortag erinnern würde. Ich sagte ja und fragte ihn, ob sie in der Nacht dann doch noch einmal dort waren und ihn mitgenommen haben. Als ich ihm

sagte, dass ich dem Patienten riet am nächsten Tag zum Hausarzt zu gehen, meinte mein Kollege, dass er dies wohl nie wieder tun würde, denn er ist nun tot. Ich war schockiert und konnte nicht glauben, was ich da hörte. Sie waren nachts dort und versuchten ihn zu reanimieren. Leider erfolglos. Er habe wohl zuvor über einen plötzlich auftretenden starken Schmerz in der linken Brust geklagt. Klassische Anzeichen eines Herzinfarktes. Noch bevor der Rettungsdienst dort eintraf, hatte sein Herz schon aufgehört zu schlagen.
Sprachlos trifft es ganz gut, denn genau das war ich in diesem Moment. Nachdem ich kurz Luft geholt und mich ein wenig gesammelt hatte, berichtete ich meinem Kollegen sehr umfangreich von unserem Einsatz am Vortag und auch er kam zu dem Schluss, dass er ihn sicherlich Zuhause gelassen hätte. Leider kam es in dem Einsatz der letzten Nacht dort zu Unstimmigkeiten, weil die Tochter des Patienten, die am Tag zuvor nicht mit dort war, von Symptomen berichtete, von denen wir nie etwas gewusst hatten. Sprich, bei uns war der Mann sonst beschwerdefrei, aber die Aussagen der Tochter verwirrten die Kollegen vom Nachtdienst. Ich brauchte erstmal eine Zeit um mich komplett zu sammeln. Der Schock saß tief, aber mal so richtig tief. Ich zitterte am ganzen Körper, es schüttelte mich richtiggehend durch. Mir wurde schlecht. So etwas war mir noch nie passiert und ich fing an mir Vorwürfe zu machen. Warum habe ich ihn nicht einfach ins Krankenhaus gefahren? Oder wäre er auch dort in der Nacht gestorben? Hatte er die ganzen Tage schon ein kardiales Ereignis und man hätte es im Krankenhaus

anhand des Blutbildes gesehen? Alles Fragen, auf die es niemals Antworten geben wird.
Später am Nachmittag entschloss ich mich dazu mit der Notärztin zu telefonieren, die bei diesem Einsatz in der Nacht mit vor Ort war. Ich erzählte ihr meine Sicht der Dinge und was der Patient uns alles geschildert hatte. So wurde auch für sie das Bild rund und sie gab zu, dass sie sich schon gewundert hatte. Schließlich hielt sie mich bisher eigentlich für einen sehr guten Rettungsassistenten. Balsam für mich, dennoch nahm mir das nicht die Zweifel. Sie versuchte noch mir einzureden, dass ich daran keine Schuld hätte, dass man nicht weiß, was im Krankenhaus passiert wäre, dass so etwas in diesem Beruf passieren kann, auch wenn es noch so tragisch ist. Ich glaube, sie machte sich mehr Sorgen um mich und wie ich damit umgehen würde, als der Tatsache, dass da ein Patient verstorben ist. Der Mann war alt, er war krank und er hatte in dieser Nacht einen infausten Herzinfarkt, das konnte ich nicht vorhersehen und nicht beeinflussen. Klingt gut und ich weiß ihre Worte auch zu schätzen, aber das alles änderte nichts an meiner Gemütslage. Trage ich die Schuld am Tod eines Menschen? Können Sie sich vorstellen, wie es sich anfühlt, wenn man sich eine solche Frage stellt? Das ist ein widerlicher Geschmack, so voller Fäule. Ein Albtraum.
Wo Menschen arbeiten, passieren Fehler. Das ist völlig normal und wird sich niemals ändern, das ist absolut unmöglich. Doch wenn Menschen an und mit Menschen arbeiten, dürfen keine Fehler passieren, sie können tragische Auswirkungen haben. Aber ob das passieren darf oder nicht, spielt keine Rolle, Fehler passieren trotzdem. Nur muss man dann damit leben, was nicht ganz

so einfach ist. Hat man gewisse Entscheidungen getroffen, dann muss man dazu stehen. Erst wenige Seiten zuvor habe ich großzügig über die Tragweite von Entscheidungen gesprochen. Ich habe die Entscheidung getroffen den Mann Zuhause zu lassen. Nun ist er tot und ich muss mit dieser Konsequenz umgehen. Aber wie macht man so etwas? Mir wurde zwar von der Notärztin bestätigt, dass es nicht meine Schuld ist, dass dieses Ereignis nicht vorhersehbar war. Da mag sie ja recht haben, aber trotzdem verfliegen dadurch nicht meine Schuldgefühle. Mein Job besteht darin den Menschen zu helfen. Und ich dachte bei diesem Fall, die beste Hilfe sei, wenn er am Tag drauf zu seinem ihm vertrauten Hausarzt gehen würde. Schließlich war er ja in unserem Beisein beschwerdefrei. Jetzt ist er tot und wird von seinen Angehörigen betrauert. Das ist brutal für mich.
So etwas passierte mir? Ausgerechnet mir? Ich bin verdammt gut in meinem Job und habe immer den Anspruch alles so gut wie eben möglich zu tun, und wenn es geht, dann vielleicht noch ein wenig besser. Ich habe den starken Drang zur Perfektion und setze mich damit selber unter Druck. Unter Druck arbeite ich schließlich immer am besten.
Meine Therapeutin hier sagt, ein gesundes Maß an Druck ist durchaus gut, aber man muss erkennen, wann es anfängt, ungesund zu werden. Und scheinbar ist es bei mir schon länger auf einem ungesunden Level und dieser Einsatz brachte das jetzt ans Tageslicht.
Ich informierte noch meinen Kollegen über diese ganze Sache und auch er war ebenso überrascht, war der Patient doch topfit und beschwerdefrei. Jedenfalls erschien er uns so. Auch er war schockiert und ich nahm ihn direkt aus der Schusslinie und erzählte ihm genau das,

was mir die Notärztin zuvor erzählte. Ich dachte mir, es reicht völlig, wenn sich einer darüber Gedanken macht, er soll das nicht auch noch tun. Tief im Inneren wusste ich stets, es war nicht meine Schuld, es wäre so oder so passiert und es schien mir auch ein paar Tage später nichts mehr auszumachen. Ich konnte das ganz gut kompensieren, hatte ich doch ein perfektes Privatleben...bis Saskia an diesem schwarzen Freitag zu mir kam. Und so kam dann auch das wieder mit hoch, und weil es eben so frisch in meiner Vergangenheit liegt, ist dies wohl das aufdringlichste Negativerlebnis aus meinem Beruf.

Aber es ist eben nicht nur ein einfaches Negativerlebnis, da ist ein Mensch verstorben und es spielt für mich dabei keine Rolle, ob er alt und krank war oder nicht. Ich hätte es eventuell verhindern können und alleine dieser Gedanke macht mich fix und fertig. Oder besser gesagt, er machte mich fix und fertig. Ich will nicht sagen, dass das nicht mehr durch meinen Kopf spukt, aber auch in diesem Fall konnte ich in meinen Gesprächen einen gewissen Zustand erreichen, sodass ich mir sagen kann, dass es nicht meine Schuld ist. Das alleine aber reicht noch lange nicht aus. Ich hoffe, dass ich irgendwann meinen Frieden mit diesem Ereignis machen kann. Also so, dass ich wieder im Einklang mit dem Geschehenen und mir selbst bin. Nichts wäre schlimmer, wenn das zwischen mir und meinem Wiedereintritt in meinem Job stehen würde. Ständig diese Angst, dass dies noch einmal passieren könne. Es wird generell eine spannende Frage sein, wie ich mich fühlen werde, wenn ich wieder arbeiten gehe und Entscheidungen treffen muss. Die Frage ist berechtig und sie wird sich irgendwann beantworten lassen. Irgendwann. Wie gesagt, im Moment drängen sich die Gedanken an diesen Einsatz nicht mehr so auf, dank der Gespräche hier. Dennoch muss auch hier im Rahmen der ambulanten Langzeittherapie angesetzt werden. Nicht nur, um diesen Einsatz zu verarbeiten, sondern eher um zu schauen, ab wann mein an mich persönlich gestellter Anspruch zu hoch ist, ab wann er ungesund ist. Ich brauche Hilfe um dies dann zu erkennen, damit ich rechtzeitig auf die Bremse treten kann. Das stelle ich mir als schmale Gradwanderung vor, denn ich will ja weiterhin in meinem Job die bestmögliche Leistung vollbringen, ich will ja weiterhin für die Menschen da sein und ihnen helfen so gut ich kann.

Absolute Topleistung bringen, aber nicht erkennen, wann es ungesund wird...wer von Ihnen kennt dieses Problem?

## Kapitel 28:
## Stefan und die Frauen meets Twelve Monkeys – Teil 2
## Saskia

Ich schließe nun nahtlos am Kapitel *Stefan und die Frauen meets Twelve Monkeys – Teil 1* an, wir befinden uns also noch am selben Tag, allerdings nun gegen Abend. Weiter geht es im Text.
Ich fühlte mich richtiggehend elendig und entschloss mich dazu Maja telefonisch zu

kontaktieren. Einmal mehr gab sie mir die nötige seelische Unterstützung und den Halt, den ich immer wieder benötigte und auch weiterhin benötigen werde. Allerdings war dieses Seelenbalsam nur von kurzer Dauer und schon drängte sich der Seelenschmerz wieder auf. Und der zog mich dann urplötzlich wieder runter, aber ganz gewaltig. In diesem Moment ergab ich mich wieder voll meiner Depressionen, die einmal mehr die überhand hatte. Ich steigerte mich dann extrem in diese Geschichte rein und stürzte wieder einmal total ab. Ein Sturz ohne Halt und unten angekommen wurde mir alles zu eng. Die Wände drohten mich zu erdrücken, kein Platz war mir zu groß. Druck auf meiner Brust, Herzrasen, bekomme ich genug Luft? Nein! Oder doch? Ist es Einbildung? Verdammt noch eins, ich habe keinen Bock mehr auf diese Scheiße, ich kann das nicht länger aushalten. Diese Gefühlslagen sind schier unerträglich. Ich will das nicht mehr, ich will so nicht länger leben. Warum reichte ich dem Sensenmann nicht meine Hand, als ich die Gelegenheit dazu hatte? Ich könnte jetzt in Frieden ruhen und müsste mich nicht dieser Gefühlskacke hier ergeben. Diese Einsamkeit, dieses Elend, das ist doch kein Leben. Keine Lebensqualität, so will ich nicht mein Sein verbringen.

Plötzlich ein kurzer Blitz, ein Lichtblick, ein heller Moment und ich nutze ihn aus um den Anker zu werfen. Ich ließ mir vom Pflegepersonal etwas zur Beruhigung geben.

Ich kommunizierte anschließend parallel mit Maja und Carina, allerdings mittels Textnachrichten, telefonieren war einfach nicht drin. Ich war nicht in der Lage zu reden. Ich war froh überhaupt so genug Luft zu bekommen. Außerdem war meine Stimme nach der letzten Attacke viel zu dünn und schwach. Maja und

Carina versuchten mich zu beruhigen. Zunächst ohne Erfolg, aber irgendwann kam ich dann doch zur Ruhe. Könnte natürlich auch am Tavor gelegen haben. Wie auch immer, Carina bemühte sich währenddessen bei Saskia, dass sie doch endlich mal den Weg hierher zu mir in die Klinik finden sollte. Ein Gespräch müsse dringend her und am besten so schnell wie möglich. Und so schnell wie möglich bedeutete dann der folgende Abend.
Nun wurde mir arg komisch. Ich bekam zwar jetzt das, was ich wollte, nämlich ein persönliches Gespräch zwischen uns, aber es begann sich allmählich Panik in mir breitzumachen. Schließlich hatten wir uns seit ihrem *ich will mich trennen!* nicht mehr gesehen. Noch immer habe ich diesen wirklich furchtbaren Satz im Ohr. Überflüssig zu erwähnen, dass ich in der folgenden Nacht fast gar nicht schlief. Ich hatte tausend Gedanken im Kopf und alle waren negativ, wirklich alle. Und ich war teilweise richtig sauer, das muss ich zugeben. Ständig dieses Hin und Her, erst Funkstille, die von ihr aus kam und dann meldete sie sich doch wieder bei mir, nur um dann wieder einen Rückzieher zu machen, oder was? Nein, so konnte es definitiv nicht weitergehen. Ich hocke in der Klapsmühle, arbeite an mir selber wie blöde und machte in der letzten Woche wirklich gute Fortschritte bezüglich meiner Depressionen und dann macht sie mir alles wieder kaputt? Auf gar keinen Fall!!!
Solche Sachen dachte ich und sehe es heute wieder anders...wie für so viele Dinge, die ich dachte und sagte im Rahmen meiner depressiven Stimmungsschwankungen.

In dieser Nacht war an Schlaf mal wieder kaum zu denken, wie denn auch? Saskia würde morgen kommen und ich hatte keine Ahnung, was passieren würde. Ich hatte wirklich Angst davor und war ultranervös. Und so durchlebte ich dann auch diesen Tag in einem extrem nervösen Zustand. Wie es der Zufall so wollte, war an diesem Tag Visite und ich berichtete kurz über die aktuelle Situation und was heute Abend bei mir ansteht. Aufgrund dieser neuen Information entschied sich das Ärzte- & Therapeutengremium dazu, die geplante Absetzung der Benzodiazepine um zwei Tage zu verschieben…und das war mir ganz lieb so. Zwar wurde es langsam Zeit mich von den Tranquilizern zu entwöhnen, schließlich macht das Zeug ja körperlich abhängig, aber ich war mir sicher, dass ich das heute Abend unter Umständen ganz gut gebrauchen könnte. Der Rest des Tages verlief hier größtenteils unspektakulär, ich machte meine Therapien und lief meine üblichen Kilometer um meinen Kopf freizubekommen, aber alles ohne Erfolg. Ich wurde immer nervöser und nervöser. Am Nachmittag versuchte ich mich ein wenig zu entspannen und lag einfach nur auf meinem Bett. Die Schwester vom Spätdienst machte ihre Runde und schaute kurz nach meinem Befinden. Sie hatte im Rahmen der Übergabe erfahren, dass ich heute Abend besonderen Besuch empfangen würde, und wollte mir mitteilen, wenn irgendwas sein sollte, möge ich mich dann doch bitte melden. Zum Reden oder auch um etwas zur Beruhigung zu bekommen. Ich bedankte mich für dieses Angebot und versuchte weiter zur Ruhe zu kommen. Natürlich ohne Erfolg, ich machte mir mit diesem Versuch lediglich selber etwas vor.

Vielleicht wollte ich mir auch später sagen können, dass ich es wenigstens versucht habe. Der Tag neigte sich dem Ende zu und in der Abendrunde sagte ich, dass ich heute eine extreme Unruhe verspüre und sehr nervös sei. Das Pflegepersonal nickte verständnisvoll in meine Richtung und erinnerte mich nochmals an deren Angebot. Die sind schon super hier, da kann man nichts sagen. Tolles Team. So voller Empathie und Verständnis. Hier ist man wirklich sehr gut aufgehoben, besser als sonst wo. Natürlich habe ich keinen Vergleich aufgrund fehlender persönlicher Erfahrungen, auch bin ich nicht scharf darauf mir diese anzueignen, dennoch kann ich es mir nicht vorstellen, dass es woanders besser sein sollte. Alleine dieses Niveau von hier zu erreichen stelle ich mir sehr schwer vor. Die offene Psychiatrie der HSK in Wiesbaden ist für mich eine Referenzklinik und wäre im zukünftigen Ernstfall die einzige Anlaufstelle für mich.

Nach der Abendrunde wartete ich also ungeduldig auf meinem Bett sitzend und irgendwann brummte dann auch mein Handy. Nachricht von Carina, sie seien da und würden jetzt in Richtung Station laufen. Also schnappte ich mir meine Jacke und ging los...

Mit geneigtem Kopf bog ich am Ende eines Ganges um die Ecke und lief einen weiteren langen Gang entlang. Ich hörte Schritte, blieb stehen und hob meinen Kopf. Da stand sie, Saskia, in ihrer vollen Pracht. Carina nahm ich gar nicht wahr, ich drückte mir meine Jacke ins Gesicht, merkte, wie meine Beine schwach wurden und mir langsam die Tränen in die Augen zu schießen drohten. Sie hatte ihren Mantel auch im Arm und drückte ihn Carina in die Hand, die ich jetzt erst wahrnahm. Saskia

ging schnelleren Schrittes auf mich zu, ich ließ meine Jacke einfach nur auf den Boden fallen und rannte ihr entgegen. Die Umarmung war sehr intensiv und leidenschaftlich. Da war so viel Emotion drin, ich drückte sie einfach nur ganz fest an mich, fühlte sie, roch sie und spürte ihr Herz schlagen. Ebenso mein Herz. Ich nahm einfach alles auf, das war eines der emotionalsten Erlebnisse überhaupt. In dieser einen Umarmung, sie dauerte bestimmt eine halbe Minute, steckte so viel Gefühl, unbeschreiblich. Ich habe lange versucht dieses Gefühl in Worte zu fassen, aber nichts, wirklich nichts konnte das auch nur annähernd so beschreiben, wie es in diesem Moment für mich war. Dabei kann ich eigentlich ganz gut mit Worten umgehen, aber manchmal habe ich das Gefühl, es gibt nicht genug davon.
Wir lösten uns in Zeitlupe voneinander und steuerten dann eine Sitzgruppe an. Carina ließ uns alleine und wir unterhielten uns gut eineinhalb Stunden. Und das war ein sehr gutes Gespräch, es war offen und ehrlich. Es war vor allen Dingen auch emotional, die eine oder andere Träne floss, gerade bei Saskia. Aber ich erhielt Antworten auf meine Fragen nach dem Warum und es waren teilweise erdrückende Antworten. Aber damit konnte ich arbeiten. Ihre Zeit war auch nicht wirklich toll gewesen. Sie dachte zwar, dass sie glücklich sei mit ihrer neuen Situation, erkannte aber, dass sie es ganz und gar nicht war. Sie erkannte, dass sie eigentlich permanent depressiv war, schließlich war sie seitdem fast jeden Tag am Trinken. Sie erkannte, dass sie gewaltigen Bockmist bezüglich ihres Kollegen gebaut hatte und dadurch in eine Situation geraten war, aus der sie so schnell keinen Ausweg sah. Allerdings erledigte sich die Situation von selber, da

besagter Kollege sie hocken ließ. Das war aber nicht alles. Denn was sie über ihre letzten Wochen erzählte war wie ein tosender Wirbelsturm aus Emotionen und die Schimpfworte, die sie bezüglich ihres Kollegen verlor, möchte hier nicht wiedergeben. Arschloch erscheint mir da noch das harmloseste Wort gewesen zu sein.
Aber nun war sie hier und ich sagte ihr, dass es auf jeden Fall einen Weg zurückgibt, wir aber beide an uns arbeiten müssen. Trotz allem würde ich sie zurücknehmen. Warum? Weil ich sie liebe und weiß, dass sie auch immer noch so für mich empfindet. Wir entschieden uns dazu, dass wir versuchen würden uns wieder langsam anzunähern. Wir würden uns schreiben, telefonieren und auch mal treffen. Da ich am kommenden Wochenende wieder Zuhause sein würde, machten wir dafür den Samstag schon bereits aus. Im Prinzip würden wir wieder neu beginnen. Exakt so, wie unsere Beziehung vor einem Jahr angefangen hat, langsam und allmählich. Sie wollte sich zunächst ein paar Gedanken über ihr Beziehungsleben machen. Das hielt ich für eine sehr gute Idee. Man darf eines nicht vergessen, auch sie ist diesbezüglich nicht frei von Problemen. Wir sind es beide nicht.

Ich kann und will hier nicht zu sehr in Detail gehen, ich schreibe hier ja schließlich über mein Leben. Allerdings verrate ich keine Geheimnisse, wenn ich erzähle, dass sie früher eine ebenso lange Beziehung hatte wie ich auch. Und anschließend gab es nur Stückwerk. Auch das kommt mir bekannt vor.
Nach ihrer langen Beziehung war sie sehr schnell von einem Kerl begeistert und hat ihn auch sofort als den Mann für ihr Leben

angepriesen. Nach sechs bis acht Wochen war die rosarote Brille weg und somit dann auch der Kerl. Aber der nächste Typ war schon am Start. Und so ging es immer weiter, bis ich in ihr Leben trat, oder sie in meins, ganz wie Sie wollen. Unsere Beziehung war von Anfang an anders und lief auch ein Jahr lang. Somit passt das nicht in das Muster ihrer bisherigen Lebensweise, zumal ihre Gefühle für mich auch authentisch waren, das habe ich mir von ihr bei ihrem Besuch auch nochmals bestätigen lassen. Ich musste das einfach aus ihrem Mund hören. Und all das kann ja noch nicht weg sein, nur herrscht in ihr ein enormes Gefühlschaos und das ist aus meiner Sicht sogar nachvollziehbar. Damit nehme ich sie nicht in Schutz, sie hat mir wehgetan und mein Herz gebrochen. Aber sie will sich ändern, braucht jetzt aber erstmal etwas Zeit für sich. Natürlich braucht sie das, denn sie muss ihre Gefühle sortieren und jetzt auch erstmal zusehen, dass sie auch ohne Partner zurechtkommen kann. Denn genau das war bisher ihr Problem, sie dachte immer, dass sie ohne einen Mann an ihrer Seite nicht leben kann.
Und auch ich brauche Zeit für mich. Ich muss das erstmal alles verarbeiten und vor allen Dingen muss ich mich auf mich selber konzentrieren, ich muss meine Krankheit bekämpfen und wieder stark genug werden. Stark für mich und vor allen Dingen stark für Krankheit. Aber da bin ich auf einen sehr guten Weg, ich fühle mich wieder wesentlich stärker und selbstbewusster als noch vor einiger Zeit.
Im Prinzip hat sich also nichts geändert, wir hatten uns ja bereits auf den Faktor Zeit geeinigt. Es würde jetzt nur wahrscheinlich etwas länger dauern. Aber was sind schon ein paar Wochen im Vergleich zur Ewigkeit? Sie

solle das Tempo bestimmen, das schlug ich ihr vor und sie nahm das auch dankend so an. Ich wollte mich lediglich noch versichern, dass sie es mir direkt gesagt hätte, wenn sie eine erneute Zusammenkunft sicher hätte ausschließen können. Und dem war auch so. Außerdem habe ich ja immer noch dieses Geburtstagsgeschenk und ich kann das keinem anderen Menschen auf dieser Welt schenken, das geht einfach nicht. Ich kann es auch nicht wieder zurückgeben, das ist unmöglich. Und um es in die Tonne zu werfen, ist es nun wirklich zu schade, ganz zu schweigen von dem Geld, welches ich dafür hingelegt hatte. Nein, das war für sie und nur für sie. Ein Geschenk von Herzen, im wahrsten Sinne des Wortes. Aber ich kann es ihr auch nicht einfach so geben, so ein Geschenk macht man nur seiner Partnerin, denn man kann auf keinem anderen Wege einen Menschen eindrucksvoller seine Liebe ausdrücken, als damit. Da geht nur ein Heiratsantrag drüber und auch den hatte ich ja bereits bis ins Detail geplant. Und nicht nur das, ich hatte noch wesentlich mehr geplant. Vielleicht nicht bis ins Detail, aber ich malte mir unsere Zukunft bereits Ende des letzten Jahres recht deutlich aus. Wir würden 2014 zusammenziehen, ich würde ihr vielleicht noch in diesem Jahr den Heiratsantrag machen. Und wir würden uns einen Hund zulegen, das muss einfach sein. Und dann würden wir über Kinder reden, auch das muss sein. Der nächste und letzte logische Schritt wäre ein Eigenheim. Tja, Stefan goes Spießbürgerhaft. Wissen Sie, wie oft ich das schon gehört habe? Also dafür, dass du so wild tätowiert bist, bist du ganz schön spießig! Ich weiß zwar nicht, was das Eine mit dem Anderen zu tun hat, aber egal. Und wenn schon, dann bin ich halt spießig. Ist man spießig, wenn man sein

Leben plant und sich Ziele setzt? Gut, dann bin ich eben spießig. Fuck you all, dann bin ich halt spießig. Ist mir doch scheißegal. Ich liebe sie ohne Ende und will wieder mit ihr zusammen sein, ich will mit ihr zusammenziehen, ich will sie irgendwann heiraten und ich will sie zur Mutter meiner Kinder machen. So male ich mir mein Leben nach wie vor aus.

## Kapitel 29:
## Zuhause – Teil 4
## Mein dritter Wochenendurlaub

Mein drittes Wochenende Zuhause sollte das bisher beste werden und eigentlich sollte das auch mein letztes Wochenende vor meiner Entlassung werden. Heute, am Montag danach, sehe ich das alles ein ganz klein wenig anders. Und ein ganz klein wenig ist noch deutlich untertrieben.

Im Prinzip ging alles schon am Freitagabend los. Zunächst schickte sich dieser Tag ganz gut an, der Vormittag mit der Visite lief ausgezeichnet. Ich besprach dort mit dem Team meine Pläne für das kommende Wochenende Zuhause, meine Therapien, MTT und Ergotherapie machten Spaß und ich bekam Besuch von meinem Vorgesetzten. Wir unterhielten uns eine ganze Weile und mir wurde nochmals ganz klar versichert, dass ich mir die Zeit nehmen sollte, die ich auch brauchen würde, um wieder voll im Saft zu stehen. Man würde lieber einen hundertprozentigen Stefan sehen, als einen halb hergestellten, der dann irgendwann einen

Rückfall erleiden würde. So ein Rückhalt ist Gold wert, denn zusätzlichen Druck vonseiten des Arbeitgebers wäre der Sache nicht wirklich dienlich, im Gegenteil. Diesen Rückhalt sieht mein Arbeitgeber als selbstverständlich an und dafür bin ich wirklich dankbar. Wäre doch bloß jeder Arbeitgeber so. Ich habe hier Mitpatienten erlebt, die ihre Krankheit verheimlichen, aus Angst Probleme im Job zu bekommen. So etwas empfinde ich als erschütternd, abgesehen davon, dass das irgendwann in einem Teufelskreis endet.

Später am Nachmittag telefonierte ich noch eine gute Stunde lang mit Saskia und ich liebte es ihrer Stimme zu lauschen. Aber während der alltäglichen Abendrunde ging es dann steil bergab. Die Frage an diesem Abend war, was wünschen Sie sich für die Zukunft?

Und während ich so dasaß und mir die traurigen Geschichten meiner Mitpatienten anhörte, wurde mir plötzlich klar, dass mir absolut keine Antwort auf diese Frage einfiel. Das zog mich gewaltig runter, und als ich dann an der Reihe war, presste ich nur ein *ich will mein altes Leben wieder zurück* heraus, während mir bewusst wurde, dass genau das so unerreichbar weit weg ist, dass es unmöglich ist, mein altes Leben wiederzubekommen. Dabei war es so wunderschön, mein altes Leben. Es hätte definitiv nicht besser sein können. Gut, ich hätte noch reich sein können, aber finanzielle Unabhängigkeit ist zwar schön, macht aber nicht glücklich. Und ich war glücklich, so glücklich, wie ein Mensch nur sein konnte. Mein altes Leben war nahezu perfekt, und um dieses wiederzubekommen, müsste so viel passieren, dass die Chancen dazu ähnlich dem des Gewinns eines Lottojackpots gleichen. Also brach ich weinend zusammen. Verdammt noch mal, was soll das denn jetzt? Ging es mir in der letzten Zeit doch recht gut, kam jetzt alles wieder hoch. Und es sollte keine kurze Phase sein. Den ganzen Abend über begleitete mich diese miese Stimmung und selbst Maja war nicht wirklich in der Lage mir dabei telefonisch zu helfen. Und was ich einige Nächte lang nicht hatte, war plötzlich wieder da, wie ein Schatten, den man einfach nicht loswird. Ich schlief mit dem Wunsch ein nie wieder aufzuwachen.

Aber ich wachte wieder auf, weinend. Super Start ins Wochenende! Um halb elf Uhr morgens holte mich dann Nicole ab. Geplant war Frühstück in meiner Wohnung, ein Stück Normalität quasi. Denn das haben wir früher öfters und gerne mal gemacht, wenn es unsere Schichtpläne zuließen. Nicole ist Krankenschwester. Dann haben wir uns in unregelmäßigen Abständen bei mir zum späten Frühstück, neudeutsch Brunch, getroffen und uns unterhalten. Sie brachte die Brötchen mit und den Rest stellte ich. So war es auch diesmal, nur mit dem Unterschied, dass ich diesmal nur den Kaffee stellte, mein Kühlschrank war ja leer. Und so brachte Nicole bereits Wurst, Käse und Nutella mit, Letzteres hatte ich mir gewünscht. Ich esse nicht oft süß, aber darauf hatte ich mal wirklich wieder Lust gehabt. Auf dem Heimweg stoppten wir noch kurz beim Bäcker und fuhren dann zu mir. Und für eine kurze Zeit war alles wie früher, wir tranken Kaffee, aßen Brötchen und unterhielten uns. Nur waren die Themen diesmal anders. Ich berichtete ihr, dass ich eventuell nächste Woche entlassen werden kann, dass ich bereits einen ambulanten Therapieplatz habe und seit dem Vortag auch schon einen Termin für das Erstgespräch. Den hatte ich mir nämlich am Freitagmittag telefonisch besorgt und darüber war ich wirklich glücklich...bis zum Freitagabend. Hierzu muss ich kurz über meine Erfahrungen berichten. Es ist wirklich eine Qual sich einen solchen Therapieplatz zu sichern. Ich recherchierte im Internet und stellte mir eine Liste mit knapp dreißig (!!) Therapeuten zusammen. Und dann setzte ich mich hin und telefonierte alle ab. Bei der ersten Therapeutin ging der Anrufbeantworter dran und ich hinterließ eine umfangreiche Nachricht. Eben wer ich bin, was los ist, wo ich zurzeit noch bin und wann ich eventuell entlassen werde. Dann telefonierte ich weiter. Möchten Sie das Ergebnis wissen? Bei den meisten Nummern ging gar keiner ran, auch keine Maschine. Wenn eine Maschine meinen Anruf entgegennahm, sprach ich den gleichen Text drauf. Bei ein paar Nummern hatte ich dann aber tatsächlich einen echten Menschen am Rohr, aber leider ohne Erfolg. Ich wurde teilweise wirklich grob und gefühllos abgewimmelt. *Depressionen? Ja dann stellen Sie sich mal hinten an.* Das ist nicht übertrieben, so wurde ich tatsächlich abgefertigt. Nun denke ich mir, wenn man eine psychotherapeutische Praxis betreibt und dort jemand anruft, dann doch sicherlich nur, weil dieser Jemand Probleme hat. Wie kann man denn dann so mit dem Anrufer reden? Nun, letztendlich ist es wohl gut so, denn bei solchen Therapeuten hätte ich mich sicherlich nicht wohlgefühlt. Jedenfalls zog mich dieser Misserfolg echt runter. Ich hatte alle Nummern gewählt und keinen Erfolg gehabt. Ein zeitnaher Therapieplatz rückte in weiter Ferne und das machte mir große Angst. Als ich dann ziemlich niedergeschlagen auf dem Weg zu meiner Sporttherapie war, brummte mein Handy in der Hosentasche. Die Therapeutin, bei der ich als

Erstes anrief und meinen Text auf die Maschine sprach, rief tatsächlich zurück. Nach einem kurzen und sehr guten Gespräch waren wir uns einig. Ich solle mich melden, wenn ich einen Entlassungstermin habe und dann würden wir einen Termin für das Erstgespräch ausmachen. Und als dann später eben dieser Entlassungstermin so ungefähr feststand, rief ich sie nochmals an und wir fixierten unseren ersten Termin. Und das geschah eben am Vortag und machte mich doch recht glücklich und zuversichtlich. Aber wissen Sie, was wirklich erschütternd ist? Sie ist die einzige Therapeutin, und ich habe insgesamt dreizehn Anrufbeantworter besprochen, die jemals zurückgerufen hat.

Das weitere Gespräch wurde dann wirklich sehr emotional, denn ich berichtete ihr von meinen Stimmungsschwankungen und den häufig vorkommenden Wünschen tot zu sein. An dieser Stelle muss ich Sie kurz darüber informieren, dass auch Nicole vor einigen Jahren an Depressionen litt, ich ihr damals oft zur Seite stand und letzten Endes sogar zur Therapie schleppte. Und was glauben Sie wohin? Zu der Therapeutin, zu der ich in Zukunft auch hingehe. Wie dem auch sei, wir schwelgten daraufhin in ein paar traurigen Erinnerungen und es machte sie zusätzlich traurig, solche Todeswünsche von mir zu hören. Insgesamt war das alles nicht wirklich förderlich für meine Gesamtstimmung, was mir gerade im Hinblick auf das anstehende Treffen mit Saskia Sorgen bereitete. Zu Recht. Nachdem Nicole dann gegangen war, kümmerte ich mich noch schnell um den Abwasch, las Nachrichten im Internet, tätigte eine Online-Überweisung...verkackte GEZ...und machte mich dann langsam startklar. Geplant war ja ein

Spaziergang und der Treffpunkt sollte der Parkplatz sein, wo wir sonst auch immer geparkt hatten, wenn wir unsere freie Zeit gemeinsam im Freien verbrachten. Am Rhein liegen bei schönem Wetter, oder spazieren gehen, solche Dinge eben. Leider fing es dann doch recht stark an zu regnen als Saskia zu mir ins Auto stieg. Wir wollten eigentlich in der Innenstadt ein Café aufsuchen, aber wir blieben einfach im Auto sitzen. Das war wohl auch gut so. Sie sah wie immer bezaubernd aus, und wenn man es genau nimmt, gab es eigentlich nicht viel an neuen Erkenntnissen zu erzählen. Prinzipiell war alles so wie gestern während des Telefonats, doch plötzlich brach es aus mir heraus. Rückblickend betrachtet war es keine gute Idee, sich an diesem Tag zu treffen. Meine Stimmung war seit dem Vorabend im Keller, das Gespräch mit Nicole verbesserte es nicht und die Situation jetzt beförderte meine Stimmung auch nicht nach oben. Draußen schüttete es nun in Strömen und bei mir mittlerweile auch. Thematisch bewegten wir uns in keinen anderen Gefilden als beim gestrigen Telefonat, es musste an meiner Stimmung gelegen haben. Natürlich erschrak Saskia bei dem, was sie sah. Denn das war nicht der Stefan, in den sie sich einst verliebte. Nun, genau genommen war ich das ja auch nicht mehr. Mein Leben war zu einem gigantischen Scherbenhaufen zerbrochen und ich war dabei, genau genommen bin ich immer noch dabei, alles irgendwie wieder zusammenzusetzen. Und das ist gar nicht so einfach, denn die Teile passen einfach nicht mehr zusammen und ich will ja auch ein paar Verbesserungen vornehmen. Dennoch, ein solcher Gefühlsausbruch wie in diesem Moment sollte nicht in ihrer Gegenwart vorkommen, das muss furchtbar ausgesehen haben. Aber hey, wenn wir ehrlich sind, ist sie dabei ja auch nicht so ganz unschuldig. Da beißt die Maus keinen Faden ab.

Wir hatten ja ursprünglich mal ausgemacht, dass wir uns vorsichtig annähern, indem wir uns schreiben, mal telefonieren und uns vielleicht hin und wieder mal treffen. Ihre neuen Erkenntnisse bezüglich ihrer Probleme änderte das Vorhaben ja nicht wirklich ab, aber es tat mir eben auch verdammt weh sie zu sehen. Also einigten wir uns darauf, dass es für gelegentliche Treffen noch ein wenig zu früh sei und wir es zunächst bei den Schreibereien via Handy belassen würden. Dann verabschiedeten wir uns. Dieses ganze Gespräch dauerte deutlich länger als ich es jetzt zusammengefasst habe, aber das Resultat ist genau dieses.

Ich denke immer noch, dass unser Plan wirklich gut ist und wenn sie ein Comeback für uns ausschließen würde, dann hätte sie es mir gesagt, das hat sie mir bestätigt. Sie sagte ganz klar, dass sie es nicht ausschließt, dass wir wieder zusammen sein können.

Nur ist es eben für mich nicht ganz so leicht. Da hockten wir nun in meiner Karre und sie auf dem Beifahrersitz. So nah und doch so weit weg. Aber was soll ich machen? Nichts, ich kann auch gar nichts machen, außer abwarten und den Fokus auf mich richten. Und genau das ist ja auch mein Plan. Und wie soll ich sie da auch verurteilen? Dann müsste ich mich auch verurteilen und ich habe schon Schuldgefühle genug meinen Freunden und meiner Familie gegenüber. Gerade meiner Familie gegenüber, das ist so furchtbar.

Und so fuhr ich dann gemütlich nach Hause, denn mein Plan war ja auch, endlich mal eine Nacht alleine in meiner Wohnung zu verbringen. Ich war seit dem schwarzen Freitag nicht mehr alleine abends in meiner Wohnung gewesen und das bedrückte mich. Nein, das erdrückte mich. Aber ich würde das nicht schaffen, nicht heute, nicht bei der Stimmung seit gestern. Zwar bot mir Nicole am Mittag noch an, dass ich sie nur rufen müsste und sie würde kommen, aber würde sie auch bei mir schlafen? Da ich eh mit meinen Eltern zum Abendessen verabredet war, schnappte ich mir nur meine Tasche und verließ meine Wohnung fast schon fluchtartig. Würde das denn niemals aufhören? Keine gute Voraussetzung für eine Entlassung nächste Woche. Also fuhr ich dann zu meinen Eltern.

Dort gab es selbstgemachte Pizza, ich hatte ewig keine Pizza mehr gegessen. Auch wenn sich mein Appetit in Grenzen hielt, es war wirklich lecker. Generell war es immer toll an den Wochenenden bei meiner Mutter zu essen. Ist schon was anderes als der Kram in der Klinik, wobei ich das nicht verteufeln will. Aber bei Mutter schmeckt es eben doch am besten, nicht wahr?

Nach dem Essen verzog ich mich recht schnell und wortkarg ins Gästezimmer, schlüpfte unter die Decke, machte den Fernseher an und fing wieder an zu weinen. Ohne Grund, einfach nur wegen der miesen Stimmung.

Ich verstehe mich in solchen Situationen selber nicht. Ich hatte doch eigentlich allen Grund besser drauf zu sein. Anstehende Entlassung nächste Woche, bereits einen fixen Termin bei meiner zukünftigen Therapeutin und mit Saskia hatte ich einen Punkt erreicht, der vor einer Woche noch undenkbar war. Warum dann also diese miese Stimmung? Nur wegen des Themas der Abendrunde vom Freitag? Ich weiß es nicht. Ein erneutes herzliches Willkommen in meiner kaputten und depressiven Welt. Gott verdammt bin ich im Arsch. Vielleicht ist es aber auch der Entzug von den Benzodiazepinen, denn bereits seit Donnerstag nahm ich keine mehr und das machte sich durchaus bemerkbar. Ich konnte nicht ruhig sein, nur die Hände am kneten oder Beine am zappeln, furchtbar. Vielleicht haut das auch auf die Stimmung. Ich nahm mir vor, dies nächste Woche in der Klinik zu erfragen. Jedenfalls hatte ich ja noch Diazepam für die Nacht als Bedarf dabei. Ich wollte zwar nicht, aber heute Nacht würde ich es brauchen. Was ich an diesem Abend genau im Fernsehen sah, weiß ich nicht mehr, aber ich schlief wohl dabei ein. Vorher war ich aber seelisch wieder völlig fertig, ich hatte wieder diese Todessehnsucht und schlief abermals mit dem Wunsch ein nicht mehr wach zu werden.

Aber ich wurde mitten in der Nacht wieder wach und weinte wieder. Ganz toll. Schon wieder dieses miese Gefühl, diese Leere, diese Perspektivlosigkeit, diese spürbare Sinnlosigkeit des Lebens und eben genau dieser Todeswunsch. In diesem Moment hörte ich unseren Rettungswagen draußen vorbeisausen und ich dachte mir, jetzt ist die Wache leer, fahr hin und hol dir alles, was du brauchst. Ich blieb liegen, aber nur, weil ich noch viel zu platt von dem Diazepam war. Hätte ich alles da gehabt, ich hätte es in diesem Moment getan, da bin ich mir ganz sicher. Können Sie sich dieses Gefühl vorstellen? Ich hoffe nicht und ich wünsche Ihnen, dass sie niemals an einen solchen Punkt kommen werden. Der Wunsch zu sterben, ohne eine todbringende Krankheit zu haben, das ist eben nicht normal, das weiß ich selber. Aber in solchen Momenten ist einem das egal. Da interessiert man sich auch nicht für die Leute, die man zurücklässt, da ist man zu einhundert Prozent egoistisch, das ist nicht zu fassen. Und es treibt einen in den Wahnsinn, dieser fiese Schmerz, den man dabei spürt, dieses scheinbar endlose Leiden, diese fremdartige Macht, die von einem Besitz ergriffen hat und gnadenlos zudrückt, um deinen letzten Lebenswillen aus dir herauszupressen. Ein Albtraum im Wachzustand. Ein Leben in einer Schattenwelt. Auch wenn es noch früh am Morgen und ich hellwach war, blieb ich im Bett liegen bis zur Mittagszeit, als meine Schwester samt Familie kam. Ich hatte keine Motivation aufzustehen, mir fehlte jegliche Kraft dazu. So lag ich einfach nur da und weinte. Irgendwann klopfte es an der Tür und meine Schwester betrat das Zimmer, sie setzte sich zu mir auf das Bett und sah mir beim Weinen zu. Kein schönes Gefühl für mich, ich wollte aufhören, konnte aber nicht. Sie fragte mich, was los sei, aber ich konnte ihr keine Antwort geben. Es war ja auch scheinbar alles so grundlos. Ich versuchte ihr das zu erklären, aber dazu war ich noch nicht in der Lage. Sie meinte, ich solle jetzt aufstehen und essen kommen, sonst würde sie mich aus dem Bett ziehen. Das klingt für Sie jetzt sicher derber als es wirklich war. Sie traf irgendwie genau den Ton, der nötig war. Ich glaube, sie hat sich belesen, im Internet recherchiert und sich ein wenig schlaugemacht bezüglich meiner Krankheit. Sicher bin ich mir da nicht, aber ich wüsste nicht, wie sie sonst so den Ton treffen konnte. Ihr gesamter Umgang mit mir lässt schon darauf schließen. Sie verhält sich generell so wie immer, aber in solch schwierigen Momenten scheint sie sehr gut mit mir umgehen zu können.

Irgendwann rollte ich mich dann mühselig aus der Kiste und schleppte mich ins Bad.

Das Mittagessen verlief von meiner Seite aus eher wortkarg, und da ich wirklich keine Lust auf Gesellschaft hatte, blieb ich direkt im Wohnzimmer und machte die Glotze an. Fußball ist immer gut, also schaute ich Bundesliga. Irgendwann kam meine Schwester dazu und endlich hatte ich mal die Ruhe und die Kraft und versuchte ihr mal meine Gefühlswelt zu erklären. Es ist arg schwer das alles in Worte zu fassen und so konnte ich ihr nichts anderes erzählen als das, was ich hier auch schreibe.
Als Außenstehender ist so etwas extrem schwierig zu verstehen. Das weiß ich sehr wohl, hatte ich damals bei Nicole und bei Maja gesehen und erlebt. Eigentlich will man gar nicht alleine sein, man kann aber auch mit Gesellschaft nicht wirklich umgehen. Man will nicht reden, braucht aber trotzdem Unterhaltung. Als Außenstehender hat man das Gefühl etwas sagen oder tun zu müssen, aber das braucht es gar nicht. Am liebsten würde ich mich auf einer Couch oder einem Bett unter Decken und Kissen eingraben, nicht alleine sein, aber die Person bei mir liest mir einfach aus einem Buch vor. So bin ich nicht alleine, muss nicht reden, kann aber zuhören und habe Ablenkung und Gesellschaft zugleich. Ja, das wäre perfekt. Meine Schwester scheint damit besser umgehen zu können oder sie versteht mich da einfach besser, denn ich habe das Gefühl, dass sie die Situation oft richtig erkennt. Meine Mutter hat damit arge Probleme. Was ich jetzt schreibe meine ich gar nicht böse, aber es ist leider so. Ich sitze da, bin einfach nur im Arsch will aus dem Buch vorgelesen bekommen. Aber sie stellt mir ständig fragen und ich will oder kann nicht antworten. So fallen meine Antworten kurz und knapp und oft ungewollt pampig aus. Das tut mir leid, aber ich kann

nichts dafür. Oder ich versuche dann mal über meine Probleme und Gefühle zu reden, und sobald ich mal eine längere Pause mache, und das mache ich oft, weil ich sehr viel nachdenken muss beim Reden, dann fängt sie mit ihrem Kummer an. Ich kann das ja auch alles verstehen und nachvollziehen, habe dafür aber zurzeit echt keinen Platz in meinem Kopf. Ich habe meinen eigenen Scheiß zu bewältigen und kriege das kaum auf die Reihe, da kann ich mir nicht noch andere Probleme anhören. Das klingt verdammt hart, ich weiß, aber ich kann es ums Verrecken nicht ändern. Der Umgang mit depressiven Menschen ist nicht immer leicht. Erst recht nicht, wenn man solche Sachen nie selber erlebt hat. Am besten ist es, wenn man völlig normal mit dem Erkrankten umgeht. So wie immer, als wäre nichts. Und wenn dieser Mensch mal in einer Episode steckt, dann bloß nichts erzwingen und nicht aufdringlich wirken. Einfach da sein, aber bitte keine Löcher in den Bauch fragen. Ansonsten hat man es sehr schnell mit einem komplett verschlossenen Menschen zu tun und man wird so schnell keinen Zugang mehr bekommen. Heute weiß ich, dass ich mich da auch nicht immer richtig verhalten habe, aber ich kann mir das kaum selber vorwerfen. Erst wenn man selber mal betroffen war oder ist, erkennt man das komplette Ausmaß und weiß, wie man sich das Verhalten Außenstehender wünscht. Und so kann ich es ebenso wenig meiner Mutter vorwerfen, wie denn auch? Das ist verdammt schwer für sie, so kennt sie ihren Sohn nicht und sie kann mit dieser Situation nicht wirklich umgehen, versteht und interpretiert mein Verhalten falsch und nimmt es persönlich. Ich verstehe das, aber in diesen Momenten kann ich es nicht erklären, kann mich nicht wirklich

verstellen und lasse einfach alles um mich herum geschehen. An diesem Nachmittag drohte dann auch mal kurzzeitig die Stimmung zu kippen und so weiß ich jetzt gerade gar nicht, ob ich das nächste Wochenende, sollte ich dann noch in der Klinik sein, wirklich bei meinen Eltern verbringen soll. Der ganze Lärm dort, der Umgangston zwischen meiner Mutter und meinem Stiefvater, das ist mir alles zu anstrengend. Und dann mache ich mit meiner Stimmung meiner Mutter auch nur unnötig Kummer, das ist doch alles nichts.
Meine Schwester fuhr mich an diesem Sonntag früher zurück in die Klinik. Sie hatte nicht anders Zeit und mir kam es ganz gelegen, um ehrlich zu sein. Ich hatte das Bedürfnis so schnell wie möglich wieder in meinem ruhigen und sicheren Nest zu sein. So trudelte ich am späten Nachmittag wieder dort ein und meldete mich zurück. Die Fachpflegerin erkannte direkt meinen unglücklichen Gesichtsausdruck und fragte nach meinem Empfinden. Ich berichtete ihr von meinem Wochenende und der Tatsache, dass es nicht sehr gut für mich gelaufen ist. Nach einem guten Gespräch mit ihr fühlte ich mich ein wenig besser und ich schrieb später am Abend Saskia noch eine Nachricht, dass mir mein Ausbruch vom Vortag leidtut und es mir mittlerweile besser geht. Dass ich genau jetzt der Stefan bin, in den sie sich mal verliebt hat, eben der starke und selbstbewusste Stefan. Verdammt, warum liebe ich diese Frau bloß so sehr? Sie wollen eine Antwort? Ich habe ihr mal gesagt, dass ich auf diese Frage keine Antwort brauche, ich tue es einfach und es ist ein so verdammt gutes Gefühl einen Menschen grundlos lieben zu können. Das kannte ich vorher gar nicht. Gestern im Auto habe ich zu ihr noch gesagt, dass sie von vielen Sachen

umgeben ist, von ihren Ecken und Kanten und von ihren Schwächen. Aber ich habe immer das Gefühl gehabt, dass ich der einzige Mensch bin, der durch all diese Dinge scheinbar mühelos hindurchsehen kann und somit ihr Innerstes sieht, das, was ihr Wesen ausmacht. Und da sehe ich einen herzensguten Menschen, der sich nichts weiter wünscht als glücklich zu sein. Das kommt mir bekannt vor. Und da sehe ich einen Menschen, der sich Ziele setzt und diese auch hartnäckig bis zum Erreichen verfolgt. Auch das kommt mir bekannt vor. Und da sehe ich einen Menschen, der schnell verletzbar ist, es aber nicht sein will. Auch das kommt mir so bekannt vor. Ich sehe da drinnen einen Seelenverwandten, ich sehe den Menschen, der unangemeldet in mein Leben schneite und mich verzauberte. Ich sehe den Menschen, der zu mir gehört und den Menschen, zu dem ich gehöre. Warum sehe denn nur ich das im Moment?

Bei meinem jetzigen Zustand sehe ich keine Entlassung in der kommenden Woche. Ich habe es ja noch nicht einmal geschafft in meiner Wohnung zu schlafen. Erbärmlich, oder?

Und wieder einmal schlief ich mit dem Wunsch ein nicht mehr aufwachen zu müssen.

### Kapitel 30: Twelve Monkeys – Teil 6 Veränderungen

Start der Woche sechs hier in der Klinik und der Montag begann so, wie der Sonntag endete, nämlich fürchterlich beschissen. Sollte das wirklich meine letzte Woche hier sein, so wie angedacht? Wenn ich meine Stimmung betrachte und über das zurückliegende Wochenende nachdenke, dann wohl eher nicht. Aber immer schön entspannt, die Woche hat ja eben erst angefangen. Allerdings ist das leichter gesagt als getan und ich habe es bisher nicht geschafft eine Nacht in meiner Wohnung zu verbringen. So kann ich ja nun auch nicht nach Hause entlassen werden. Meine Mutter machte mir zwar das Angebot, dass ich auch jederzeit in deren Haus einen Schlafplatz habe, aber das kann auf die Dauer auch keine Lösung sein. Ich mache doch keinen Schritt zurück und wohne wieder bei meinen Eltern. Nein, auf keinen Fall. Aber ich habe schon ernsthaft darüber nachgedacht eventuell umzuziehen. In meiner Wohnung stecken so verdammt viele Erinnerungen, das ist echt brutal. Aber ich kann doch deswegen nicht einfach umziehen. Oder etwa doch? Aber eigentlich will ich das ja gar nicht, ich wohne in einer tollen Lage. Nein, das kann keine Option sein, ich muss da durch, ich will da durch. Mein nächster Umzug sollte eigentlich mit einer Frau, im Idealfall Saskia, in eine gemeinsame Wohnung sein und nicht wieder alleine umziehen. Nein, das ist mir einfach viel zu traurig. Außerdem bin ich nicht der Typ, der flieht. Ich bin der Typ, der sich den Dingen stellt und ihnen gegenübertritt. Ich sehe ihnen ins Gesicht, und wenn es sein muss, dann kämpfe ich für die Dinge, die ich will. Wer kämpft, kann zwar verlieren und Niederlagen sind bitter und können furchtbar wehtun, aber wer gar nicht erst anfängt zu kämpfen, der hat bereits verloren, bevor es überhaupt losging. Und ich ergebe mich nicht mehr meiner

Situation, ich stehe auf und stelle mich ihr. Wollen wir doch mal sehen, wer auf die Dauer der Stärkere von uns beiden ist. Meine liebe Depression, du hast zwar die eine oder andere Schlacht gegen mich gewonnen und ich bin mir sicher, dass du auch in Zukunft weiterhin mehrere Gefechte gegen mich für dich entscheiden wirst. Aber ich sage dir was, am Ende des Krieges werden die Toten gezählt und ich habe mich dazu entschlossen auf langer Sicht diesen Krieg zwischen uns beiden zu gewinnen. Irgendwann wird die Zeit kommen, in der ich wieder meinen inneren Frieden spüren werde. Allerdings definiere ich diesen Frieden jetzt etwas anders als zuvor. Für mich bestand dieser Frieden bisher durch Ruhe und Sorglosigkeit. Doch nun sehe ich das alles ein wenig anders. Frieden bedeutet nicht an einem Ort zu sein, an dem es keinen Lärm, keinen Ärger und keine harte Arbeit gibt. Es bedeutet, mitten in all diesen Dingen zu stehen und dabei in seinem Herzen Frieden zu spüren.

Doch das geht nicht von heute auf morgen, leider. Und noch immer ist es so, dass ich mich miesen Stimmungen ergeben muss und das wird auch noch lange Zeit so bleiben. Da mache ich mir selber nichts vor oder rede mir mit Gewalt ein positiveres Bild ein. Wichtig ist es auf dem Boden der Tatsachen zu bleibe und das möglichst standhaft.

Wie gesagt, der Tag fing zunächst beschissen an, ich war sehr antriebslos und habe den halben Vormittag im Bett verbracht. Zum Glück ist montags nur die Gruppenvisite am Vormittag und dann habe ich erst nachmittags wieder Programm.

Aber im Laufe des Tages sollte der starke und selbstbewusste Stefan wieder zurückkehren.

Der, der sich in den letzten Wochen schon gerne mal wieder zeigte und auch jetzt wieder auftauchte. Wo war der Penner denn bloß am Wochenende gewesen? Da hätte ich ihn gebraucht. Dieses dumme Arschloch!
Die Stimmung stieg zur Mittagzeit dramatisch an und dafür gab es einen ausgesprochen guten Grund. Meine Schwester, meine Heldin, verkündete, dass es ihr gelungen ist, uns für das große Comeback Konzert der *Böhse Onkelz* am Hockenheimring Karten zu bestellen. Yeah!
Lassen Sie mich das kurz ein wenig ausführen, damit Sie auch die Bedeutung dessen für mich verstehen. Diese Band, man mag von ihr halten was man will, ist meine absolute Lieblingsband. Ich bin quasi mit ihr groß geworden und deren Songs haben mich durch mein halbes Leben begleitet. Lieder, die das Leben schreibt, Schicksalsmelodien. Das ist nicht nur eine Zeile aus einem Song der Band, es ist vielmehr genau das, was diese Band für mich ausmacht. In guten Zeiten unterstreichen deren Songs meine Stimmung und in schlechten Zeiten, und diese durchlebe ich im Moment ganz besonders, helfen sie mir über viele Stimmungslagen hinweg.
Als die Band vor gut neun Jahren ihren Abschied nahm, endete eine Ära, aber die Songs blieben bis heute und veränderten ihren Stellenwert für mich überhaupt nicht. Und nun ein Comeback? Der absolute Wahnsinn und es war sofort klar: da muss ich hin. Und da meine Schwester ebenso denkt wie ich, dürfen wir auf gar keinen Fall dieses Ereignis verpassen. Nur waren wir damit nicht alleine und es gestaltete sich als kniffliges Unterfangen dafür Karten zu ergattern. Aber meine Schwester schaffte es und deswegen, also unter anderem deswegen, ist sie meine Heldin.

Trotzdem fühlte ich mich insgesamt so, als wären alle meine Fortschritte der letzten zwei Wochen zerstört und ich hätte wieder drei Schritte zurückgemacht. So erzählte ich das jedenfalls an diesem Tag in der Gruppenvisite und sicherte mir erstmal einen Gesprächstermin bei meiner Therapeutin hier im Haus für den nächsten Tag. Der sollte mir Klarheit bringen. Oder auch nicht.
Doch bevor es soweit war, merkte ich im Laufe des Tages, dass meine Stimmung etwas besser wurde. Deutlich besser sogar. Und so konnte ich dann in der Abendrunde berichten, dass mein Tag mies anfing, ich wohl die schlechte Stimmung vom Wochenende mit hierher gebracht habe und es nun deutlich besser sei.
Später wurde mir erklärt, dass diese doch recht lang anhaltende schlechte Stimmung wohl eher mit dem Entzug von den Benzodiazepinen zusammenhing. Macht ja auch Sinn, seit meinem ersten Tag hier im Haus bekam ich Tavor und Diazepam und erst seit vergangenem Donnerstag nichts mehr davon...nach schrittweiser Reduzierung natürlich. Das würde auch zeitlich passen, also doch kein Rückschlag. Außerdem würde das sonst gar nicht zu meiner Entwicklung hier passen, denn in den letzten zwei Wochen ging es bezüglich meiner Depression und auch mit meiner Stimmung stetig bergauf. Natürlich gab es immer mal wieder miese Momente, immer mal wieder schlechte Stimmung, aber das wird noch eine lange Zeit so weitergehen. Aber, dass die schlechte Stimmung über Tage anhalten würde, das wäre äußerst ungewöhnlich und würde auch sonst so gar nicht zu meinem Stimmungstagebuch passen. Sehr gut, schließlich will ich ja keinen Rückschritt machen, ich will nach vorne sehen und nach vorne gehen.

Also war wohl definitiv der Entzug für meine letzten schlechten Tage verantwortlich. Sehr erleichternd zu wissen. Schließlich machte ich mir wirklich Sorgen, denn in den letzten zwei Wochen blühte ich hier allmählich auf, wurde immer kommunikativer und fing in den letzten Tagen sogar an Späße zu machen. Auch meine Mitpatienten bemerkten dies und freuten sich darüber. Ich hörte dann so Aussagen wie *es ist so schön dich lachen zu sehen* oder *du hast einen herrlichen Humor, bitte mehr davon*. Das ist natürlich Salbei auf meinen Wunden.

Der folgende Tag begann zunächst mit der Entlassung meines Zimmerkollegen, was ich durchaus traurig fand. Sicherlich freute es mich für ihn, aber er startete mit einer sichtbar sorgenvollen Miene in eine für ihn ungewisse Zukunft. Ich werde ihn vermissen, ganz ehrlich. Wir hatten doch oft Spaß hier abends im Zimmer, haben hin und wieder gemeinsam gelacht und uns die Dinge so leicht gemacht, wie es eben ging.
Auch wenn wir aufgrund unserer jeweiligen Situationen nicht viel zu lachen hatten, konnten wir uns doch immer wieder gemeinsam ablenken. Fast jeden Abend saßen wir in unserem Zimmer und redeten über unsere Sorgen, lachten aber auch gemeinsam und nahmen all diese Dinge oft mit dem nötigen Galgenhumor. Die Chemie stimmte einfach und ich bin mir sicher, dass wir auch in Zukunft noch Kontakt haben werden. Solche gemeinsamen Zeiten wie hier vergisst man nicht und sie können Menschen, und sind sie noch so unterschiedlich, auf einen Nenner bringen und zusammenschweißen.
Wir verabschiedeten uns und für eine kurze Zeit war meine Stimmung durchaus getrübt. Wenige

Stunden später zog auch schon ein neuer Kollege ein. Junger Kerl, er leidet an einer dezenten Sozialphobie und scheint insgesamt recht nett zu sein. Gott sei Dank, hatte ich doch schon mit schlimmen Dingen gerechnet. Hier gibt es schon ein paar Vögel, mit denen ich mir nicht wirklich das Zimmer teilen möchte. Aber das passt hier. Und selbst wenn, läuft alles nach Plan, so sind meine Tage hier auch bald gezählt.

In der Oberarztvisite am Vormittag wurde das Problem meines Wochenendes nochmals thematisiert und ich machte deutlich, dass ich mein Ziel, spätestens Freitag die Klinik zu verlassen, noch nicht aus dem Auge verloren habe. Aber solange ich nicht alleine in meiner Wohnung war, und zwar über Nacht, hat das ja keinen Sinn. Also schlug man mir vor, dass ich am Mittwoch nach dem Mittagessen nach Hause gehen solle und mich dann am Donnerstag zur Visite wieder in der Klinik einfinden möchte. Und dann würde man ja sehen, wie es gelaufen wäre. Und für den Fall, dass das alles klappen sollte, würde einer Entlassung Ende der Woche nichts im Wege stehen. Sehr guter Plan, den ich dankend annahm. Denn schließlich wollte ich ja auch unbedingt den Termin zum Erstgespräch bei meiner zukünftigen Therapeutin wahrnehmen und nicht wieder verschieben. Schließlich war ich heilfroh, dass ich den so schnell bekommen hatte. Und vor diesem Termin hätte ich mich gerne etwas Zuhause akklimatisiert und die Stimmung dann mit zur Therapeutin genommen. Soweit so gut, diese Hürde war genommen. Jetzt noch schauen, was das Gespräch mit meiner Therapeutin hier im Haus nach dem Mittag so bringen würde.
Aber am Vormittag gab es noch ein Highlight, das Wiegen. Dienstags werden vor dem

Frühstück die Patienten immer gewogen und bei mir zeigte die Waage heute 79,3 Kilogramm an! Zum Vergleich, mein Gewicht lag bei der Einlieferung noch bei 88,6 Kilogramm!! Ich war kurz am Überlegen, ob ich nicht Beate eine SMS schicken soll, dass mein dicker Bauch jetzt weg sei. Entschied mich aber dann doch dagegen.
Dennoch ist das eine besorgniserregende Tendenz, denn schließlich esse ich hier ganz normal. Dreimal täglich und jetzt auch nicht wirklich weniger als zuvor Zuhause. Gut, anfangs wollte ich auch kaum was essen, aber meinen Appetit fand ich doch recht schnell wieder und aß entsprechend. Auch brachten mir meine Besucher oft und gerne Schokolade mit. Ich liebe Schokolade und das ist allgemein bekannt. Und ich futterte diese Schokolade auch mit Vorliebe abends, wenn ich hier im Zimmer saß und mich mit meinem Kollegen unterhielt oder mir auf dem Laptop einen Film ansah. Und trotzdem nahm ich immer weiter ab. Es gibt Frauen, die mich sicherlich dafür hassen, aber ich kann es nicht ändern. Es ist schon erstaunlich, wie der Körper auf gewisse Situationen reagiert. Mir ist das ja nicht ganz so fremd, denn bereits damals nach der Trennung von Maria erging es mir ähnlich. Ich nahm in kürzester Zeit recht viel ab, obwohl ich mich zeitweise fast nur mit Fast Food vollstopfte. Aber das jetzt war noch einmal ein ganz anderes Kaliber. Fast zehn Kilogramm innerhalb von sechs Wochen, das muss man sich mal auf der Zunge zergehen lassen!
Man kann sich das alles logisch herleiten mit dem Stress, dem erhöhten Stoffwechsel und all diese Prozesse. Dennoch, manchmal versteht man das trotzdem nicht, auch ich nicht. Aber ich muss nicht alles verstehen und ganz ehrlich Leute, so lasst uns das Leben genießen, solange

wir es nicht verstehen. Ein gewisses Unverständnis kann manchmal eben nicht schaden, ganz im Gegenteil, es kann auch schützend sein.

So war das heutige Wiegen schon so eine Art Ereignis, denn die angezeigte Zahl macht mir doch ein wenig Kummer. Das nächste interessante Ereignis war der Termin mit meiner Therapeutin, auch wenn man es ganz kurz abhaken kann. Prinzipiell haben wir besprochen, wie das morgen so laufen soll, was passieren könnte und wie ich mich auf ein paar Eventualitäten einstellen kann. Das gab mir sicherlich ein wenig Halt, aber letztendlich muss ich sehen, wie es wird und was passiert.

Ein kurzes Telefonat im Anschluss mit meinen Eltern und so sollte es dann einen Tag später, auf einem Mittwoch, nach dem hiesigen Mittagessen nach Hause gehen.

### Kapitel 31:
### Zuhause – Teil 5
### Die erste Übernachtung Zuhause

Ich habe in dieser Nacht so gut wie gar nicht geschlafen, was aber nicht unbedingt an mir lag. Sicherlich war ich auch nervös bezüglich meiner bevorstehenden Übernachtung Zuhause, aber ich hatte noch einen anderen Störfaktor zu beklagen. Ich bekam an diesem Tag einen neuen Zimmerkollegen und der lag die ganze Nacht wach. Der arme Kerl konnte vor lauter Gedanken gar nicht einschlafen und so schaute

dann zu jeder Stunde die Nachtschwester bei uns rein, redete mit ihm und gab ihm etwas zum Schlafen. Und immer, wenn sie zu uns ins Zimmer kam, wurde ich wieder wach. Das war schon kein guter Tag in den Start. Ich war hundemüde und um ganz deutlich zu werden, ich war total im Arsch. Zum ersten Mal, seit ich hier bin, verschlief ich die Morgenrunde und dachte mir, dass das keine gute Voraussetzungen sind, um allein Zuhause einen Übernachtungsversuch anzugehen. Aber da musste ich jetzt durch. Ich wollte da durch, denn ich will hier bald entlassen werden und ich will mich der Herausforderung stellen. Das ist wie ein Berg, vor dem ich stehe. Ich sehe hinauf und mir wird bewusst, wie steil der Weg bis oben zum Gipfel ist und wie schwierig es wird diesen zu erklimmen. Ich bin bereits daran gescheitert, aber ich versuche es erneut. Am Fuße des Berges stehe ich und ich zeige mit dem Finger hinauf zum Gipfel. Ich fuchtele drohend mit dem Finger und sage: Ich erklimme dich, ich komme da hoch und ich werde nicht aufgeben, bis ich das erreicht habe. Auch ohne riesige Steinkugel kam ich mir ein wenig wie Sisyphus vor.
Es ist schon erschreckend, wie so scheinbar profane Dinge plötzlich enorme Herausforderungen und Hürden darstellen können. Aber es ist nichts mehr so, wie es mal war, daran habe ich mich mittlerweile gewöhnt.
Ich ließ den Tag hier noch wie gewohnt angehen, ging am späten Vormittag raus um ein paar Runden zu joggen und anschließend dann noch zum MTT. Nach dem Mittagessen schnell geduscht, ein paar Sachen eingepackt und anschließend ab nach Hause. Und ich hatte enormen Respekt vor meinem Vorhaben, aber wie. Aber ich ging die Sache selbstbewusst an, so wie ich früher auch immer alle Probleme

angegangen bin. So gegen halb drei Uhr am Nachmittag trudelte ich dann Zuhause ein, mein Stiefvater holte mich von der Klinik ab, aber ich betrat erst gar nicht meine Wohnung, ich hatte andere Pläne. Ich fuhr stattdessen zum bekannten großen Elektrofachmarkt um mich einer Mutprobe auszusetzen. Und obwohl ich alleine war, ging es deutlich besser als beim letzten Versuch. Noch nicht perfekt, aber ich fühlte mich recht sicher. Ich schnüffelte ein wenig durch die Regale, mal hier geschaut und mal da geschaut und nach einer Weile entschied ich mich für zwei DVDs, Staffel drei und vier von *The Big Bang Theory*. Ich mag *The Big Bang Theory*. Wie gesagt, ich mag sehr viele Dinge, das wissen Sie ja bereits.

Das lief ja also schon einmal ganz gut und gab mir noch mehr Mut, dass ich mich der Herausforderung in meiner Wohnung stellen konnte. Genau das hatte ich mit meinem Einkauf erreichen wollen, Bestätigung durch einen deutlich spürbaren Fortschritt. Also nun ab nach Hause. Ich weiß gar nicht mehr, was ich den ganzen Nachmittag dort alles so getrieben habe, jedenfalls verging die Zeit recht schnell. Ich saß eigentlich die ganze Zeit vorm Rechner, hab hier und da rumgewuselt und ein paar Sachen weggeräumt, die ich bereits aus der Klinik mitgebracht hatte und dort sicher nicht mehr brauchen würde.

Mich begleitete ständig so ein seltsames Gefühl, ich fühlte mich ein wenig unentschlossen und wusste gar nicht so recht, was ich mit mir anfangen soll. Wissen Sie, wenn Sie sich seit knapp sechs Wochen in der Klinik befinden und dort von Beginn an einen Rhythmus aufgedrückt bekommen, dann gewöhnt man sich sehr schnell daran. Man hat seine Therapien, seine Aufgaben und feste Uhrzeiten für einfach alles.

Man hat ständig Leute um sich herum, will man Unterhaltung muss man einfach nur sein Zimmer verlassen. In meiner Wohnung war ich alleine und es war keiner da, der mir sagte, dann und dann muss ich dies und das tun. Das ist ein sehr merkwürdiges Gefühl. Hinzu noch diese Erinnerungen, die in meiner Wohnung stecken, das war irgendwie alles bedrückend. Aber ich lenkte mich mit diversen Aktivitäten ab und das klappte auch ganz gut. Bloß nicht in diese Depressionsspirale rutschen. Die fängt mit bestimmten Symptomen an, das ist ganz unterschiedlich und sehr individuell. Aber ganz oben stehen Punkte wie Lustlosigkeit, Antriebslosigkeit, kein Appetit, Müdigkeit, solche Dinge eben. Dann kommen die negativen Gedanken, gefolgt vom sozialen Rückzug und man rutscht immer weiter nach unten. Ganz unten angekommen erwartet einen dann die große Leere, die Perspektivlosigkeit, die dann Suizidgedanken mit sich bringen. Da wollte ich nie wieder hin, auf gar keinen Fall.
Gegen Abend wechselte ich dann das Zimmer und fand mich auf meiner Couch wieder. Fernseher an und Fußball gucken. Zum Glück war heute Abend Champions League angesagt. Das ist toll, das lenkt ab und man kommt nicht auf schräge Gedanken. Und ganz ehrlich, das alles klappte besser als zunächst befürchtet. Ich fühlte mich doch ganz gut, wusste aber, die große Einsamkeit kommt dann, wenn ich ins Bett gehe. Aber noch war es ja nicht soweit. Die Halbzeitpause nutze ich und ging nach nebenan. Der Raum hinter meinem Wohnzimmer ist mein sogenanntes MuFuZi, das steht für Multifunktionszimmer. Dort habe ich meine Filmsammlung untergebracht, und da die recht groß ist, reicht da ein Regal lange nicht mehr aus, da musste ein eigener Raum für her.

Weiterhin steht dort noch eine ausklappbare Schlafcouch und somit ist das nicht nur mein Filmzimmer, sondern eben auch ein Gästezimmer. Und mein Sportzimmer, denn ich habe da eine Hantelbank, Hanteln und eine Klimmzugstange. Hier versuche ich mich hin und wieder ein wenig fit zu halten. Und was ich in der Klinik täglich mache, wollte ich auch hier tun, die täglichen Übungen für den Bauch.

Nach dem Fußballspiel schaute ich mir noch die weiteren Spiele dieses Champions League Spieltages in der Zusammenfassung an und ging dann kurz nach dreiundzwanzig Uhr ins Bett. Ich war wirklich hundemüde, aber es dauerte etwas, bis ich eingeschlafen war. Plötzlich lag ich da, in meinem Bett, in dem ich ewig nicht mehr geschlafen habe. Es war dunkel und ich war alleine. Gedanken kreisten durch meinen Kopf, aber welche genau kann ich gar nicht wiedergeben. Ein Wirrwarr aus Gedanken und aufflackernden Bildern. Einerseits fühlte sich das hier für mich richtig an, es war ja schließlich mein Bett und meine gewohnte Umgebung. Andererseits fühlte es sich aber auch etwas befremdlich an, denn ich hatte mich zuletzt an eine andere Umgebung gewöhnt. Ich war hier ungeschützt, ich fühlte mich extrem verletzlich. Dafür habe ich dann aber recht gut geschlafen, mit den gewohnten Umgebungsgeräuschen und der Tatsache, dass nicht ständig während der Nacht jemand das Zimmer betritt und nach einem schaut. Wenn man sich gerade in einer flachen Phase des Schlafs befindet, dann bekommt man das nämlich durchaus mit, ich zumindest. Es lag keiner mit im Zimmer, der schnarcht oder sich lautstark hin und her wälzt. Aber leider muss ich sagen, war eben gar keiner da, ich lag alleine in meinem Bett, ein sehr trauriges Gefühl. Nichts, wirklich nichts

wünschte ich mir in diesem Moment mehr als Saskia neben mir.
Ich schlief dann zum Glück ohne den Wunsch ein, am nächsten Tag nicht mehr wach zu werden und ich schlief ein, ohne zu weinen. Nur leider war ich wieder viel zu früh wach, wie es eigentlich immer der Fall ist. Auch das ist normal im Rahmen einer Depression. Gut, mag ja sein, nervt aber trotzdem arg.
Um halb neun Uhr morgens ging es dann wieder zurück in die Klinik...nur leider nicht zum letzten Mal.
Aber als ich auf den Haupteingang zuschritt, spürte ich plötzlich eine dezente Veränderung. Zunächst kaum greifbar, aber dann schlug es mir schlagartig ins Gesicht. Der riesige Haupteingang wirkte nicht mehr bedrohlich und das offensichtlich länger nicht mehr. Nur war mir das bisher nicht aufgefallen. Aber noch interessanter war die Tatsache, dass sich mein Schutzgefühl innerhalb der Klinik nicht mehr so aufdrängte, wie es zuvor stets der Fall war. Ich hatte eine erfolgreiche Übernachtung alleine Zuhause hinter mir und ich hatte einen erfolgreichen Einkauf in dem riesigen Elektrofachmarkt überstanden. Ich fühlte mich nicht stigmatisiert unter all den anderen Menschen. Das war ein wahnsinnig gutes Gefühl und ich blieb kurz in der Empfangshalle stehen, um genau dieses Gefühl zu verifizieren. Ja, es war tatsächlich so. Also das nenne ich mal einen Fortschritt, einen spürbaren großen Sprung nach vorne. Das gab mir einen gewissen Vortrieb, Schluss mit diesen Negativerlebnissen, ich hatte etwas erreicht. Ich war stolz auf mich und das konnte ich auch wirklich sein. Bereits während der Fahrt hierher hatte ich Stolz verspürt, dabei ging es um die erfolgreiche Übernachtung Zuhause. Aber jetzt fühlte ich

mich generell Stolz. Stolz auf enorme und greifbare Fortschritte. Meine Tage hier in der Klinik sind fast gezählt, lange kann es nicht mehr dauern, dessen war ich mir nun sicher.
Ich lief also weiter in Richtung meiner Station und währenddessen sinnierte ich so vor mich hin und ging den gestrigen Abend noch mal durch. Ich habe es geschafft, und wie ich es geschafft habe. Das war eine enorme Hürde, schien diese Aufgabe vor gar nicht allzu langer Zeit doch noch unlösbar. Und dann wurde mir schlagartig die Absurdität dieser Sache bewusst. Eine simple Übernachtung in der eigenen Wohnung als Hürde zu betrachten, ja sogar Angst davor zu haben. Wie schräg ist das denn eigentlich? Das ist doch meine verdammte Scheißwohnung, mein Zuhause, hier habe ich mich immer wohl und sicher gefühlt, vom ersten Tag an. Warum zum Teufel musste ich diesen Weg gehen? Warum hatte ich bloß so eine enorme Angst in meiner Wohnung alleine zu sein und dort zu übernachten? Natürlich kenne ich die Antworten, aber das macht die Sache ja nicht besser. Das ist einfach nur skurril und fernab jeglicher Vorstellung, wenn man nicht selber einmal in so einer seltsamen Situation war. Es geht doch um mein Zuhause, um mein Reich, um meine gewohnte Umgebung mit allem Drum und Dran.
My home is my fucking castle, in here I am the king, the only one, the master...my home, my fucking rules!!
Stellen Sie sich mal vor, sie haben Angst in Ihre Wohnung zu gehen...abstrakt, oder? Ich rede hier nicht davon, dass bei mir eingebrochen und ich überfallen wurde. Das wären nachvollziehbare Gründe Angst davor zu haben. Aber dem war ja nicht so, trotzdem hatte ich Angst. Pure Angst! Ein Gefühl, welches immer

mehr und mehr in mir aufflammte, je näher ich meiner Wohnung kam. So war es auch gestern, das gebe ich zu. Aber es ging mir nicht darum die Wohnung zu betreten, das hatte ich ja bereits alleine gemeistert. Aber ich hatte einfach Angst vor dem Abend auf der Couch, vor der Nacht, in der ich alleine mit meinen Gedanken im Bett liegen werde. Angst vor den Dämonen, die mich besuchen kommen könnten und Angst vor dem Sensenmann. Ja, ich hatte Angst vor dem Sensenmann, denn diesem Gesellen will ich nie wieder begegnen. Schließlich weiß ich nicht, ob ich ihm ein weiteres Mal widerstehen könnte. Was wäre, wenn meine Stimmung plötzlich abrauschen und ich mich Richtung Nullpunkt bewegen würde? Und dort angekommen wäre ein Besuch vom Kollegen Sensenmann fatal. Im Nachhinein waren diese Ängste unberechtigt, aber das konnte ich ja vorher nicht wissen. Im Rahmen einer Depression neigt man dazu sich in solche Angstsituationen rein zu steigern und ruckzuck hängt man da so tief und feste drinnen, dass ein Entrinnen aus eigener Kraft unglaublich schwer ist. Über diese Dinge habe ich am Tag zuvor mit meiner Therapeutin gesprochen und sie gab mir ein paar Tipps, musste mir aber auch offen und ehrlich sagen, dass man sich nicht auf alle Eventualitäten vorbereiten kann. Sie wies mich allerdings an, dass ich im Ernstfall auch die Nummer meiner Station wählen und mit dem diensthabenden Nachtdienst reden könnte. Und würde das alles nichts nutzen, dann könnte ich auch mitten in der Nacht wieder zurückkommen. Aber das wollte ich ja tunlichst vermeiden. Und so nahm ich mir vor das Ding durchzuziehen und wenn ich merken würde, dass die Angst in mir aufkommt oder meine Stimmung sinkt, möglichst schnell andere Reize zu setzen oder

jemanden aus meiner Familie oder meinem Freundeskreis anzurufen.
Aber nichts davon war nötig, denn der Abend verlief wirklich sehr gut und, dass ich später unglücklich im Bett lag, habe ich ja bereits zugegeben. Ich denke allerdings, dass das auch normal ist und noch eine Weile so anhalten wird. Alles andere wäre überraschend, wenn ich plötzlich fröhlich und gut gelaunt im Bett liegen würde, alleine.
Ich hatte das Monster besiegt, dieses Monster, welches mir den Weg zwischen mir und meinem Ziel versperrte. Ja, ich hatte Angst vor diesem Monster und so wirklich bekämpfen konnte ich es nicht. Aber ich habe es geschultert und einfach mitgenommen. Denn dieses Monster hatte nur eine Aufgabe, mich daran zu hindern alleine in meiner Wohnung zu übernachten. An diesem Vieh kam ich einfach nicht vorbei und einen Kampf würde es gewinnen, dafür ist es zu stark. Also sagte ich dem Monster, dass es zwischen mir und meinem Ziel steht, ich mein Ziel aber erreichen will. Sieh her Monster, schau dir mein Ziel an, wie schön es ist. Und ich werde es erreichen, und wenn du mich nicht vorbei lässt, kommst du eben mit. Ende. Fuck you Monster, fuck you!

Und so gesehen war ich nicht wirklich alleine, ich schlief diese Nacht mit einem Monster in meinem Bett…kurzzeitig dachte ich dabei an meine Zeit mit Beate.

## Kapitel 32:
## Twelve Monkeys – Teil 7
## Land in Sicht?

Nachdem ich mich wieder ordnungsgemäß zurückmeldete und mein Zeug ausgepackt hatte, führte mich mein Weg erstmal in den Aufenthaltsraum. Das wichtigste Gerät überhaupt steht nämlich dort, der Kaffeeautomat. Gut gelaunt und aufgrund der gelungenen Aufgabe der letzten Nacht positiv gestimmt, betrat ich also den Aufenthaltsraum und steuerte den Automaten für das schwarze Gold, mein Lebenselixier, den Kaffee an. Da die meisten Therapien um diese Uhrzeit bereits laufen, war die Station wie leergefegt, lediglich zwei weitere Patienten saßen noch im Aufenthaltsraum, denen ich auch direkt ein fröhliches „Guten Morgen" entgegenflötete. Erstmal einen Kaffee ziehen und mal schauen, ob vom Frühstück noch etwas Brot übrig geblieben ist. Dem war auch so, sehr gut. Also schnell zwei Scheiben Brot mit Marmelade gefrühstückt, Kaffee getrunken und ein paar Worte mit den beiden Mitpatienten gewechselt, die sich natürlich nach meinem Befinden erkundigten. Das ist hier völlig normal, jeder kümmert sich um jeden irgendwie mit. Man freut sich für deren Erfolge und man bedauert, wenn mal irgendetwas weniger gut läuft.

Ich erstattete also ausführlich Bericht und erläuterte bis ins Detail, was und wie es gestern Abend und in der Nacht bei mir gelaufen ist. Und so freuten sie sich für mich mit und beglückwünschten mich für meinen Erfolg. Wir klatschten uns ab und ich schob mir anschließend hastig mein restliches Frühstück rein, denn mein erster Termin für diesen Tag stand an.

Und das war mal wieder die Gruppe Psychoedukation Depression und ich gehe dort sehr gerne hin. Was da passiert habe ich Ihnen ja bereits genauer erklärt, eine interessante Sache und sehr informativ.

Wesentlich spannender erwartete ich aber die anstehende Visite, denn ich wollte ja von meinem Erfolg letzter Nacht berichten und dann mal hören, was die Damen und Herren dazu sozusagen haben. Nun, diesmal waren es nur Damen, aber das ist ja auch egal.

Eigentlich unterhielt ich mich während dieser Visite auch nur mit meiner Therapeutin und sie fragte mich natürlich als Erstes nach meiner Nacht Zuhause. Und ich berichtete voller Stolz, dass es besser lief als gedacht. Allerdings sagte sie mir, dass sie ein besseres Gefühl hätte, wenn sie zwei positiv verlaufende Übernachtungen Zuhause abhaken könne und ich konnte ihre Argumentation nachvollziehen. Sicherlich wäre ich gerne am nächsten Tag hier ausgezogen, aber sie hatte ja recht mit ihren Bedenken. Und ganz ehrlich, nach sechs Wochen Klinik kommt es jetzt auf ein paar Tage mehr nun wirklich nicht an. Am Montag würde sie dann noch ein Gespräch mit mir führen wollen, und wenn das kommende Wochenende ebenso gut verlaufen würde, dann stünde einer Entlassung in der nächsten Woche nichts mehr im Wege.

Also entschloss ich mich dazu mich zu ergeben, wollte aber diesmal schon am Freitag nach Hause gehen und am Samstag dann wiederkommen. Warum? Nun, am Freitagabend ist Heimspiel und da wollte ich mit meinen Jungs hin. Eine weitere Belastungsprobe und ich wollte sehen, ob sich auch dieses Ereignis besser anfühlen würde. Mein Plan wurde befürwortet

und man offerierte mir zusätzlich noch die Option eines Tagesurlaubes für den Sonntag.
Jawohl, sehr guter Plan. Freitag nach der letzten Therapie hier abrücken, abends mit den Jungs zum Fußball, am Samstag vielleicht mal ausschlafen und eventuell bei meinen Eltern essen. Gegen Abend dann wieder zurück in die Klinik und vielleicht am Sonntag die Option mit dem Tagesurlaub ziehen. Das läuft dann natürlich alles gut, was ich am Montag berichten würde und dann würde es nächste Woche nach Hause gehen. Soweit die Theorie.
Aber oft sieht die Praxis ja anders aus. Der große Unterschied zu meiner ersten Übernachtung Zuhause war der, dass ich jetzt nicht direkt am darauf folgenden Tag morgens wieder in die Klinik musste. Ich würde ganz normal aufstehen und noch einen kompletten Tag Zuhause verbringe. Das würde sich sicherlich anders anfühlen. Und dann der Stadionbesuch, der mich beim letzten Versuch zu Beginn doch ein wenig zu erdrücken schien, ebenso die Busfahrt zurück. Auch hier würde ich gerne für mich persönlich eine positive Veränderung wahrnehmen. Ich erwartete zwar keine Wunder, also so wie früher würde es so schnell nicht werden, aber ich brauchte erkennbare Fortschritte, damit würde ich mich besser fühlen. Ich hatte ja jetzt meinen Entlassungstermin erfahren und damit würde ein Stück Ungewissheit auf mich zukommen. Das wird eine schwierige Zeit werden, bis ich mich wieder in mein normales Leben eingefunden habe. Was auch immer ein normales Leben bedeuten soll. Hatte ich ein normales Leben? Will ich ein normales Leben? Keine Ahnung, aber ich will irgendwann wieder ein ruhiges Leben ohne diese fiesen Stimmungsschwankungen, Ängsten und

Panikattacken führen. Und da tut jeder positive Effekt einfach nur gut und macht Mut. Und das führt zu einer frischen Motivation, um mehr zu erreichen. Ich will nicht stagnieren, auf gar keinen Fall. Schritt für Schritt soll es nach vorne gehen und mein Plan ist es, am Ende der alte Stefan zu sein, Plus ein paar Modifikationen. Stefan 2.0, das ist der Plan. Aber das ist nicht einfach und ich werde immer wieder zwischendurch einen Schub brauchen, von intern oder auch von extern, völlig egal.

Jedenfalls, um wieder zurückzukehren, ist mir das mit der Entlassung erst nächste Woche gar nicht zu Unrecht. Würde ich morgen gehen und abends merken, dass mir der Stadionbesuch doch wieder arg zusetzt und dann deswegen nicht die Nacht alleine Zuhause verbringen können, wäre das ein enormer Rückschritt für mich und es bestünde durchaus die Gefahr, wieder in die Depressionsspirale zu geraten. Ein solcher Fall wäre fatal, wenn ich dann bereits entlassen wäre. So könnte ich dann wieder hierher zurück, davon berichten und meine Therapie hier in der Klinik fortsetzen. Natürlich könnte ich auch so jederzeit wiederkommen, aber wenn ich die Klinik verlasse, dann möge es doch bitte für immer sein. Nicht, dass es mir hier nicht gefällt, im Gegenteil, aber das muss nicht noch einmal sein. Wenn man sich hier an alles gewöhnt und eingelebt hat, dann ist es hier wirklich klasse. Was Besseres, und auch hier wiederhole ich mich bereits, konnte mir gar nicht passieren. Das werde ich Nadine niemals vergessen, niemals.

An diesem Abend führte ich im Aufenthaltsraum noch ein sehr interessantes Gespräch mit drei meiner Mitpatientinnen. Und es ging um diese Dinge, die ich meinem Kapitel über die Degenration der Menschheit angesprochen habe. Das war eine wirklich spannende Unterhaltung, zumal diese drei Damen meine Meinung völlig teilten und sogar noch mit weiteren Beispielen untermauerten. Und da diese drei Damen allesamt wesentlich älter sind als ich, mussten sie ja im Recht sein, oder? Jedenfalls verfügen sie über eine enorme Lebenserfahrung und können meine Beobachtungen zu diesem Thema nicht nur untermauern, sondern auf einen wesentlich weiteren Zeitraum ausgrenzen. Gut, Sie könnten jetzt mit dem Argument kommen, dass wir hier doch eh alle bekloppt sind, aber ganz ehrlich, das wäre mehr als unfair und gilt dann auch nicht wirklich. Sie würden sich wundern wie intelligent und klar im Kopf hier doch die meisten sind. Können Sie das von ihrem Umfeld auch behaupten? Denken Sie mal in Ruhe eine Minute darüber nach.

Der Freitag fing für mich erstmal mit einem Umzug in ein anderes Zimmer an, ich wechselte von Zimmer 3 in Zimmer 8. Denn dort wohnten bisher zwei Patienten, mit denen ich jeweils sehr gut klarkam und einer von den beiden verlies uns am Vortag. Somit war dort jetzt Platz, und da nicht sicher war, wer dort nun dazukam und ich mit meinem neuen Zimmerkollegen nicht so zufrieden war, zog ich also um. Bitte nicht falsch verstehen, mein neuer Kollege war kein schlechter Kerl, aber er schlief nachts einfach nicht und das hielt mich auch oft wach. Dauernd lief er im Zimmer auf und ab und hin und her, ins Bad rein und dann wieder raus. Da kann nun wirklich keiner in Ruhe schlafen. Also klärte ich das mit dem Kollegen, der ja jetzt kurzzeitig alleine war und er war einverstanden. Das Pflegepersonal auch und so zog ich kurz vor

meinem endgültigen Auszug aus der Klinik schnell noch einmal um.
Dann hatte ich einen kurzen Textdialog mit Saskia, der mich einfach kopfschüttelnd dasitzen ließ. Ich fragte sie, warum ich von ihr nichts höre und wenn doch, dann ist sie kurz und bündig. Daraufhin beichtete sie mir doch glatt, dass ihr der Abstand gut tue, sie aber wohl sehr viel für ihren Kollegen empfindet. Was sollte denn der Scheiß nun wieder? Sie wollte doch erstmal eine Weile alleine sein, um zu sehen, wie sie klarkommt und dann lässt sie sich wieder emotional ablenken. Das war nicht unsere Abmachung und das war auch nicht das, was sie tun wollte. Hat sie mich etwa eiskalt angelogen um sich etwas Zeit zu verschaffen? Anders kann ich mir kaum erklären, warum sie knapp eineinhalb Wochen wieder alles über Bord wirft. Doch da kam mir ein anderer Gedanke. Sie wurde von ihm sitzengelassen und dieses Gefühl hat sich in ihr eingebrannt, das kannte sie bisher noch gar nicht. Sie war bisher immer die Person gewesen, die eine Beziehung beendet hatte. Selber ist ihr das niemals widerfahren und nun merkte sie mal, was das für ein beschissenes Gefühl ist. Ein Schmerz, der ihr bisher fremd war und den sie zuvor immer nur anderen zugefügt hatte. So sieht es aus. Schließlich hat sie ja selber zugegeben, dass sie lediglich eine Ablenkung für ihn war, und hat ihn in unserem Gespräch selber noch als Arschloch und dergleichen bezeichnet und wie wild über ihn geschimpft. Sie fühlte sich doch selber nicht gut während dieser Zeit und hegte bereits Gedanken zu mir zurückzukehren. Genau das hatte sie mir bei ihrem Besuch hier ins Gesicht gesagt und es klang aufrichtig.
War es das auch wirklich?
Oder hat sie gelogen?

Oder hat sie sich selbst belogen ohne es zu merken?
Was ist denn bloß bei dieser Frau im Kopf los?
Und schon wieder Fragen über Fragen und ich bekomme keine Antwort. Jedenfalls jetzt noch nicht. Aber egal, was auch immer, ich gebe sie nicht auf, ich kann es einfach nicht. Soll sie sich erstmal weiter emotional und gedanklich sortieren, ich schaue währenddessen weiter auf mich, denn ich will hier ja bald mal raus. Und dann werden wir ja sehen, wohin der Weg führt. Was will sie denn auch mit dieser Wurst? Ganz ehrlich, der Kerl ist völlig unscheinbar und gewöhnlich, der könnte neben Ihnen stehen und Sie würden es kaum merken. Und selbst wenn, Sie würden ihn sofort wieder vergessen. Pure Gewöhnlichkeit auf zwei Beinen. Was soll der bloß haben, was ich nicht habe? Umgekehrt fällt mir da allerdings eine ganze Menge ein.

Ich ging noch eine Runde joggen, um einen klaren Kopf zu kriegen, und hatte im Anschluss noch MTT. Beides tat mir sehr gut, erst lief ich mir die Wut aus den Beinen und beim MTT stemmte ich mir selbige mit der Langhantel aus den Armen. Als ich zwischen Sport und Mittagessen duschen war und anschließend in den Spiegel schaute, bemerkte ich zum ersten Mal so richtig, wie sich mein Körper hier mittlerweile verändert hat. Ich habe zwar viel abgenommen, bin dadurch aber diesen lästigen Hüftspeck losgeworden. Hier sollte ich auf jeden Fall am Ball bleiben nach meiner Entlassung. Somit nahm ich mir vor für Zuhause zu meiner Hantelbank noch eine Langhantel mit Gewichten und Halter zu kaufen. Ich werde mein Training etwas umstellen, bisher habe ich das ja immer nur so zwischendurch mal etwas getan um mich generell ein wenig fit zu halten. Aber da ist

sicherlich mehr drin, die Ernährung sollte auch noch etwas umgestellt werden und dann könnte ich hier und da an mir und meinem Körper arbeiten. Außerdem, und das merkte ich ja im Laufe der Zeit hier, tat mir das immer für mein Wohlbefinden ganz gut. Und mal ganz ehrlich, warum sollte Stefan 2.0 nicht auch ein paar körperliche Modifikationen haben sollen?
Nach dem Mittagessen hatte ich dann noch Ergotherapie. Ich hatte vorher schon meine Sachen gepackt, damit ich direkt im Anschluss abhauen konnte.
Mir hing allerdings dieser kurze Textdialog mit Saskia immer noch nach und führte zu einem bitteren Nachgeschmack. Sollte ich vielleicht einfach mal anfangen sie zu hassen? Man bedenke doch nur einmal, was sie eigentlich für Spielchen treibt. Ständig dieses Hin und Her. Sendepause verordnen und sich dann doch wieder melden. Wie lange würde das denn noch so weitergehen? Weiterhin habe ich bis heute nicht ein Wort des Bedauerns, geschweige denn der Entschuldigung von ihr gehört, über das, was seit diesem schwarzen Freitag im Januar mit mir passiert ist. Ich könnte schreien und eigentlich hatte ich das dringende Bedürfnis dies auch zu tun, denn sonst würde ich wahrscheinlich noch platzen. All diese ganze Wut musste einfach mal raus und das war nicht mit Sport zu erreichen. War ich vor nicht vielen Tagen noch frohen Mutes, dass sich alles zum Guten wenden würde, so drohte doch jetzt wieder alles zu kippen. Als ob ich nicht genug mit mir selbst zu tun habe, da kann ich dieses Durcheinander nicht wirklich ertragen. Ich kann aber auch den Gedanken nicht ertragen, dass sie für immer weg sein sollte. Sie ist doch meine Frau, meine ganz alleine. Was ich verspüre, sind Liebe und Hass zur gleichen Zeit. Sie wechseln

sich ab, je nachdem was mir gerade durch den Kopf spukt. Und mein Hass gipfelt in sehr abstrakten Träumen. So habe ich bereits mehrmals geträumt, dass ich töten werde. Wen? Na diese Wurst, und zwar vor ihren Augen. In diesem Traum gehe ich zu ihr, er ist da. Ich habe eine Waffe und bedrohe beide damit. Dann zwinge ich ihn dazu sie zu fesseln und ihr etwas in den Mund zu stecken, damit sie nicht schreien kann. Anschließend lege ich die Waffe weg und sage zu ihm, dass er nur diese eine Chance hat. Er muss mit mir kämpfen und mich besiegen, ansonsten würde ich sie beide töten. Dabei ist auch dieser Kampf aufgrund meiner Kampfsporterfahrung ungleich, auch ohne Waffe. Er traut sich zunächst nicht und darüber mache ich mich lustig. *Schau dir dieses Weichei an*, sage ich zu ihr. *Ich würde alles tun, um dich zu retten, aber diese Wurst hier zögert, er traut sich nicht.*

Schließlich springt er dann doch in meine Richtung und will mich schlagen. Ich wehre den Angriff mit der linken Hand ab und zertrümmere ihm mit einem Schlag meiner rechten Hand seinen Kehlkopf. Er geht gurgelnd zu Boden und verreckt jämmerlich. Saskia weint und zappelt und ich spüre diese unendliche Genugtuung und Zufriedenheit. Dann gehe ich zu ihr, knie mich vor sie hin, weil sie auf dem Boden sitzt und mit ihren Händen an einem Heizkörper gefesselt ist. Ich nehme ihr den Knebel aus dem Mund und schaue sie an. Nichtssagend erhebe ich die Waffe, richte sie gegen mich und schieße mir in den Kopf.

Manchmal höre ich den Knall noch, manchmal werde ich vorher wach. Das ist verstörend und macht mir Angst. Ist dieser Traum nur Ausdruck einer extremen und unterdrückten Wut, oder ist es eine Wunschvorstellung? Kann ich gar in die

Zukunft sehen? Sollte dies der Fall sein, dann will ich aber lieber einen Blick auf die kommenden Lottozahlen werfen.
Ich habe darüber bisher nicht mit meiner Therapeutin hier gesprochen, weil ich die Hoffnung hatte, dass dies irgendwann einmal aufhört. Sollte das in Zukunft nach meiner Entlassung aber weiter anhalten, dann werde ich mit meiner zukünftigen Therapeutin darüber reden müssen. Denn es belastet und erschrickt mich.
Die Liebe, die ich verspüre, ist allerdings unvermindert genau die, die ich bisher für sie empfunden habe. So unendlich, so intensiv und so echt. Und so hinterlässt eben der Textdialog vom Vormittag einen ganz bitteren Beigeschmack bei mir und lässt mich in traurige Gedanken versinken. Das ist traurig, einfach nur unendlich traurig. Dabei sollte ich glücklich sein, denn ich würde bald entlassen werden und könnte dann auch wieder körperlich präsent sein. Doch da ist überwiegt die Trauer, so ergreifend und bitterlich.

Alles in allem sicherlich kein guter Start in meine zweite Übernachtung Zuhause, aber Nicole holte mich ab und ich war wirklich sehr froh sie zu sehen.

### Kapitel 33:
### Zuhause – Teil 6
### Die zweite Übernachtung Zuhause

Während Nicole mich also dann nach Hause fuhr, unterhielten wir uns über die erlebten

Abenteuer aus ihrer Frühschicht. Nicole arbeitet in einem anderen Krankenhaus hier in Wiesbaden, und da ihre Schicht ungefähr zum selben Zeitpunkt endete wie meine letzte Therapie an diesem Tag, passte das zeitlich ganz gut zusammen.
Zuhause angekommen fragte mich Nicole, ob sie noch auf eine Tasse Kaffee mit hochkommen soll oder ob ich lieber alleine sein möchte. Da alleine sein nach meiner Entlassung noch zu genüge auf mich zukommen würde, nahm ich das Angebot gerne an. Ich hab Nicole wirklich sehr gerne, eine überaus angenehme Person, deren Gesellschaft ich durchaus genieße. Sicherlich haben wir beide schon das eine oder andere zusammen durchgemacht, aber das alleine ist es nicht, wir sind einfach richtig gute Freunde. Wir redeten über dieses und jenes und im weiteren Verlauf bestätigte Nicole mir, dass ich bereits einen wesentlich besseren Eindruck machen würde als bei unserem letzten Aufeinandertreffen und sie so allmählich meinen Humor und auch meine Stärke wieder fühlen kann. Und es war tatsächlich so, denn trotz des durchaus niederschmetternden Kontaktes mit Saskia am Vormittag war meine Laune dennoch ganz gut. Ich freute mich auf den Abend mit meinen Freunden im Stadion und das war deutlich für mich spürbar. Nachdem Nicole dann gegangen war, wuselte ich ein wenig in meiner Wohnung rum, spülte die Kaffeetassen ab, checkte meine E-Mails, schaute die Post durch und, und das erfreute mich wirklich, öffnete das Päckchen, welches auf mich vor meiner Wohnung wartete. Natürlich waren dort Filme drin, die ich mir die Tage zuvor bei einem bekannten Online-Warenhaus bestellt hatte. Die Freude über neue filmische Errungenschaften

kam also auch allmählich wieder zurück. Sehr gut.
Apropos Online-Warenhaus, ich bestellte an diesem Nachmittag dann doch direkt noch eine Langhantel mit Gewichten und einem passenden Hantelständer dazu. Ich war fest entschlossen mein Vorhaben in die Tat umzusetzen und Zuhause mehr zu trainieren.
Und so verging dann der Nachmittag wie im Flug, aber bevor ich Ihnen vom Abend im Stadion berichte, muss ich Ihnen noch unbedingt erzählen, was seit einiger Zeit bei mir, bzw. in meinem Handy los ist.

Ich frage mich, ob all diese Ereignisse mit mir in der Zeitung standen, schließlich habe ich bisher nichts mit Facebook oder sonst irgendeiner Online-Community am Hut. Aber vielleicht sollte ich mal genau das machen. Dann weiß jeder Mensch Bescheid und keiner muss sich haarsträubende Geschichten zusammenreimen. Schließlich ist meine Geschichte ja schon haarsträubend genug.
Wie dem auch sei, seit ein paar Tagen erhalte ich Nachrichten von Weibern, deren Nummern ich noch nicht einmal in meinem Handy gespeichert habe. Irgendwie haben sich da einige meine Nummer besorgt, was ja jetzt auch nicht so schwer ist, und schreiben mich an, einfach so. Dann bekomme ich so Nachrichten wie *das ist ja so traurig, was dir passiert ist, wenn du mal reden willst…*, blablabla. Der Kracher war folgende Nachricht, originalgetreu wiedergegeben: *Jede Frau auf dieser Welt wäre froh jemanden wie dich zu haben, so ein Juwel muss Frau behüten, du bist wie ein Sechser im Lotto.* Und ich hock in der Klapsmühle, verstehen Sie das? Da denke ich mir, dass ich hier einen wertvollen Therapieplatz innehabe,

den wohl die eine oder andere dieser Damen besser gebrauchen könnte. Also echt jetzt. Ich frage mich, was der Scheiß soll? Ein paar Nachrichten waren ja wirklich süß oder auch nett gemeint, aber ich habe genug Leute zum Reden, wenn ich mal etwas loswerden will, und muss mich dafür nicht an Frauen wenden, die ich so gut wie gar nicht kenne und die mir eigentlich nur an die Wäsche wollen. Einfach nur billig so etwas, billig und geschmacklos. Ja mein Gott, dann bin ich eben begehrt in der Damenwelt, scheiß doch drauf. Ich will nur von einer Frau begehrt werden, nur von einer einzigen Frau, mehr will ich verdammt noch mal nicht...und das scheint schon zu viel verlangt.
Nun, man muss die Dinge so nehmen, wie sie kommen, das habe ich in den letzten Wochen gelernt. Was aber auch ganz gut funktioniert, man ignoriert einfach gewisse Sachen. Und genau das tue ich auch mit diesen Nachrichten. Was soll ich denn auch sonst tun? Ich will mich gar nicht auf irgendeine andere Frau einlassen und mein sexuelles Interesse liegt momentan tiefer als die Titanic...und wahrscheinlich ebenso unmöglich zu bergen.

Egal, zurück zum Thema. Gegen kurz nach sieben Uhr abends traf ich mich mit Peter am Bahnhof, um mit der S-Bahn nach Mainz zu fahren. Ich freute mich wirklich ihn zu sehen und wir unterhielten uns über meine erfolgreiche Übernachtung aus dieser Woche und, dass ich dann wohl nächste Woche entlassen werden würden. Generell erzählte ich ihm sehr viel über die Erlebnisse und Therapien hier in der Klinik, wie und wann es mit meiner ambulanten Therapie weitergehen würde und all diese Dinge. Am Mainzer Hauptbahnhof angekommen bewaffneten wir uns mit einer Dose Bier, für

mich natürlich alkoholfrei, und dann ging es mit dem Shuttlebus hoch zum Stadion, wo wir vor unserem Block dann Mario trafen. Heute waren wir nur zu dritt, da unser vierter Mann im Skiurlaub.
Es fühlte sich einfach gut an mit den beiden Jungs hier zu sein. Mit meinen Freunden das zu tun, was ich liebe zu tun. Im Stadion Fußball angucken. Auch mit Mario teilte ich meine Neuigkeiten und schon bald redeten wir nur über das uns erwartende Spiel, die mögliche Taktik. Eben genau der Kram, über den wir uns immer im Stadion unterhalten. Und es wurde gelacht, auch ich konnte lachen.
Und auch dieser Stadionbesuch verlief besser als der Letzte. Sicherlich fühlte ich mich noch lange nicht so wie früher, mitklatschen und Fangesänge waren immer noch nicht so meins, aber ich fühlte mich deutlich weniger beengt und meine Stimmung war ganz gut. Ich freute mich einfach nur auf das Spiel. Auch wenn meine Gedanken während des Spiels immer mal wieder abdrifteten, fühlte ich mich insgesamt doch recht gut. Mainz gewann verdient 2:0, aber auch diesmal verließen wir das Stadion rechtzeitig, um nicht in das größte Gedränge zu geraten. Denn das wäre für mich sicherlich noch zu viel des Guten gewesen, außerdem wollten wir unseren Zug erwischen. Es war bereits spät, gerade für mich, da ich seit Wochen jeden Abend spätestens um dreiundzwanzig Uhr im Bett lag. Und diese Uhrzeit näherte sich mit großen Schritten. Tatsächlich war ich dann kurz nach meiner gewohnten Uhrzeit im Bett, leider überfiel mich plötzlich eine um sich schlagende Leere, die mich voll erwischte. Sie zog und zerrte an mir und wollte mich mit in die Tiefe ziehen, aber ohne mich. Da wollte ich nicht mehr hin, ich wollte auch diese Übernachtung

erfolgreich abschließen. Andere Reize setzen, soziale Kontakte suchen. Ich musste versuchen aus dieser drohenden Spirale zu entkommen, denn sonst könnte das hier alles ruckzuck kippen. So chattete ich noch ein wenig mit Carina und Maja, was mich deutlich von meinen Gedanken zuvor ablenkte und mir durchaus gut tat. Es dauerte dann auch nicht mehr lange und mir fielen vor lauter Müdigkeit die Augen zu. Es war ein guter Schlaf. Das bedeutet, dass ich traumlos durchschlief und recht erholt aufwachte.

Dennoch blieb ich auch am nächsten Tag nicht von dem Früherwachen verschont und war bereits um halb sieben Uhr wach. Na ja, immerhin besser als vier Uhr. Ich blieb aber noch eine ganze Weile im Bett liegen, ich wollte mich entspannen und schaffte es tatsächlich doch noch einmal einzunicken. Zum Glück holten mich diesmal keine negativen Gedanken ein. Irgendwann schälte ich mich dann doch aus dem Bett, machte mich im Bad fertig, trank einen Kaffee, spülte anschließend die Tasse ab und fuhr dann zu meinen Eltern rüber. Dort war ich zum Mittagessen eingeladen und wir unterhielten uns anschließend bei einer Tasse Kaffee noch ein wenig über alles Mögliche.

Am frühen Nachmittag fuhr ich dann wieder nach Hause, um mir gemütlich auf der Couch sitzend die Bundesligakonferenz anzusehen. Das hätte ich sicherlich auch bei meinen Eltern machen können, aber ich wollte so viel Zeit wie eben möglich alleine in meiner Wohnung verbringen. Und es fühlte sich ganz gut an, auch wenn ich hin und wieder gedanklich abschweifte.

Und so machte ich mir viele Gedanken über die Ereignisse der letzten Wochen und was ich

aufgrund meiner Selbstreflektion bisher an Erkenntnissen gesammelt und gelernt habe. Auch ließ ich diverse Unterhaltungen mit meiner Mutter Revue passieren. Sie machte sich selbst Vorwürfe und hatte Angst maßgeblich an meinem Zustand beteiligt zu sein. Das ist natürlich nicht der Fall. Sicherlich fing alles mit der Scheidung meiner Eltern an, aber meine Mutter hatte damals durchaus recht sich endgültig von meinem Vater zu trennen. Das war der einzig richtige und logische Schritt. Wenn, dann muss ich eher ihm Schuld an vielen Dingen geben, aber nicht meiner Mutter. Sie hat nichts falsch gemacht und es gibt in einem Leben sehr viele Ereignisse, die einfach so passieren. Das kann man weder dirigieren noch forcieren. Manche nennen es auch gerne Schicksal, aber der Name spielt da keine Rolle. Das Leben beschert uns Prüfungen, denen wir uns stellen müssen. Und völlig egal ob wir scheitern und erfolgreich sind, es zieht Konsequenzen nach sich. Und mit diesen Konsequenzen müssen wir lernen umzugehen. Ich denke, das ist die wirklich wahre Prüfung des Lebens. Sie formt unseren Charakter und ebnet uns den Weg bis ans Ende unseres Daseins. Wir treffen Entscheidungen, wir gehen Wege und völlig egal was wir tun, es wird immer eine Reaktion geben. Auf jede Aktion folgt eine Reaktion. Und auf jede andere Aktion folgt eine andere Reaktion. Das ist eine Art Schmetterlings-Effekt.
Und auch so stellte sich meine Mutter damals der Situation und trennte sich. Wer weiß, was aus meinem Leben geworden wäre, hätte sie das nicht getan? Wer weiß, was aus dem Leben meiner Mutter geworden wäre? Es gibt darauf zum Glück keine Antworten. Es gibt nur eine Wahrheit und das ist das Leben, welches wir

jetzt leben. Meine Mutter traf eine Entscheidung und agierte entsprechend. Die Reaktionen darauf waren die Konsequenzen, mit denen meine Mutter anschließend zu kämpfen hatte. Und sie bestand diese anstrengende Prüfung, wie es kaum ein Mensch in der Lage gewesen wäre zu bestehen. Ich schätze, ich nahm diese Charaktereigenschaft in mir auf, denn auch ich stellte mich dieser Krankheit. Am Boden liegend stand ich wieder auf und fing an der Depression meine Stirn zu bieten. Und der erste Schritt war der Weg in die Klinik, während ich in einer akuten depressiven Phase plante, mir mein Leben zu nehmen. Ich hätte an dieser Stelle nichts anders oder besser machen können. Ich hatte eine riesige Angst davor in die Klinik zu gehen, doch rückblickend betrachte war es das Beste, was ich hätte machen können. Und schnell lernte ich, dass man vor diesen Schritt keine Angst haben muss. Therapien tun nicht weh, man wird nicht abgestempelt oder lediglich mit Medikamenten in ein sabberndes Monster verwandelt. Das sind alles absurde Horrorvorstellungen aus irgendwelchen plakativen Geschichten, die sich irgendwie in unsere Hirne gemeißelt haben.
Man hat mich aufgenommen und eine Diagnose gestellt. Dann hat man sich um mich gekümmert, mit mir geredet, mir auf mich abgestimmte Therapien verordnet und mich entsprechend mit Medikamenten eingestellt. Und das ist genau das, was in einer psychiatrischen Klinik passiert. Nicht mehr, aber auch nicht weniger. Sind das Gründe um Angst davor zu haben? Nein. Auch mein Umfeld reagierte mit Verständnis für meine Situation und ich kann mir nicht vorstellen, dass das bei so vielen Menschen anders sein soll. Wenn Sie Freunde oder Familie haben, die Sie in solchen

Situationen fallen lassen, dann waren es bisher auch nicht die richtigen Menschen, mit denen Sie sich hätten abgeben sollen.
Es ist sicherlich nicht immer leicht mit einem depressiven Menschen umzugehen, zumal das alles sehr individuell ist. Aber wichtig ist, dass man da ist und klar zu verstehen gibt, dass man auch immer da sein wird. Bloß nicht aufdringlich sein und nicht jeden Tag nachfragen, ob alles in Ordnung ist. Nichts aufzwingen und einfach nur da sein, wenn es nötig ist. Keine unnötigen Fragen stellen, einfach nur zuhören. Man will auch nicht immer Antworten oder Ratschläge hören, manchmal will man einfach zu erzählen. Und selbst wenn man nichts sagen will, reicht es völlig aus zu wissen, dass jemand da ist, sobald man etwas zu sagen hat. Das mag verwirrend sein und komisch klingen und um ehrlich zu sein, das ist es auch. Aber man kann das lernen. Ich persönlich halte das für Angehörige ebenso wichtig, wie die Psychoedukation für den Erkrankten. In der Klinik wurden solche Programme auch angeboten. Veranstaltungsabende, an denen Angehörige mehr über die jeweilige Erkrankung erfahren und gute Tipps im Umgang mit der Krankheit und seines Wirtes mit auf den Weg bekommen.
Tja, das Leben ist schon wirklich eine verrückte Institution und ich werde wohl noch lange meinen Kopf ob all dieser Ereignisse schütteln. Ich werde noch lange mit vielen Dingen zu kämpfen haben. Schlechte Stimmungen, negative Gedanken, sie werden mich noch lange begleiten. Es wird noch viele Tage geben, die ich vergessen möchte und es werden noch viele Tränen fließen.
All diese Gefühle, auch das von letzter Nacht, wird mich sicherlich noch eine ganze Weile begleiten.

Wenn ich doch bloß wüsste, was in Saskias hübschen Köpfchen so vor sich geht. Aber ich kann ja eh nichts tun, verdammt zur Passivität, verdammt zur Ohnmacht.
Nach der Bundesliga holte mich mein Stiefvater ab und brachte mich zurück in die Klinik. Die Fahrt war geprägt von Smalltalk über den bisherigen Spieltag und ich hoffte, dass diese Fahrt für mich die zunächst Letzte als Patient in Richtung Klinik sein würde. Um ehrlich zu sein, ich ging einfach mal davon aus.

Und so durchtrat an ich an diesem frühen Samstagabend zum letzten Mal den Haupteingang, der jetzt gar nicht mehr der alles in sich verschlingende riesige Schlund war, sondern einfach nur das Portal zu einer ganz normalen Klinik.


## Kapitel 34:
## Twelve Monkeys – Teil 8
## Time to say Goodbye

Nachdem ich also am frühen Samstagabend die Klinik mit einem ganz guten Gefühl betrat, spürte ich plötzlich, dass ich gar nicht mehr so dieses deutliche Gefühl der Sicherheit hatte. Um ehrlich zu sein, mir ging dieser Laden hier so langsam aber sicher auf den Sack. Es kam mir zwar trotzdem mittlerweile wie eine Art zweites Zuhause vor, aber in meiner Wohnung, in meinem richtigen Zuhause, kam ich gut klar und fühlte mich dort entsprechend wohl…wieder.
Es wurde also Zeit das letzte Kapitel zu schreiben, denn ich würde diese Klinik nur noch

ein einziges Mal verlassen, und das dann endgültig.

Den Samstag ließ ich also ganz gediegen ausklingen und schaute mir ein paar Folgen von *The Big Bang Theory* und *Two and a Half Men* auf meinem Laptop an. Ich mag Sitcoms, aber das wissen Sie ja bereits.
Am Sonntag saß ich den ganzen Tag vorm Laptop und ging alle geschriebenen Kapitel nochmals durch, veränderte hier und da etwas, korrigierte ein paar Fehler, ging zwischendurch mal eine Runde joggen und schaute mir abends einen Film an. Im Prinzip war das ein typischer gammeliger Sonntag, so wie man ihn auch Zuhause erleben könnte. Ein gutes Stück heimatliche Normalität hier in der psychiatrischen Klinik. Und so ließ ich diesen Tag auch ganz gemütlich ausklingen, ganz so, wie ich es Zuhause auch machen würde. Meine Wenigkeit in der Horizontalen und sich dabei einen Film anschauen.
Am Montag sollte dann der Countdown für mich beginnen, es wurde einfach langsam Zeit zu gehen.
Nach der Gruppenvisite am frühen Vormittag kam meine Therapeutin auf mich zu und wir vereinbarten einen Gesprächstermin zur darauffolgenden Stunde. Und dieses Gespräch war wirklich gut, es war so eine Art Abschlussgespräch. Wir erstellten gemeinsam einen Notfallplan, der mir ein paar Frühwarnzeichen für eine drohende Episode aufzeigt und welche Aktivitäten und Gedanken ich angehen kann, um mich einer Negativspirale zu entziehen. Außerdem steht dort meine Medikation drauf, Telefonnummern und Adressen von wichtigen Kontakten aus der Familie und dem Freundeskreis, in welche Klinik

es im Rahmen eines akuten Notfalls gehen soll und dann noch Adresse und Nummer von professioneller Hilfe. Hier werde ich dann noch die Daten meiner Therapeutin eintragen, sobald die Therapie bei ihr begonnen hat.
Weiterhin berichtete ich ihr von meinem Plan, mir für die Zeit Zuhause einen ähnlichen Tagesplan zu erstellen, wie wir ihn hier auch in der Klinik haben. Soll heißen, dass ich mir jeden einzelnen Tag so verplane, dass ich einige Dinge erledige, Aktivitäten festlege und mich auch daran halte. Also feste Termine zum Joggen z.B., oder generell Sport, eventuell jeden Tag ein Zimmer in meiner Wohnung putzen, einen bestimmten Tag zum Wäschewaschen, Fenster putzen, einigermaßen feste Essenszeiten und jeden Tag zur selben Zeit aufstehen. So ein Plan macht schon Sinn, zumindest, bis ich wieder arbeiten gehen werde. Denn so habe ich Beschäftigung, auch wenn zwischendurch gezieltes Entspannen angesagt sein wird. Das alles soll mich davor bewahren mit dem Grübeln anzufangen. Grübeln ist per Definition ein nicht zielorientiertes Nachdenken und führt in der Regel zu negativen Gedanken und diese will ich auf gar keinen Fall mehr so intensiv verspüren. Nichts ist schlimmer als Leerlauf, denn dann geht es meistens los im Kopf. Aktivitäten aus, Kopf an. Und je nach Situation und Tagesform kann es dann ganz schnell unangenehm werden. Aus diesem Grund sind die Tage hier in der Klinik auch so straff durchgeplant, das macht schon Sinn. Deswegen halte ich einen solchen Plan auch für Zuhause für hilfreich und sinnvoll und auch meine Therapeutin war von der Idee begeistert.
Als ich dann so im Laufe des Tages kundtat, dass ich am Mittwoch gehen werde, fand das schon der eine oder andere meiner Mitpatienten

schade. Wir hatten gerade in letzter Zeit doch viel miteinander geredet, manchmal sinnvolle und tiefgründige Gespräche geführt, manchmal über unsere Krankheiten, Sorgen und Probleme geredet, auch mal über Familie oder private Dinge. Oft wurde aber auch einfach nur Spaß gemacht, ein wenig gealbert und gelacht. Und gerade in diesem Punkt trumpfte ich seit einiger Zeit bereits auf und unterhielt die gesamte Station mit meinen Späßen und Sprüchen. Auch das Pflegepersonal musste hin und wieder über mich lachen. Ja doch, da kam er allmählich wieder zum Vorschein, der Stefan so wie man ihn kennt. Allerdings, und das fiel mir selber auf, machte ich Späße und Sprüche ohne mich dabei über andere lustig zu machen. Gut, vielleicht ein klein wenig schon, aber insgesamt hab ich mich da merklich verbessert. Das liegt ganz sicher an dieser du *bist-hier-einer-von-vielen-Mentalität*. Ich finde es gut so. Jedenfalls freut es mich doch sehr, dass mich hier einige Leute sicher vermissen werden. Und es freut mich, dass ich auch von meinen Arbeitskollegen vermisst werde und sie sich freuen, wenn ich wieder zurück bin. Aber, und das wurde mir von meinem Chef ganz klar signalisiert, ich soll mir die Zeit nehmen, die ich auch brauche. Man erwartet einen gesunden Stefan zurück, keinen halbgesunden Stefan, der denkt, dass es eventuell schon wieder gehen könnte. Es ist wirklich herrlich so einen Rückhalt zu haben und zu wissen, dass man vermisst wird. Egal ob von Freunden, Familie, Kollegen oder später dann auch von den anderen Patienten hier. Das spricht für mich und ich brauche durchaus noch ein wenig Bestätigung, hatte mein Selbstbewusstsein doch einen deutlichen Knacks abbekommen.

Der Rest des Tages verlief eher unspektakulär, noch ein letztes Mal Ergotherapie, eine Runde joggen gewesen und abends wieder einen Film zur Entspannung angesehen. Noch zwei Nächte.

Zeit für ein Fazit, eine kleine Zusammenfassung, ein Resümee: Am 03.01.2014 kam Saskia um kurz nach halb elf Uhr abends zu mir und von da an begann mein Martyrium. Ein kompletter innerer Zerfall, der am 05.01.2014 gegen halb acht Uhr abends beinahe in einen detailliert geplanten Selbstmord endete. Am 06.01.2014 gegen elf Uhr morgens wurde ich in der Klinik hier aufgenommen. Zunächst auf der geschlossenen Station und vierundzwanzig Stunden später ging es dann in die offene Psychiatrie. Noch bin ich hier, aber mein Entlassungstermin steht bereits fest, und wenn es soweit ist, werde ich am 45. Tag die Klinik verlassen. Fünfundvierzig Tage, plus die drei Tage vom Wochenende zuvor, die mein Leben komplett veränderten und in eine andere Richtung lenkten. Anstatt mit meiner engelsgleichen Freundin Pläne bezüglich des Zusammenziehens zu machen, werde ich eine Therapie angehen. Eine Therapie, die aufgrund einer erstmalig diagnostizierten Major Depression notwendig ist. Eine Therapie, für die ich die Basis in knapp sieben Wochen Klinikaufenthalt gelegt habe. In dieser Zeit hatte ich Höhen und Tiefen, wobei gerade die Tiefen besonders fies waren. Knapp sieben Wochen, in denen ich sehr viel über mich und meine Krankheit gelernt habe. Aber gerade die Erkenntnisse über mich werden mich hoffentlich zu einem besseren Menschen machen. Sie erinnern sich? Stefan 2.0 soll es werden. Und ich bin auf dem besten Weg, habe Teile meiner Arroganz abgelegt, bin emotional offen und

habe fast wieder komplett zu alter Stärke zurückgefunden. Mein Selbstbewusstsein ist ebenfalls fast wieder auf gewohntem Niveau, ebenso mein Humor. Es läuft bei mir möchte man meinen.
Um meinen Job mache ich mir zunächst keine Sorgen, aber leider fehlt mir noch eine private Perspektive, da blicke ich weiterhin ich ein großes schwarzes Nichts. Und ich stelle mir die Frage, was denkt und empfindet Saskia tief in ihrem Inneren? Warum scheint sie auf jemanden wie mich verzichten zu wollen? Ich weiß, was ich zu bieten habe und was sie dementsprechend von mir haben kann. Fangen wir mal bei meinem Umfeld an. Ich bin durch eine verdammt schwere Zeit gegangen, die schwerste meines bisherigen Lebens und habe mal wieder erkannt, was ich für sensationelle Freunde und was für eine großartige Familie habe. In solchen Zeiten merkt man ganz deutlich, wer zu einem steht und wer die wahren Freunde sind. Und gerade von diesen wahren Freunden habe ich jede Menge. Also, was habe ich zu bieten? Eine großartige Familie, die wirklich jeden herzlich aufnimmt. Ich habe wunderbare und vorurteilsfreie Freunde, ich genieße einen gewissen Respekt im Kollegenkreis und habe generell ein enormes Standing auf beruflicher Ebene. Meine Familie und meine Freunde sind auch immer die Familie und die Freunde meiner Partnerin, immer.
Ich bin stark und selbstbewusst, ich habe Humor, Feingefühl, bin intelligent und nachsichtig, treu und ehrlich, verfüge über sehr viel Empathie und Sozialkompetenz. Ich bin offen und herzlich, liebenswert und zuvorkommend, ich bin selbstlos und hilfsbereit, zielstrebig und gut organisiert. Ich bin ein Freund von Sauberkeit und Ordnung, ich sehe

gut aus und bin eine Wucht im Bett. Ich kann kochen und stehe mit beiden Beinen fest im Leben, ich habe klare Zukunftspläne, will eine Familie mit Kindern, ich bin romantisch und bringe meiner Freundin auch ohne Anlass gerne mal Blumen mit. Ich verehre sie, aber ohne ihr Schoßhund zu sein, ich vertrete meine Meinung, lass aber auch andere Meinungen zu. Ich bin ein Freund klarer Worte, ich spreche Klartext und lüge nicht. Ich weiß wer und was ich bin und was ich kann. Allerdings erkenne ich auch meine Fehler und weiß, dass ich einige davon habe, Fehler und Schwächen. Ich habe in meinem Leben viele Fehler begangen und Menschen aus meinem Umfeld verletzt. Das tut mir alles wirklich leid, aber ich kann es nicht mehr rückgängig machen, so sehr ich es mir auch wünsche. Reue ist ein furchtbar erdrückendes Gefühl. Ich muss mich bei vielen Menschen für viele Dinge entschuldigen. Bei meiner Mutter für eine schwere Zeit mit mir. Bei meiner Schwester für Dinge, die ich als Kind antat und sie wahrscheinlich gar nicht mehr weiß. Und ganz sicher muss ich mich bei vielen meiner Ex-Freundinnen für mein verschlossenes und teilweise sehr egozentrisches Verhalten entschuldigen. Ich wusste und konnte es einfach nicht besser. Wie sehr wünsche ich mir in solchen Momenten einen fliegenden DeLorean zu haben, um einfach mal den Marty McFly machen und in die Zeit zurückreisen zu können. Aber ich habe lediglich einen fahrenden Opel, zumindest noch, und mein Name ist Stefan Dorn.

Aber eben dieser Stefan Dorn hat auf seiner Habenseite doch auch eine ganz Menge vorzuweisen. Ich bin reich an Werten und den wahren wichtigen Dingen im Leben. Welche Frau wirft das alles einfach weg und verzichtet freiwillig auf so etwas?

Es begann mein letzter kompletter Tag hier in der Klinik und er startete mit einer durchaus interessanten Unterhaltung mit meinem Zimmerkollegen. Als er das Zimmer betrat, saß ich in Gedanken versunken auf meinem Bett und er fragte mich, ob ich grübeln würde. Nein, das tat ich nicht, ich dachte nach, ich sinnierte. *Ich will nicht mehr leben, ich will mich umbringen*, dieser Satz ist heute so verdammt weit weg von mir, er klingt unheimlich und macht mir wirklich Angst. Ich bin erschrocken von mir selbst und kann es selber kaum glauben. Seitdem ist sehr viel passiert und mein Zimmerkollege und ich unterhielten uns dann über die Tatsache, dass man sich hier scheinbar problemlos mit den anderen Patienten über Dinge unterhält, die man in seiner Welt außerhalb der Klinik höchstens den Menschen erzählt, denen man am meisten vertraut. Wenn überhaupt. Aber hier ist das anders. Wie bereits erwähnt, man ist einer von allen, man gehört dazu und alle sitzen im gleichen Boot. Und dann vertraut man bisher völlig fremden Personen Dinge an, die man wirklich nicht jedem erzählt. Man redet darüber, dass man sich umbringen wollte, was einen dazu getrieben hat und wie man der Sache entkam. Es ist eine seltsam andere Welt hier drinnen, aber eine, in der man sich geborgen fühlt und gleichgestellt ist.
Danach ging es in die für mich letzte Runde Psychoedukation Depression und diese hielt ein durchaus interessantes Aha-Erlebnis für mich parat. Zu Beginn dieser Stunde bekam jeder Patient einen Zettel und einen Stift. Auf diesem Zettel sollte jeder seine momentane Stimmung anhand der offiziellen Stimmungsskala

eingetragen. Ich habe Ihnen diese Skala ja bereits beschrieben, sie reicht von 0 bis 10 und hinter jeder Zahl steht eine fixe Definition. Anschließend sollte jeder die Stimmungen der anderen einstufen. Interessant hierbei ist, dass ich bei den drei Patienten von meiner Station die genaue Stimmung wusste und bei den anderen mich höchstens um einen Wert vertan habe. Es ist einfach nicht von der Hand zu weisen, dass man als Betroffener einen ganz besonderen und nahen Draht zu anderen Betroffenen entwickelt, sie besser versteht und deren Situationen und Stimmungen voll und ganz und vor allen Dingen korrekt einschätzen kann. Auch meine Stimmung wurde ziemlich genau von allen anderen eingestuft.

Tja, man muss schon selber bekloppt sein um andere Bekloppte wirklich zu verstehen. Aber ernsthaft, das lässt sich sehr gut mit der Funktion einer jeden beliebigen Subkultur vergleichen. Nur untereinander versteht man sich blind, man weiß, wie der andere tickt und was seine Beweggründe für ein bestimmtes Handeln sind. Schließlich hocken alle im selben Boot und das kann nur sein Ziel finden, wenn alle in die gleiche Richtung rudern.

Nach diesem durchaus erhellenden Moment ging es für mich in die ebenso letzte Visite für mich hier in der Klinik.

Diesmal mit Oberarzt und diese Visite war durchaus lustig. Der Oberarzt freute sich über die Fortschritte, die ich hier gemachte habe und ich hielt ein kleines Resümee über meine Zeit hier, bedankte mich bei allen für alles und tat kund, dass ich hier sicherlich am besten aufgehoben und dies der richtige Weg für mich war. Mein positives Feedback wurde dankend und wohlwollend aufgenommen, anschließend brachte ich noch ein bis zwei trockene Sprüche

und somit das gesamte Komitee zum Lachen. Als ich den Raum verließ, sprach mich eine Mitpatientin an und fragte mich, ob ich den ganzen Raum da drinnen unterhalten habe. *So war es, ja*, war meine Antwort und sie sagte: *Das hat man gehört. Du hast aber auch so einen trockenen Humor, herrlich.*
Der Stefan, der sich vor knapp sieben Wochen das Leben nehmen wollte, ist auf dem besten Weg Stefan 2.0 zu werden.
Und den besten Beweis dafür erhielt ich am Nachmittag, der ansonsten sehr ruhig verlief, von einer Mitpatientin. Zu ihr muss ich sage, dass wir uns gerade in der letzten Zeit sehr gut miteinander verstanden haben und wir auch einige Therapien zusammenhatten. Sie schenkte mir zum Abschied eine Postkarte. Vorne ein schlafendes Hundebaby als Motiv, dazu der Spruch: *Nimm dir jeden Tag eine halbe Stunde Zeit für deine Sorgen...und in dieser Zeit mache ein Nickerchen!* Hinten hatte sie folgen Text für mich geschrieben: *Lieber Stefan, ich bin so froh, dass ich deine Mutation vom düster dreinblickenden Herrn Dorn zum heiteren agilen Stefan miterleben durfte. Jetzt hoffe ich, dass du dein Buch veröffentlichst. Alles Liebe & Gute wünscht dir...*
Also das rührte mich wirklich zu tränen. Ungefähr zeitgleich schrieb mir meine Vermieterin eine Nachricht via Handy, dass sie sich freut, mich morgen wieder öfter im Haus auf ein Schwätzchen zu treffen. Das alles stimmte mich wirklich fröhlich und bestätigte mich in dem, was zuletzt immer wieder Freunde und Familienmitglieder zu mir sagten: *Du bist und bleibst unser Stefan, wir brauchen dich.* Ja doch, ich drückte eine Freudenträne raus. Es könnten auch zwei oder drei gewesen sein.
Noch eine Nacht.

Und dann begann der große Tag, der Tag meiner Entlassung, Tag 45.

Wenn ein Patient die Klinik verlässt, dann wird er in der Morgenrunde entsprechend verabschiedet. Das sieht dann in der Regel so aus, dass das diensthabende Personal dem Patienten alles Gute wünscht und die komplette Gruppe applaudiert. Als ich dann in der Morgenrunde an der Reihe war und sagte, dass ich heute gehen würde, hielt ich noch einen kurzen Monolog. Ich bedankte mich bei dem Personal für die Unterstützung während meines Aufenthaltes und richtete auch ein paar Worte an die Gruppe. Dieser Zusammenhalt, den ich in der Klinik erfahren habe, ist wirklich einmalig. Die unterschiedlichsten Menschen und trotzdem ziehen alle an einem Strang. So etwas gibt es sonst nirgendwo und so würde ich mit einem lachenden und einem weinenden Auge gehen.

Die Gruppe applaudierte und anschließend geschah etwas, was ich hier zuvor noch nie erlebt hatte. Eine der diensthabenden Schwestern richtete nach den besten Wünschen zuvor noch ein paar weitere Worte an mich. Sie sagte, dass es ihr eine ganz besondere Freude war, mir zuzusehen, wie ich mich hier im Laufe der Zeit entwickelt habe und was am Ende aus mir geworden sei. Von einem grimmig blickenden und gefährlich aussehenden Kerl, der keinen Ton sagt, bis hin zu einem fröhlichen und aufgeschlossenen Menschen, der gerne lacht und oft Späße macht, viel erzählt und am Ende den ganzen Laden unterhalten hat.

Ich freute mich über diese Worte und was glauben Sie, welche Schwester das war? Genau die, die mich am ersten Tag hier in der offenen Station empfangen und herumgeführt hat. So schließt sich manchmal der Kreis.

Nach dem Frühstück kamen viele der Patienten noch einmal persönlich zu mir und verabschiedetet sich, wünschten mir alles Gute und von einigen hörte ich erneut, wie schade sie es doch finden, dass ich jetzt gehen würde. All diese Dinge geben mir Kraft. Kraft für den Weg, den ich von nun an gehen werde. Ein ungewisser Weg, ein sicherlich steiniger und harter Weg, aber ich werde ihn gehen und mit den Erfahrungen aus meiner Zeit in der Klinik, mit all den guten Wünschen im Rücken und mit der Unterstützung Zuhause werde ich es schaffen. Ich bin stark, ich bin selbstbewusst, ich bin ich.
Ich drehte noch eine Runde durch die Station und verabschiedete mich von allen. Es wurde umarmt und geherzt, sodass ich definitiv nicht das Gefühl hatte, ich wurde aus einem Krankenhaus entlassen. Das hatte den Charakter, als würde ich eine Gruppe neu gewonnener Freunde nach einer langen gemeinsamen Zeit verlassen. Nach einer schweren Zeit, ja. Aber auch nach einer Zeit, in der wir alle an einem Strang zogen.
Und so machte ich mich nach den letzten Verabschiedungen ein letztes Mal auf dem Weg in Richtung Ausgang. Ich passierte den Punkt im Flur, an dem Saskia und ich uns lange umarmt hatten. Dort hielt ich kurz inne und nahm dieses Gefühl noch einmal in mir auf, ein wirklich wunderschönes Gefühl. Dieses Gefühl von Sehnsucht und Liebe, als wäre alles wie immer. Ich glaubte sogar für einen kurzen Moment ihren Herzschlag gespürt zu haben.
Und ich lief weiter und mit jedem Schritt, den ich auf den Ausgang zusteuerte, ließ ich ein Stück von mir hier zurück. Ganz so, als blätterte bei jedem Schritt ein Stück von dem Stefan von mir ab, der am 06.01.2014 hierherkam. Der Stefan, der in einer ganz schweren depressiven

Episode steckte. Der Stefan, der sich einst umbringen wollte. Schritt für Schritt fiel etwas davon ab, und als ich am Ausgang ankam und mich umdrehte, sah ich, dass ich eine Spur gelegt hatte. Eine Spur von der Station bis hin zum Ausgang. Eine Spur aus Leid und Elend, eine Spur aus schlechten Gedanken und Glücklosigkeit, eine Spur aus Nichts und Leere, eine Spur ganz in Schwarz. Ich ließ das hier einfach zurück und plötzlich flackerte diese Spur auf. Es blitzte kurzzeitig und dann stand diese Spur in Flammen, ein schwarzes Feuer, kalt und niederträchtig und so plötzlich dieses surreale Feuer entflammte, so plötzlich erlosch es auch wieder. Währenddessen sah ich innerlich auf die letzten sieben Wochen zurück. Ich sah Saskia weinend und ich sah mich, wie ich meinen geplanten Selbstmord vollzog. Das fühlte sich nicht richtig an, denn ich sah auch meine Freunde und meine Familie. Und ich sah, wie sie um mich trauerten, während ich zu Grabe getragen wurde. Ich hatte vor einiger Zeit einen ähnlichen Traum, und schon als ich danach aufwachte, hatte ich dieses falsche Gefühl in mir. Nein, das kann keine Lösung sein, es gibt immer einen Weg. Und ich bin diesen Weg angegangen und werde ihn jetzt konsequent weitergehen. Ich werde nicht nur aus meinem Skript ein Buch schreiben, ich werde auch mein Leben neu schreiben. Ab jetzt ist es wie ein neues Buch mit leeren Seiten und ich werde diese Seiten füllen und bin selbst gespannt, wie viele Seiten dieses Buch bekommen mag.
Ich spürte Frieden in mir, eine gewisse Ruhe und vielleicht auch Mut. Ob ich fröhlich war oder mich freute, kann ich nicht wirklich sagen. Nervös war ich auf jeden Fall.
Das letzte Flämmchen war nun endgültig erloschen, aber trotzdem blieb ich noch kurz

stehen. Einfach nur, um sicherzugehen, dass es auch wirklich aus war, dieses kalte und böse Feuer. Es war aus. Ich lächelte und drehte mich um. Durch die große gläserne Drehtür schien die Sonne ins Foyer, sie lächelte mich förmlich an und streichelte mein Herz, sie empfing mich mit einer wohltuenden Wärme und führte mich hinaus.
Und so verließ ich die Klinik ein letztes Mal, trat durch die Drehtür und atmete tief diese herrlich frische und wohlige Luft ein.

Ich schritt einer mir ungewissen Zukunft entgegen und fühlte mich dabei…sicher.

## **Epilog**

Falls Sie beim Lesen manchmal verwirrt waren ob der Zeitsprünge, der Ausdrucksweise, der Erzählart oder der zeitweise auftretenden Wiederholungen, so kann ich Ihnen versichern, das war pure Absicht. So sieht die Welt aus der Sicht eines depressiv erkrankten Menschen aus, mal so und mal so. Oft ist es arg verwirrend im Kopf und man braucht eine ganze Weile um seine Gedanken zu sortieren. Ich weiß nicht ob es mir gelungen ist Ihnen das alles so verständlich zu machen, obwohl ich versucht habe alles so genau es geht zu beschreiben. Ich habe die einzelnen Kapitel in meinen unterschiedlichsten Stimmungen geschrieben und ich denke, dass man das auch merkt. Mal war ich zutiefst traurig, mal fühlte ich Freude, dann mal Wut oder gar Hass, manchmal war ich sauer oder gereizt, mal fröhlich, mal sarkastisch und mal depressiv. Ein Gefühlschaos ohne Ende, erst recht, wenn mehrere Gefühle scheinbar zeitgleich auftreten. Und das ist auch immer noch so und wird mich sicherlich noch eine Weile begleiten.
Herzlich willkommen in meiner Welt.

Am Ende eines Werkes fragt man sich als Leser oft: Was will mir der Autor damit sagen?
Nun, das ist eine gute Frage. Im Prinzip wollte ich mir selber einige Dinge sagen. Ich habe mir zu Beginn dieser Niederschrift die Fragen gestellt, wie es soweit kommen konnte, warum ich depressiv wurde und mich sogar habe umbringen wollen? Antworten habe ich bekommen, das definitiv. Somit kann ich Ihnen sagen, ich habe auch angefangen zu schreiben, um Selbstreflektion zu betreiben und das hat

mir geholfen, sehr viel sogar. Thema kognitive Stimulation, Sie erinnern sich?
Und ich habe gegen das Vergessen geschrieben. Irgendwann schaue ich zurück, und wenn mir dann ein Teil fehlt, lese ich es nach. Ebenso kann mir das in Zukunft bei bestimmten Ereignissen helfen, wobei ich natürlich hoffe, dass mein Leben nun gut verläuft. Aber vor Schicksalsschlägen und dramatischen Ereignissen ist keiner gefeit.
Und vielleicht hilft dieses Werk ja auch anderen Betroffenen, gibt ihnen Mut und Kraft um ihren Weg zu gehen und alles durchzustehen. Am wichtigsten ist mir aber, dass sich keiner schämen muss mit seinen Problemen offen umzugehen. Das ist eine Krankheit, keine Schwäche. Man muss keine Angst vor einer Therapie oder gar einem Aufenthalt in einer Klinik zu haben. Man ist dann nicht gleich stigmatisiert. Auch wird sich das Bild der Personen, die einem wirklich nahestehen, von einem Betroffenen nicht verändern. Und den Angehörigen und Freunden eines Betroffenen sei gesagt, behandelt diesen Menschen exakt so wie vorher auch. Keine übertriebene Fürsorge, nicht jeden Tag nach dem Wohlbefinden fragen. Lediglich ein wenig sensibler für das Problem sein, ein wenig genauer hinsehen und –hören. Das alleine hilft schon so sehr, das reicht völlig.

Sicher weiß ich jetzt aber, dass ich nicht depressiv bin und mich umbringen wollte, weil Saskia sich von mir getrennt hat. Das war der Auslöser für eine schlimme Kettenreaktion. Die Depression kommt mit einem gewaltigen Rucksack voller Symptome zu einem angeritten und schüttet dann diesen Rucksack über den Buckel des Betroffenen aus. Dieses Gewicht, diese plötzliche Last, kann kein Mensch tragen, man bricht zusammen und ergibt sich den Symptomen, an deren Ende eben die Suizidgedanken stehen.

Ich habe mein ganzes Leben lang all die beschriebenen Erlebnisse in mich hineingefressen und nie wirklich verarbeiten können. Gerade in meiner Kindheit, in meiner Jugend und in den letzten fünf Jahren meines Lebens. Auch die Erfahrungen in meinem Beruf sind nicht zu unterschätzen. Somit bin ich nun ein gutes Stück schlauer und weiß, wo meine ambulante Therapie in Zukunft ansetzen muss.

Auch wenn ich die Klinik verlassen habe, bin ich noch lange nicht geheilt. Ich stehe erst am Anfang, aber die Zeit in der Klinik war wichtig für mich um die Akutphase zu überstehen, um eine Diagnose zu erhalten und um zu lernen, was denn überhaupt mit mir passiert ist und warum das alles passiert ist. Den weiteren Weg werde ich zusammen mit meiner zukünftigen Therapeutin gehen und am Ende dieses Weges steht die Heilung meiner Depressionen und wartet nur darauf, dass ich sie mir abhole.

Aber wichtig war, dass ich den Anfang gemacht habe, wenn auch unter zartem Druck meiner Freunde, aber ich bin ihn angegangen und habe mich dadurch in eine sehr gute Position für meinen weiteren Weg gebracht. Eine Pole Position quasi und es wäre fahrlässig diese wieder zu verspielen.

So erklärt sich dann auch der Titel, *Ende oder Neuanfang?* Der stand schon fest, da hatte ich noch keine Zeile geschrieben. Denn völlig egal, wo mein Weg hinführt, wie das eine oder andere Kapitel in meinem Leben endet, der Titel ist maßgebend. Am 03.01.2014 endete mein altes Leben und nun stehe ich vor einem Neuanfang. Nicht der Erste in meinem Leben, aber sicherlich

der gewaltigste und umfänglichste in meinem bisherigen Dasein. Es beginnt ein neues Leben und ich habe keine Ahnung, wie es aussehen wird, ich habe keine Ahnung, was es mir bringen wird und ich habe keine Ahnung, wie lange es gehen wird.
Es endete eine 38 ½ Jahre andauernde Reise, deren Weg und Ziel mir allerdings sehr gut gefielen. Nun steht ein neuer Weg an, die Segel sind gesetzt und ich steuere dem Horizont entgegen. Ich gebe zu, ich weiß nicht, wo diese Reise hinführt, denn noch immer fehlen mir präzise Ziele und Perspektiven. Aber müssen diese denn immer so präzise sein? Werde ich meine Träume und Wünsche noch erfüllen können? Werde ich jemals eine eigene Familie haben?
Mein altes Leben endete mit vielen Fragen, aber ich bekam Antworten. Der Neubeginn bringt mir auch viele Fragen und ich bin mir sicher, dass auch diese im Laufe der Zeit beantwortet werden, so oder so.
Mein altes Leben endete mit einer gewaltigen Prüfung für mich und fürs Erste habe ich diese auch bestanden. Aber ich werde diese Prüfung mit in mein neues Leben nehmen, denn ich bin mir sicher, dass ich noch die eine oder andere Nacht mit dem Wunsch einschlafen, werde nicht mehr aufzuwachen. Ich bin mir sicher, dass ich noch das eine oder andere Mal diesen 05. Januar 2014 verfluchen werde, weil ich es doch nicht durchgezogen habe. Aber letzten Endes ist das ganze Leben eine Prüfung. Man geht seinen Weg bis hin zum Ziel. Immer wieder kommt man an Abzweigungen und muss sich entscheiden, in welche Richtung man gehen wird, ohne zu wissen, wohin der jeweilige Weg führt. Und man wird sich immer fragen, egal welchen Weg man wählte, was hätte mir der andere Weg gebracht?

Und auf jedem Weg werden Hindernisse liegen, aber anstatt die einfach zu umgehen, sollte man sich der Aufgabe stellen und sie wegräumen. Nur so sammelt man Erfahrungen für die noch kommenden Hindernisse, denn diese wird es immer geben. Egal welchen Weg man geht. Nur so entwickelt man sich auch weiter und das ist der Sinn des Lebens.

Ich weiß von so vielen Dingen nicht, wie sie in Zukunft weitergehen und aussehen werden. Meine bald beginnende ambulante Therapie wird sicherlich anstrengend und auch langwierig, manchmal werde ich bestimmt arge Durchhänger bekommen, aber dennoch sehe ich den kommenden Ereignissen mit einer neugierigen Spannung entgegen. Ich erhoffe mir noch mehr Klarheit über mich selbst und, dass ich mir meine momentan erreichten Verbesserungen für die Dauer bewahren kann. Auch möchte ich noch so viele Dinge aus meinem Leben abarbeiten, schauen, ob sie mich überhaupt belasten und wenn ja, all diese Ereignisse verarbeiten. Jedenfalls wünsche ich mir für die Zukunft, dass ich besser mit Schicksalsschlägen umgehen kann, dass ich, egal was auch immer passieren wird, nie wieder an den Punkt komme, an dem ich unmittelbar vor meiner Aufnahme in der Klinik war. Ich habe sehr viel geschafft, und wenn ich das schaffen konnte, dann kann das jeder andere auch. Man muss es nur angehen und darf nicht aufgeben, egal wie schwer und erdrückend es zwischendurch wird.
Auf mich und meine Therapeutin wird noch jede Menge Arbeit zukommen, aber ich bin zuversichtlich und könnte jetzt *Bob, der Baumeister* zitieren. Aber ich erspare mir an dieser Stelle diese Zote.

Fakt ist, nur weil ich jetzt nicht mehr in der Klinik bin, heißt das nicht, dass ich jetzt gesund oder gar geheilt bin. Dafür muss noch sehr viel passieren. Auch will ich kein perfekter Mensch werden. Das war ich nie, das bin ich nicht und das werde ich niemals sein. Mein Perfektionismus liegt in meinem nicht perfekten Individualismus.

Mein nun folgender Werdegang? Ausgang ungewiss.
Mein jetzt beginnender Prozess? Ausgang ungewiss.
Mein zukünftiges Leben? Ausgang ungewiss.
Tja, und Saskia? Ausgang ungewiss.

Santa Muerte...

## Danksagungen

Es gibt eine ganze Reihe von Menschen, bei denen ich mich unbedingt bedanken muss. Ihr könnt mir alle glauben, ich weiß es sehr zu schätzen, was ihr für mich getan habt, wie ihr zu mir gestanden und mir durch die wohl schwerste Zeit meines bisherigen Lebens geholfen habt. Auch wenn ihr es so seht und ich das auch alles und jederzeit für euch tun würde, für mich ist das nicht selbstverständlich. In schweren Zeiten weiß man ganz genau, wer die wahren Freunde sind. Und ihr gehört dazu.

Aber zunächst spreche ich meinen zutiefst empfunden Dank meiner Familie aus, die jederzeit an mich geglaubt hat. Allen voran meiner Mutter und es tut mir so unendlich leid, dass ich dir so viel Kummer bereitet habe.
Meinen allerhöchsten Respekt und nicht weniger Dank verdient meine Schwester, die ebenso wie selbstverständlich jederzeit für mich da war und sich nicht minder Sorgen machte. Vielen lieben Dank auch für den Bilderrahmen, der mich immer an diese Zeit erinnern wird. Nichts, wirklich nichts besitzt für mich einen emotional höheren Wert als dieses Geschenk.

Ein einfaches Danke reicht nicht für das aus, was Anke und Mario für mich getan haben. Es ist nicht übertrieben, wenn ich sage, dass ihr mir durchaus das Leben gerettet habt. Ich bedanke mich bei euch für die hin & her Fahrerei, für ein paar wichtige Telefonate und einfach alles.

Gleiches gilt für Nadine und Thomas. Vielen Dank dafür, dass ich die erste Nacht bei euch verbringen durfte und vielen Dank an Nadine für ihre Bemühungen um einen Platz in der HSK. Hier war ich definitiv besser aufgehoben als sonst wo.

Ich bedanke mich bei meinem allerbesten Freund Rick, der halt nicht direkt bei mir um die Ecke wohnt und trotzdem die ganzen Kilometer auf sich nahm, um mich in der Klinik zu besuchen. Danke Digga, Bro-Fist!

Ebenfalls vielen lieben Dank an Carina und Dirk für eure Besuche und weiteren Bemühungen.

Ein besonderer Dank geht an Nicole für ihren Beistand und die erhellenden Gespräche…und die eine oder andere Taxifahrt.

Last, but not least gehen ein ganz besonderes Dankeschön und die allerliebsten Grüße an Maja. Danke, dass es dich gibt und wir befreundet sind. Für immer!

Und ein von Herzen kommendes Dankeschön geht an alle meine Mitpatienten während meiner Zeit in der Klinik. Ich habe noch nie einen so starken Zusammenhalt innerhalb einer Gruppe erlebt. Eine Gruppe, in der es ständig fluktuiert und die aus Menschen besteht, wie sie unterschiedlicher kaum sein könnten. Da herrschte ein Zugehörigkeitsgefühl, welches seinesgleichen sucht. Völlig unabhängig von Alter, Geschlecht, Rasse, Religion, Erkrankung und sozialer oder gesellschaftlicher Schicht. Für mich eine ganz besondere Erfahrung, die ich niemals vergessen werde.

Prinzipiell muss ich festhalten, was hier in der offenen Psychiatrie ehrlich über Probleme, Sorgen und Gefühlen geredet und gemeinsam gelacht wurde, ist schier unglaublich. Man könnte meinen, nur hier sind die richtig gesunden Menschen und die ganzen Bekloppten rennen da draußen in der freien Welt rum. Die Welt, in der ich mich jetzt wieder befinde. Vielen Dank dafür und alles Gute auf euren Wegen.

Es fehlen natürlich noch so einige Namen und auch die eben genannten tauchen in der folgenden Liste nochmals unsortiert und in einer völlig wertfreien Reihenfolge auf. Einfach nur, weil ihr es alle wert seid, mit euren echten Namen hier genannt zu werden.

Vielen Dank an...

*Brian Adam*
*Manja Weschler*
*Silvia Pinkel*
*Marko Pinkel*
*Jana & Nina Pinkel*
*Elke Reinheimer*
*Walter Reinheimer*
*Annette Becker*
*Marc Becker*
*Roland Lück*
*Nicole Lück*
*Tom Oehlenschläger*
*Claudia Oehlenschläger*
*Nadine Elmshäuser*
*Nicole Otto*
*Thoralf Otto*
*Sandra Göttel*
*Patrick Göttel*
*Anett Knies*
*Melanie Freund*
*Claudia Ahrensfeld*
*Dave Ahrensfeld*
*Doreen Weyand*

David Weyand
Familie Bönder
Und natürlich das komplette Pflege-, Therapeuten- & Ärzteteam der psychiatrischen Klinik der HSK Wiesbaden

...ohne euch / Sie hätte ich diese für mich sehr schwere Zeit sicherlich nicht überstanden.

Ein wichtiger Dank geht an meine direkten Vorgesetzten, *Marc Spaniol* und *Thorsten Seemann*, für deren Unterstützung und Zuspruch, dass ich mir alle Zeit der Welt lassen kann, um wieder fit genug für die Arbeit zu werden.

Vielen Dank und ein lieber Gruß an *Tanja Brenzinger* für die Erlaubnis ihren Songtext zitieren zu dürfen. Durchforsten Sie ruhig ein bekanntes Online-Videoportal nach dem Song *Schmetterling*.

Mein letzter Gruß geht an *Michael M.*, meinem Zimmerkollegen in der Klinik. Wir hatten doch einige lustige Momente abends im Zimmer, auch wenn wir teilweise wirklich nichts zu lachen hatten. Alles Gute für Dich auf Deinen weiteren Weg.
Gleiches gilt für *Dirk K*, der während meiner letzten Woche in der Klinik mein Zimmerkollege war. Auch Du wirst Deinen Weg gehen, alles Gute dafür.

Saskia, danke für Nichts!